新 中 国 经 济 发 展 70 年 丛 书

70 Years of Public Finance and Taxation Development
in the People's Republic of China

新中国财税
发展70年

楼继伟 刘尚希 ◎ 著

人民出版社

目　录

上篇　社会主义革命和建设时期

下篇 改革开放和社会主义现代化建设新时期

上　篇

社会主义革命和
建设时期

篇首语

本篇系统回顾和总结新中国成立 30 年的财税发展历程,在肯定历史成就的基础上总结历史经验与教训,有利于正确认识改革开放新时期及努力开创习近平新时代中国特色社会主义的发展道路。

一、新中国成立 30 年财税发展的历程

自 1949 年新中国成立到改革开放之前的 30 年,我国从一个积贫积弱的国家,实现了中华民族站起来的历史性跨越,财政为工业体系建设、社会主义制度建立及"四个现代化"提供了强大支撑。前 30 年财税的发展历程大致可以划分为四个阶段:

第一个阶段是新中国成立初期统一全国财经工作和实现国民经济恢复阶段。新中国成立之后,首要的任务是统一全国财经工作,同时恢复和稳定国民经济。在较短时间内,统一了税收和税务,加强了税收征管;统一了财政管理体系,初步建立了预算制度;逐步实现了预算平衡,有力地推动了国民经济全面恢复。中央政府还采用了行政和市场相结合的办法来稳定物价,其中包括大规模调动资源,比如调粮食、调棉纱等,利用市场手段来遏制投机,同时采取严厉紧缩的措施,比如短期停止信贷、停止公共开支等,飞涨的物价很快就被压下去了。当时还没实行计划经济,从调动物资供给和紧缩信贷财政开支两方面入手,稳定物价的目标很快就实现了。暂停信贷,收紧银根,投机商资金运转不灵;财政压缩支出,整顿加强税收,财政收支双紧,再加上物资调配平抑物价,囤积居奇者损失惨重,物价实现平稳,国民经济稳定下来。

第二个阶段是实行"一化三改",全面过渡到苏联模式计划经济阶

段。1952年之后,一直到1955年,先后经历土地改革、合作化、工商业改造、统一定价、物资统购统销、外贸统管、信贷统管,基本上全面过渡到苏联模式的计划经济。合作化运动结束后,推行公社化,建立党、政、企全面不分的人民公社制度。在这几年,国民政府时期留下来的许多税种被砍掉,以苏联为榜样,往极简化方向发展,最终只剩下一个税种:工商统一税,再加国营企业上缴利润。经济体制全面计划化,没有任何激励,也不需要任何激励,企业、地方政府、各个部门,一切听从计划安排。价格由国家全面确定,总的是原材料价格低,制成品价格过高,导致不同行业、企业的利润水平差距大,用税收来调节,从而工商统一税有上百个税率。财政实行统管,统收统支,这是适应计划经济体制需要的财政制度安排。1956年,毛泽东同志发表《论十大关系》,开始探索适合中国国情的社会主义道路,因为发现完全照搬苏联模式不行。一方面,苏联人均占有的资源比我们丰富得多;另一方面,与苏联相比,我国各地的条件千差万别,高度集中的苏联模式很难在中国推行。在这种情况下,毛泽东同志提出要处理好农业和工业、轻工业和重工业、国防和经济建设、中央和地方等十个方面的关系,要调动各方面的积极性。客观条件不同,我们无法完全照搬苏联模式的计划经济,只能自己探索适合中国国情的社会主义发展道路。

第三个阶段是"大跃进"和国民经济调整及随后的探索阶段。"大跃进"开始后,国民经济受到严重冲击,进入三年极端困难时期。在此之后,痛定思痛,实行国民经济调整。实行"调整、巩固、充实、提高"八字方针,调整改善各方面比例关系,改善工农业管理,1961年先后出台了"农业六十条"和"工业七十条"。在这一阶段,财政预算实现了平衡。财政体制开始调整,主要是往地方放权,提法多样,大胆探索,结果出现了"一放就乱"的现象。为什么乱?因为不仅是财政放权,计划也分层次放权,物资调配也分层次放权。因价格是固化的,需要税收来调整利益分配。而在不同产业和企业之间,利益分配的职能也随着税收放下去了,地方政府就努力发展高税收的项目,由于原材料定价低,税收贡献也低,地方就不愿意发展原材料项目,而是竞相发展下游高税收项目,导致国民经济比例失调。一乱然后就收,一收就死,陷入"放乱收死"套路之中。中国的客观条件和苏联不一样,想作出改良,也必须改良,但是一改就乱。不改是低效率,改完之后还是低效率。这样的探索一直在进行,不止一次。

第四个阶段是"文化大革命"十年财政经济的全面政治化阶段。"文化大革命"打破一切条条框框,财政体制折腾了七八年,都试图按照"十大关系"原则来调整改革。但是在计划经济体制的框框里,一动就乱,加上全面政治化,以至于来回折腾。而且每回折腾,都包含财政。以前确立的加强管理的相关规定,包括改进企业管理的"鞍钢宪法"、《国营工业企业工作条例(草案)》(以下简称"工业七十条"),都被"四人帮"看作是毒草,最终也名存实亡。全面动荡时期,各种规章制度都被冲掉了,财政也是勉强维持,财政机构、人员、职能、税种等都到了极简极弱的程度。

二、新中国成立 30 年财税发展的历史评价

在新中国成立头 30 年这一段历史时期,财税发展总体上适应了从新中国成立到转向计划经济过程和结构调整等客观需要,对工业化建设等作出了重大贡献。当然,其中也有不少失误,计划经济很难达到生产可能性边界,过冷过热多次发生,财政一直在谨慎适应形势变化,尽力保持财政收支平衡。

第一,国民经济实现了低于生产可能性边界的短板平衡。在新中国成立初期的国民经济治理整顿恢复时期,计划经济还没搞起来,客观上存在总需求管理,实际上也实行了总需求管理,目的是遏制通货膨胀和促进就业,主要手段是财政收支和信贷收支,取得了显著成效,但由于紧缩过度,导致新问题出现,半年之后又开始放松信贷,才逐步恢复正常。

在实行"一化三改"以后,我国开始转向和建立计划经济体制,就谈不上总需求管理了。国民经济比例失调表现为短缺或过剩,不表现为通货膨胀,因为价格都定死了。过热的时候,表现为物资全面紧张;过紧或过冷的时候,表现为物资全面过剩。事实上,一直都存在着局部的过剩和局部的短缺,无法通过价格来实现平衡,市场经济实际上不存在。在这种

背景下,"综合平衡"开始被引入。

"综合平衡"是陈云同志在贯彻落实"调整、巩固、充实、提高"八字方针时提出来的,即财政平衡、信贷平衡、物资平衡。"综合平衡"中只有一个平衡是反映真正的生产可能性边界的,那就是物资平衡。在生产可能性边界之下,假如经济潜在增长率是7%,实际增长了5%,财政也能实现平衡,即少收少支;同样,信贷也能平衡,即少存少贷。由于没有市场,价格起不到优化资源配置的作用,物资平衡只能是短板平衡。

物资的短板决定了整个生产能力不能充分发挥,资源错配,就业也不充分,人浮于事,冗员过多。最后,到"文化大革命"时期找不到解决问题的好办法,城市里养活不了那么多人,于是知青下乡成为解决就业问题的现实选择。实现短板平衡,经济自然就在生产可能性边界之下,这一局面一直持续到改革开放之后。改革开放初期,长期定价过低导致煤炭短缺、钢铁短缺,国民经济平衡只能是短板平衡。它并不是一个最大生产可能性边界,不可能实现最优,实际上是低于生产可能性边界的,是一种效率损失。

第二,财政体制在放权、收权之间左右摇摆,始终未走出"一放就乱,一收就死"的循环。从本质上讲,计划经济是行政计划分配资源的一种体制安排,就应当高度集中,层层听从于上层计划指令。与之相适应,财政体制也应该统收统支、高度集中,做计划的工具。在这一体制下,不要求下层自主决策,公有制企业隶属于行政机关,不应给予激励,也没有再分配和矫正负外部性的必要,全由计划替代了,税收被上缴利润的形式所取代。

在我国的经济基础差异极大以及资源不丰富的情况下,完全的高度集中很难实现,于是才有了"十大关系"的有关探索,但计划分配资源本质应当高度集中,改为分层次计划分配,再给以各种形式的"包干"等激励,就容易导致"一放就乱,一乱就收",以致进入"放乱收死"的恶性循环,"十大关系"的理想一直未能实现。

"大跃进"之后,这个财政多变的传统一直到1993年分税制改革才结束。1992年邓小平同志南方谈话后,面对再一次泛起的承包制改革,朱镕基同志认为这是逆潮流的,承包制不是改革,不适合市场经济,新税制和分税制才是改革,才与市场化改革方向相匹配。此后,我国改革开放真正进入一个全新的历史阶段。

第三,税收制度一直朝着极简化的方向发展。新中国成立后,税收被认为是资本主义的而遭到批判。财政收入中公有制企业上缴利润的比重越来越大。与计划经济相适应,税收就应该极简化,直至全部为上缴利润的简单集中收入的方式。从新中国成立到改革开放前的30年间,税收的极简化思路始终未发生变化。

在社会主义公有制的经济制度之下,国营企业所有的生产销售全部被计划统管起来,产生的成本、收益及利润全部被统管起来,奖金发放、企业考核也被严格约束。在这种情况下,无法对企业形成有效激励,因为价格不起作用,激励与价格形成逻辑悖论。后来,实行奖金制,允许企业留一部分利润发奖金。但一实行激励,就需要税收来矫正价格扭曲带来的不合理利益分配。再后来,奖金又被批判了,被认为是资本主义的物质刺激。随后,开始建立福利制度,再吃大锅饭。

第四,新中国成立30年的经济和社会发展中,都嵌入了政治运动,财税变得更加困难。在"大跃进"中及之后,总的看,下放权力被认为是正确的,但放了就乱,只好再收,又被认为是保守,是"右",再放再乱,财政也在"放乱收死"中循环,直至在"文化大革命"中受到更大冲击。"文化大革命"结束时,国民经济达到了崩溃的边缘,财政也陷入极度困难。

为适应各种政治运动,财政只能跟着计划调整。计划对财政的这种影响,一直持续到改革开放之后。税收方面,由于坚持极简化发展方向,全部都是中央统一确定,功能被严重限制。改革开放后,为建立社会主义市场经济体制,才逐步恢复税收的本来面貌,使财政真正走出"放乱收死"的循环往复。

总的来看,在计划经济体制背景下,财政主要履行的是预算、税政两项职能,但被大幅度削弱了,例如预算只能是收支平衡,最好略有节余,未能成为国民经济的综合牵头部门。事实上,无论是计划经济时期,还是市场经济时期,财政一直都是国家治理的基础和重要支柱。1978年之后,随着改革开放的到来,财税在改革中不断发展,为建立和完善社会主义市场经济体制、经济发展与社会进步以及国家治理的现代化提供了强大动力。

第一章　财政重建与国民经济的恢复

从 1949 年中华人民共和国成立到 1952 年,是国民经济的恢复时期。在中国共产党的正确领导下,全国人民齐心协力,使国民党政权留下的一个民不聊生、百业凋敝的烂摊子,迅速改变面貌。统一全国税政、统一财经工作、平衡财政收支、稳定金融物价等政策措施,使国家摆脱了通货膨胀的困扰,人民政权得到巩固,为随后的经济发展和社会主义改造提供了条件。随着国民经济恢复任务的完成和财政经济状况的根本好转,新中国的财政也完成了由战时财政向和平时期财政的转变,由以农村为中心的分散财政向以城市为中心的集中统一财政的转变,由供给财政向经济建设财政的转变。

第一节　严峻的国内外形势与沉重的财政负担

新中国成立之初,连年的战火使我国国民经济处于严重崩溃的边缘,新中国财政陷入了极其困难的境地,国家背负着沉重的财政负担,无论是在国际还是在国内,都面临着严峻的考验。从国际上看,新中国一方面遭到帝国主义阵营的政治孤立、经济封锁、军事包围;另一方面在自力更生的同时得到了以苏联为代表的社会主义阵营国家的援助和支持,巩固和捍卫了新中国政权。从国内看,新中国成立之时,国民党政权给新中国留下了一个千疮百孔的烂摊子,生产萎缩、物价飞涨、就业困难,还面临着军费政费开支庞大、财政收入增长缓慢等一系列财政经济困难。面对上述现实,我国在学习苏联经验的同时不忘自己探索,尽快制定实施有效对策,使国民经济得到恢复和稳定。

一、帝国主义的围堵封锁与"一边倒"的外交政策

第二次世界大战结束和中国抗日战争结束后,国际上存在着以苏联为首的社会主义阵营和以美国为首的资本主义阵营的尖锐对立和斗争;国内存在着共产党领导的革命武装集团和国民党领导的反动武装集团的尖锐对立和斗争。在政治上,美国对华采取所谓的遏制加孤立政策,逐渐"团结"其他国家形成了反对新中国政权的"统一战线";在经济上,资本主义阵营对华采取经济封锁和贸易禁运①,以限制我国与别国的贸易往来;在军事上,一方面有蒋介石国民党造成的内战;另一方面美国为了企图控制中国,支持蒋介石,对华实行军事包围政策。此外,美国还发动了侵朝战争,把战火烧到鸭绿江边。

面对西方列强的遏制与孤立政策,新中国为了取得革命胜利,主要靠自力更生,但也离不开国际的援助,首先是以苏联为首的社会主义阵营的援助,并主动提出"一边倒"的外交政策。为了澄清某些党外人士的模糊认识,同时,也为了奠定新中国外交政策的基础,1949年6月30日,毛泽东同志在《论人民民主专政》一文中指出:"一边倒,是孙中山的四十年经验和共产党的二十八年经验教给我们的,深知欲达到胜利和巩固胜利,必须一边倒。积四十年和二十八年的经验,中国人不是倒向帝国主义一边,就是倒向社会主义一边,绝无例外。骑墙是不行的,第三条道路是没有的。我们反对倒向帝国主义一边的蒋介石反动派,我们也反对第三条道路的幻想。"②

在经济上,我国积极开展反"禁运"、反"封锁"运动,在积极同苏联等社会主义阵营国家开展贸易往来的同时,本着对"愿意和我们在平等互利的条件下发展贸易关系的资本主义国家不予歧视"的原则,不放弃一切机会争取同资本主义国家发展贸易和经济关系。在军事上,中国派代表到联合国控诉了美国武装侵略我国领土台湾的罪行,并且面对美军的

---

① 石广生主编:《中国对外经济贸易改革和发展史》,人民出版社2013年版,第70页。
② 《毛泽东选集》第四卷,人民出版社1991年版,第1472—1473页。

侵朝战争,在朝鲜政府的支援请求之下,作出了抗美援朝、保家卫国的决定。长达三年之久的抗美援朝战争,一方面给了美帝国主义一记响亮的耳光,捍卫了国家的独立与安全;另一方面也使得刚成立不久的新中国在经济、政治和军事等方面都付出了沉重的代价。

二、国民经济秩序遭受严重破坏

新中国成立之初,工农业生产、交通运输、贸易和投资都遭受严重破坏,人民生活困苦。大量发行钞票,导致人民币流通过快、物价上涨,通货膨胀严峻。

(一)工农业生产萎缩

1949 年与抗日战争前的最高年份比,工业产值下降了一半左右,其中重工业生产下降约 70%;轻工业生产下降约 30%。从一些重要产业的具体情况看,1949 年发电量仅为 1941 年(59.5 亿度)的 70%,生铁为 1943 年产量(180 万吨)的 14%,钢为 1943 年产量(92 万吨)的 17%,原煤为 1942 年产量(6187.5 万吨)的 50%,棉纱、棉布分别为 1936 年产量(244.7 万件、4500.8 万匹)的 74% 和 47%。此外,有的资本家还抽逃资金,使工业生产更加困难。[①] 工业生产停滞一方面导致大量工厂停业倒闭,失业率飙升;另一方面导致国内的税源遭到了严重破坏,财政收入来源受限。

除了工业生产萎缩外,农业生产问题也十分严峻。据统计,与抗战前的最高年份相比,1949 年,农业产量下降了两成以上。其中粮食产量由 2774 亿斤减到 2162 亿斤,下降 22.1%;棉花由 1698 万担减到 889 万担,降低 48%。[②] 农业生产锐减导致市场上农产品供应短缺,农产品价格飞涨,百姓生活困苦不堪;再加上连年战火的摧残,1949 年一场严重水灾的发生,导致大量土地荒芜,人民的生活雪上加霜。

---

① 陈光焱:《中国财政通史第十卷——中华人民共和国财政史》(上),湖南人民出版社 2015 年版,第 23 页。

② 柳随年、吴群敢主编:《中华人民共和国经济史简明教程》,高等教育出版社 1988 年版,第 8 页。

（二）交通运输阻梗

国民党政府逃离大陆时，有上万公里的线路、3200座桥梁和200多座隧道遭到严重破坏。津浦、京汉、粤汉、陇海等主要铁路干线几乎都不能通车。公路到1949年年底仍有20%以上的线路不能通车。海运和空运能力小，华北海轮全部被国民党政府劫走，所有飞机、驾驶员全部被劫往香港。① 交通运输阻梗使得全国货物周转能力严重下降，城市与乡村隔绝，城乡物资交换运输途径受阻，物资交流不畅通，致使城市物资匮乏，各种产品供不应求，百姓缺少必要的生活物资补给，人民生活苦不堪言。

（三）贸易投资遭受破坏

新中国成立初期西方国家对中国经济和贸易实行全方位的封锁，切断了我国与外界的经济技术联系，致使我国的对外贸易途径滞塞。同时，新中国成立面临的又一大难题是投机商人猖獗、投机资本横行，这些投机商人借通货膨胀和物资供应短缺之机，肆意抢购和囤积供应短缺的物资，导致市场物价水平急剧上涨，破坏了我国的经济秩序，扰乱了市场运作规律，严重阻碍了我国国民经济的恢复和发展，极大损害了人民群众的利益。

（四）通货膨胀严峻

新中国成立后，财政状况严重入不敷出，造成巨额财政赤字，而中央只能依靠发行钞票来应急，导致人民币流通过快，币值大跌，物价上涨。1949年7月底发行人民币（旧币）2800亿元；9月底达到8100亿元；10月底为11000亿元；11月底则增加到16000亿元，不到四个月，货币发行增加近5倍。②

另外，再加上内外反动势力的经济封锁、交通运输破坏导致城乡隔绝、城市物资供应紧张、投机商人在市场上兴风作浪等原因，新中国在全国范围内不断掀起一阵阵的涨价风。1949年4月和7月曾发生两次物价大波动。中华人民共和国成立以后，1949年10月、1950年2月，又两

---

① 陈光焱：《中国财政通史第十卷——中华人民共和国财政史》（上），湖南人民出版社2015年版，第24页。

② 《陈云文选（一九四九——一九五六年）》，人民出版社1984年版，第29页。

次出现物价上涨风。大城市物价批发指数,如果以 1948 年 12 月为 100,1949 年 11 月竟达 5376,12 月稍有下降,到 1950 年 2 月再一次发生上涨风,比 1949 年 12 月又涨了 1 倍多。[①]

三、财政收不抵支和收支脱节

由于久经战争、腐败严重,新中国成立后国库羸弱。财政收入增加缓慢,满足不了财政支出的需要;财政收支脱节,不利于财力的集中;中央财政收入少、支出多,造成了巨额赤字。

（一）军费、政费等财政开支庞大

新中国成立初期,解放战争还在继续进行,为了铲除国内残留敌对势力,使全国上下得到彻底的解放,中央政府需要支付一笔规模庞大的军费开支。另外,随着抗美援朝战争的爆发,又进一步加大了人民政府需要承担的军费开支。1949 年军费开支占财政收入的一半以上,1950 年仍占 41.1%。[②]

同时,为了巩固和建设新中国政权,国家对政权管理机构和行政管理人员的需求数量不断加大。另外,人民政府对于一切不愿抵抗的旧军队和旧人员采取全包政策,全国脱产人员数量激增。到 1950 年 3 月,全国脱产人员数量高达 900 万人,造成"三个人的饭五个人吃"的局面,又进一步加大了新生人民政府的财政负担。

除了规模庞大的军政支出外,国家还需要拨付大量的资金去救济灾民和城市失业人口,保障人民基本生活,进行战后经济环境的重振,等等。凡此种种,无不需要大量财政资金,人民政府肩上的财政负担更加沉重了。

（二）财政收入增长缓慢,收不抵支

面对规模庞大的财政开支,财政收入受种种因素的制约,增长缓慢,

---

① 《当代中国》丛书编辑部编辑:《当代中国财政》(上),中国社会科学出版社 1988 年版,第 37 页。

② 《当代中国》丛书编辑部编辑:《当代中国财政》(上),中国社会科学出版社 1988 年版,第 34 页。

难以满足浩大的财政支出需求,造成了收不抵支、入不敷出的财政困境。

一方面,解放战争进展速度快,新解放区的税收体系和税收制度尚未建立,而且在新税法建立之前,农村尚未进行土地改革,公粮征收进展缓慢,部分地区的征粮征税工作虽已开始进行,但征收数量少,征收效率低;另一方面,城市大量工矿企业和事业单位受连年战乱和灾荒的影响,已难以恢复正常生产运转,面临倒闭的危险,国家向这些企业征收税款的渠道和数量都相当有限。

另外,财政收入还受征管经验不足、税收征管不力、征收工作中出现畸轻畸重现象等原因的影响,加上交通运输被破坏、城乡交流不畅,这都使得税收的征管面临极大的挑战。因此,中央财政收入少、支出多,造成巨额赤字。1949 年财政收入只有 303 亿斤小米,赤字却达 264 亿斤小米。[①]

(三)财政收支脱节,不利于财力的集中

随着解放区范围的扩大,军队依赖原根据地来提供经费支援已不切实际,军费开支必须由中央政府来统一调度,才能充分保障战争供给。因此,随着解放战争的推进,财政支出已逐渐趋于统一,军政费用等大规模财政支出已集中于中央,由中央政府来统一承担。但是直至新中国成立,财政收入尚未统一,征收上来的公粮、税收大都由各大行政区、省、市、县人民政府来掌握,财政收入分散于各级政府手中。这种全国收入分散的格局无疑不利于中央统一调度财政资金、恢复国民经济。

第二节　建立全国统一的财政管理体制

新中国成立后,为了应对英、美等国对我国的经济封锁,重建国内经济秩序,筹集军费,开始逐步对财政权进行统一。通过组建财经管理机构,编制第一本国家预算概算,发行公债等措施,为国民经济的恢复和稳

---

① 《当代中国》丛书编辑部编辑:《当代中国财政》(上),中国社会科学出版社 1988 年版,第 35 页。

定奠定了重要的财税制度基础。

一、组建财经管理机构

随着解放战争胜利的逐步扩大，为了顺利实现党的各项工作从农村转向城市，开始对组建统一的国家财经管理机构进行相应的准备工作。

（一）建立中央人民政府政务院财政经济委员会

为了各地区的经济目标、政策统一，1948 年 5 月 9 日，中共中央决定撤销华北财经办事处，改立中央财经部来调剂与联系各地区的财经政策、计划。同时，为了尽快统一华北、华东和西北地区的财政经济工作，中共中央又在同年 10 月 6 日成立了华北财经委员会。1949 年 7 月，中央财经部与华北财经委员会合并，形成了中央财委的基础。同年 10 月 21 日，在原有中央财政经济委员会的基础上，扩建组成了中央人民政府政务院财政经济委员会，陈云任中财委主任、薄一波任副主任。中财委成立时有干部三百余人①，下属包括财政部、中国人民银行在内的 24 个中央部门机构。

（二）建立中央人民政府财政部

1949 年 1 月 31 日，晋察冀边区和晋冀鲁豫边区合并，在石家庄成立华北人民政府，其中的工作机构就包括了华北人民政府财政部。同年 10 月 1 日，新中国成立后，中央人民政府财政部在华北人民政府财政部的基础上正式成立。财政部所属的税务总局，也是在华北人民政府财政部所属机构的基础上建立起来的。同年 11 月，我国召开首届全国税务会议，确定了税务工作统一管理的组织原则，草拟了《全国各级税务机关暂行组织规程》，规定中央人民政府财政部税务总局于 1950 年 1 月 1 日成立，大行政区设税务管理局，省、直辖市设税务局，专区及省辖市设税务局，县、旗、市、镇分别设税务局和税务所等六级税务机构，均受中央财政部领导，总局以下各级局、所，除受其直属上级税务机关的领导外，大行政区税务管理局受同级财政部门的领导。

---

① 中国社会科学院、中央档案馆编：《中华人民共和国经济档案资料选编》，中国城市经济社会出版社 1990 年版，第 554 页。

（三）设置财政监察机构

1950年11月15日，财政部颁发《中央人民政府财政部设置财政检查机构办法》（1951年9月政务院批准将"检查"改为"监察"），建立了从中央到地方的财政监察系统和法规。至此，中央财经管理机构有了一个相对完整的组织框架，为之后我国的财经管理工作奠定了组织基础。

二、编制第一本国家预算概算

国家预算管理是财政管理体系中最重要的起主导作用的环节，国家预算的编制是国家财政管理体系建立的重要标志。在新中国成立以前，革命根据地曾经编制过预算收支计划，但那时属于战时财政预算，是由各革命根据地依其所辖地区的情况自行编制的。由于条件的限制，没有也不可能有全国统一的预算。在新中国成立前夕，全国绝大部分地区已经解放，编制全国统一的预算已成为可能。

1949年9月29日，中国人民政治协商会议第一届全体会议通过的起临时宪法作用的《中国人民政治协商会议共同纲领》规定：要"建立国家预算决算制度，划分中央和地方的财政范围，厉行精简节约，逐步平衡财政收支，积累国家生产资金"。新中国的财政管理工作起步后，作为基本财政计划，国家预算的编制立即被提上工作日程。1949年12月2日，在中央人民政府委员会第四次会议上，财政部部长薄一波做了《关于一九五零年度全国财政收支概算草案编成的报告》，中央人民政府委员会批准了这个概算草案。

面对国内外严峻的经济和军事局面，新中国第一个国家财政概算编制的根据主要有以下四点：

一是承担军政费用开支。由于当时战争还未完全结束，军费开支占财政支出的比重仍然很大。当时全国公教人员从200万人增加到350万人；军队人数，包括被俘虏和改编的国民党军队，约550万人，两者总计达900万人，军政费用要用于解决这些人的吃饭问题。①

---

① 宋新中主编：《当代中国财政史》，中国财政经济出版社1997年版，第36页。

二是恢复生产。国家计划中的经费,除去军政开支,主要用于恢复生产。只有生产恢复了,才能使几百万行政人员转到企业中去,从而减轻行政费用负担。当时,主要是农业生产的恢复,因为农业生产是一切生产部门的基础。

三是开源节流。开源主要是依靠人民纳税、国企上缴企业收入、公债和发行货币,这个时期的人民负担与新中国成立前的负担有所不同,是有节制的负担;节流主要依靠支出的节约。

四是掌握政策。掌握政策是指在上述总方向下开展工作,有重点地恢复生产和发展生产,不依赖国家,并在各自的范围内作出最大的成绩。

1950 年,全国财政收入总计应为 4824260 万斤,如图 1-1 所示,其中占比最多的是公粮收入,总额为 1998400 万斤①,占概算收入的 41.4%。

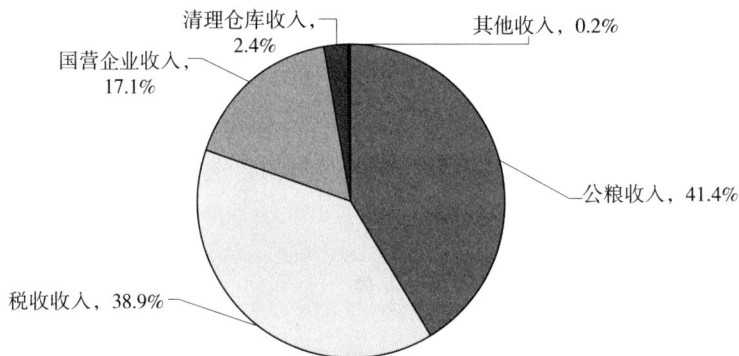

图 1-1　1950 年财政收支概算的财政收入结构

如图 1-2 所示,1950 年,全国财政支出总计 5949020 万斤,其中军费支出 2306930 万斤,占概算支出的 38.8%。其次是国营企业为建设和恢复生产进行的投资,行政费用开支则压缩到最低限度。1950 年财政收入总额仅占支出总额的 81.1%,其余的 18.9% 则是赤字。解决赤字的办法有两个:一个是依靠银行透支,即发行货币,解决赤字的 61.6%;另一个是

————————

① 1950 年的国家概算是以粮食作计算单位。自 1951 年起,国家预算开始以现金作计算单位。

依靠发行公债,解决赤字的 38.4%①。

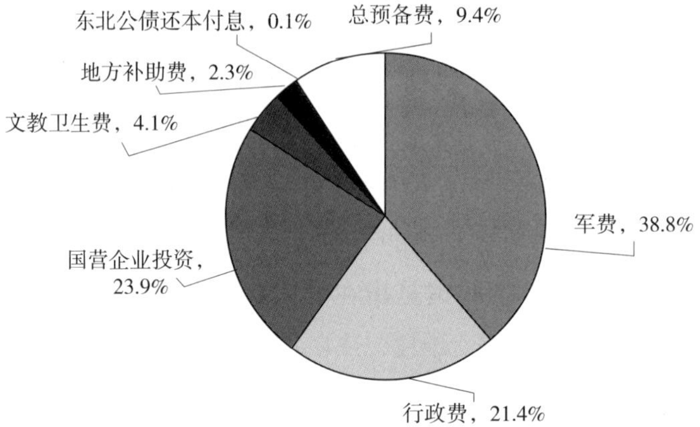

图 1-2　1950 年财政收支概算的财政支出结构

　　1950 年概算虽然是在经验尚不成熟的情况下自上而下编制的,且在执行过程中做了三次调整,但它为新中国预算制度的建设奠定了良好的基础,在总结经验的基础上,政务院对预决算的编制时间和程序做了原则性的规定,同时规定了编报预算的具体方法和要求。至此,新中国预算制度初步建立起来。

三、发行人民胜利折实公债

　　由于 1950 年编制的概算中,存在 18.9% 的收入缺口,因此,中央人民政府决定采取发行公债的办法解决一部分赤字。1949 年 12 月 2 日,陈云在中央人民政府委员会第四次会议上提出了发行人民胜利折实公债的议案,会议正式通过了《中央人民政府委员会关于发行人民胜利折实公债的决定》,决定在 1950 年内发行两期公债,每期发行 1 亿分,以实物计算,年息五厘,分五年还清。②

　　1949 年 12 月 16 日,中央人民政府正式颁布《一九五零年第一期人民胜利折实公债条例》,第一期公债发行额为 1 亿分,并按大行政区城市

---

　　①　谢旭人主编:《中国财政 60 年》上卷,经济科学出版社 2009 年版,第 30 页。
　　②　项怀诚主编:《中国财政通史——当代卷》,中国财政经济出版社 2006 年版,第 9 页。

的多少、大小，人口的多少及政治经济情况，分配推销任务。《一九五零年第一期人民胜利折实公债条例》还规定了公债推销的主要对象为城市工商业者、城乡殷实富户和富有的旧政府退职文武官吏，同时规定了公债推销的原则及办法。本次公债的发行特点在于它是折实公债，按照《中央人民政府委员会关于发行人民胜利折实公债的决定》，本次公债的募集和还本付息，均折实物计算，其单位定名为"分"，每分以上海、天津、汉口、广州、重庆和西安六大城市的大米（天津为小米）六市斤、面粉一市斤半、白细布四市尺和煤炭十六市斤的平均批发价的总和计算①，其中，加权数上海占45%、天津占20%、汉口占10%、广州占10%、西安占5%、重庆占10%②。

　　在发行公债的前后，为了消除党内同志和民众的疑问、顾虑，中央人民政府做了大量思想准备工作，大力宣传发行公债的目的和意义，陈云同志在会议中指出："这种公债的作用，在于弥补一部分财政赤字。人民购买公债，在全国经济困难的情况下也是一种负担。但是这种负担，比起因增发钞票、币值下跌所受的损失来说，是比较小的，因为币值下跌的结果，其下跌部分是全部损失了的；而购买公债，在一时算来是负担，但终究可以得到本息，不是损失。如果发行公债缩小赤字的结果，使明年的币值与物价情况比今年改善，则不但对全国靠工资生活的劳动人民和军队公教人员有好处，而且对于工商业的正常经营也是有益的，所以从全体人民的利益说来，发行公债比多发钞票要好些。"③得益于有效的宣传和劳动人民的高度觉悟性，第一期公债1亿分超额完成，达到了原定两期发行总额的70.4%。后因国家财政状况已基本好转，第二期公债未再发行。④

　　这次公债发行数量虽然不大，但对弥补财政赤字、回笼货币、调节现金、稳定金融物价等，发挥了良好的作用。同时，这次的公债很大一部分被用于恢复和发展国民经济，对于工商业秩序的恢复和人民生活的安定

---

① 宋新中主编：《当代中国财政史》，中国财政经济出版社1997年版，第67页。
② 李鸿昌主编：《财政学》，中国商业出版社1994年版，第286页。
③ 宋新中主编：《当代中国财政史》，中国财政经济出版社1997年版，第65—66页。
④ 项怀诚主编：《中国财政通史——当代卷》，中国财政经济出版社2006年版，第9页。

都起到积极的作用。

四、统一全国财政经济工作

新中国成立初期,全国的财政经济工作基本上仍是分散管理的。为了避免因财经不统一而发生物价混乱,也为集中财力克服困难,1949年11月28日,中央财经委员会主任陈云、副主任薄一波指点华东、中南、西南、西北等大区财委,强调"财政经济要统一管理"。到1950年2月,除西藏、台湾外,绝大部分省区市已成为解放区,为统一全国财政经济工作创造了条件。统一财政经济工作的具体措施包括以下五个方面。

(一)统一全国编制

成立以薄一波为主任、聂荣臻为副主任的全国编制委员会,各大行政区、省、市均分设编制委员会,制定并颁布各级财政机关人员、马匹、车辆等编制与供给标准。

(二)统一全国物资调度

成立以陈云为主任、杨立三为副主任的全国仓库物资清理调配委员会,各大行政区、省、市、县各后勤部,各企业、各工厂均分设仓库物资清理调配委员会;清点仓库物资转报委员会,所有仓库物资由政务院财政经济委员会统一调度;各地贸易机关的业务范围的规定和物资调动,均由中央人民政府贸易部统一指挥,地方不得干预。一切部队、机关不得自行经营商业,以保证有限的贸易物资能够集中使用。

(三)统一全国财政收支管理

国家财政统一于中央人民政府,税收制度、财政收支程序、供给工资标准、行政人员编制及全国总预决算,均由中央人民政府财政部根据中央人民政府委员会批准的全国财政收支总概算,会同有关部门统一制定或编制,分别呈政务院批准或转呈中央人民政府委员会批准后实行。

在收入方面,各地所收的国家公粮及其折征的代金或其他实物,关税、盐税、货物税、工商业税,均归中央人民政府所有,由中央人民政府财政部统一调度使用;其他薪给报酬所得税、存款利息所得税、印花税、遗产税、交易税、屠宰税、特种消费行为税、房产税、地产税、使用牌照税、牙税、码头使用费以及其他地方捐税,统一由中央财政部根据各大行政区、各中央直属省(区、市)人民政府的全年财政预算,划归地方留用。划归地方留用的税收,其税款也要存中国人民银行,由银行代理地方金库,严禁税款向私人银行、银号存放。这样,就使国家的收入能集中使用于国家主要开支。

在支出方面,强调"厉行节约"。统一全国编制和供给标准,同时编制预算,经批准后支拨,所有各项费用,分别按轻重缓急进行统筹安排,重点保证军队和各级政府的开支及恢复国民经济所必需的投资,以便集中财力用于军事上消灭残敌,经济上重点恢复。

(四)统一全国现金管理

以中国人民银行为国家调度总机构,国家银行增设分支机构,代理国库。外汇牌价及外汇调度也由中国人民银行统一管理。一切军政机关和公营企业的经费,除留若干近期使用的现金外,一律存入国家银行,不得存入私人行庄。彼此之间的资金往来、使用转账支票经中国人民银行汇拨。现金收支必须按照现金平衡计划节约使用。

政务院公布的《中央金库条例》规定:中央设总金库,各省区市设分金库,县设支库,由中国人民银行代理;金库款的支配权统属于财政部,中央总金库除依照财政部支付命令付款外,无权动用库款;分支库非得总金库的命令,不得付款给任何机关;下级金库的收支情况按规定期限、格式报上级金库,总金库按期报财政部。

(五)统一预算管理

为了更好地推进财政经济管理和财政收支管理的统一,1950年5月10日,财政部颁发了《1950年度财政收支预算科目》,详细制定了全国财政收支总预算科目、中央财政收支预算科目、大行政区财政收支总预备科目,各自包含收入部分和支出部分。

为加强预算管理,1950年12月1日,政务院通过《关于决算制度、预算审核、投资的施工计划和货币管理的决定》。其主要内容是:(1)实行决算制度。所有的军队、政府、公立学校及受国家经费补助的团体均须每年分四个季度向中央或各级人民政府的财政部门作决算报告,每年3月

31 日作上年度全年决算报告。(2)实行预算审核。所有的军队、政府、公立学校及受国家经费补助的团体在向财政部门提出经费预算时,必须先经本单位首长审核,然后经财政部门复审和核算。(3)加强投资的计划性,所有建设项目必须审慎设计,要作出施工计划、施工图案和财务支拨计划,并经过相应各级人民政府批准后,才可拨款。(4)实行进一步的货币管理。部队、机关、国营企业、团体、合作社的现金使用,必须编制收支计划;在国内外的一切交易,全部通过中国人民银行划拨清算,上述各单位之间不得发生赊欠和信贷,信贷集中于国家银行。

全国统一财政管理体制的建立,是特定历史环境所需要的,有利于战胜当时的财政困难,打退国内外反动势力在经济上的进攻。就新生的政权建制而言,从过去的分割走向统一,有必要先加强中央集权,然后依形势变化再放权,这种集权体制符合当时国内外形势和环境的要求,有利于经济的恢复和社会的稳定。

第三节　建立全国统一的税收管理体制

新中国成立初期,农业税在国家财政收入中占重要地位,并且可以征收实物。当时国家需要的粮食中有一半以上靠征收农业税取得。因此新中国成立后,城乡税负的平衡成了这个时期税收管理体制改革的重要任务之一。此外,由于农业税的征收当时分为新解放区和老解放区两套征收方法,所以各地征收的税种虽然基本相同,但征收方法却有区别,因此为了避免税收管理工作的混乱,税收管理制度的统一也具有极大的现实必要性和紧迫性。

一、统一全国税收

1949 年 9 月 29 日,《中国人民政治协商会议共同纲领》经中国人民政治协商第一届全体会议审议通过,其中第四十条规定:"国家的税收政策,应以保障革命战争的供给、照顾生产的恢复和发展及国家建设的需要为原则,简化税制,实行合理负担。"这是新中国税制建设的指南,是国家税收政策的总精神。

1949 年 11 月 24 日至 12 月 9 日，召开了新中国成立初期最重要的一次税务会议，即首届全国税务会议。朱德、陈云、薄一波分别在会上做了报告。朱德在报告中指出了新中国税收的性质和任务。陈云阐明了中央加强税收工作的决策，分析指出当时国家财政面临的严重困难，解决这个矛盾只能采取增加税收的办法。薄一波强调按照毛泽东同志提出的"公私兼顾、劳资两利、城乡互助、内外交流"的"十六字方针"（即照顾"四面八方"）来解决统一税收制度的问题，具体来说：一是要注意到国家财政开支的需要；二是在确定税率的时候要注意奖励和限制政策，不能单纯地考虑财政收入；三是简化税制，实行合理负担，特别是在城市中应当保证一定的收入。

会议根据《中国人民政治协商会议共同纲领》中规定的国家税收政策的精神，讨论了统一全国税收、建设新税制、加强城市税收工作、制订第一个全国税收计划等问题，草拟了《全国税政实施要则》和《全国各级税务机关暂行组织规程（草案）》，研究了各工商税收的税法草案。首届全国税务会议的召开，对于统一全国税收，建立新中国的税收制度和税务系统的组织机构，全面加强税收工作，作出了历史性的贡献。戎子和将此次会议评价为"新中国税政统一的开端，国家财政从农村转向城市的起点"。根据本次会议精神，《全国税政实施要则》和《全国各级税务机关暂行组织规程》于 1950 年 1 月 27 日正式颁布。《全国税政实施要则》是新中国成立以后统一税政、建立新税制的纲领性文件，对新税制建设的目标原则和立法权限作了规定，为税务管理体制的建立奠定了基础，我国税政长期不统一的局面至此结束。

二、均衡城乡税制

新中国成立之后，为了全面恢复国民经济、活跃城乡物资交流、保证国家的财政收入，立即着手整顿，改造旧税制，统一和建设新税制工作。1949 年 11 月 18 日，周恩来同志在政务院第六次政务会议上谈到税收问题时提出：生产增加了，税收就可以增加了。农村的负担还不能减少。新解放区的城市在安定以后就应当收税,要适当,不能收少了,不可以使农村负担太重,城市负担太轻。

(一)调整税种、税目和税率

1950年,《全国税政实施要则》确定全国范围适用的税收为14种,即关税、盐税、货物税、工商业税、印花税、交易税、存款利息所得税、遗产税、薪给报酬所得税、特种消费行为税、屠宰税、房产税、地产税、使用牌照税,其中以货物税、工商业税、盐税、关税为重点。其他税收由省、市或者大行政区根据习惯拟定办法,经大行政区或中央批准以后征收。

(二)完善和贯彻新的工商税制

1950年1月20日,政务院颁发了《关于全国盐务工作的决定》,1月27日,又颁发了《货物税暂行条例》和《工商业税暂行条例》两个主要税种的税法,同年12月,相继颁发了《印花税暂行条例》、《屠宰税暂行条例》和《利息所得税暂行条例》,以及《工商业税民主评议委员会组织通则》、《税务复议委员会组织通则》。1951年,政务院又公布了《特种消费行为税暂行条例》、《城市房地产税暂行条例》和《车船使用牌照税暂行条例》;同时,财政部先后公布了《棉纱统销税征收办法》、《临时商业税稽征办法》、《摊贩业税稽征办法》和《合作社交纳工商业税暂行办法》,交易税仍由各地按单行办法征收。随后的四五月间,财政部先后发布了印花税、存款利息所得税、特种消费行为税、使用牌照、屠宰税、房产税、地产税等7种条例草案,并对各地区的税收法规进行了整理。随着城市税种的增加,税收制度逐渐健全。至此,除对薪给报酬所得税停征、遗产税暂停开征外,有关工商各税的税法条例和征收办法全部臻于完善并公布施行。

(三)完善关税征收制度

根据1950年《关于关税政策和海关工作的决定》所规定的六项基本原则,1951年5月,政务院公布施行了《中华人民共和国海关进出口税则》、《中华人民共和国海关进出口税则暂行实施条例》和《中华人民共和国暂行海关法》,建立了我国有史以来第一部真正独立自主的关税征收制度。当时我国与苏联和东欧国家的对外贸易发展很快,进出口货物大量增加,为了简化手续、加速验放、减少边境车站和港口的货运积压,从 1952 年起,对国营外贸公司从苏联和东欧国家进出口的货物,实行外形查验和在北京纳税的办法。同年 9 月,政务院公布施行《中华人民共和国海关船舶吨税暂行办法》。

(四)统一农业税

农业税制的建立虽然着手很早,但发展缓慢。1949 年 12 月,财政部在北京召开全国首届粮食工作会议,研究农业税负问题。同年 12 月 30 日,薄一波以书面报告的形式向毛泽东同志汇报会议情况。报告中提出了统一全国农业税法、税率的问题,建议老区以大行政区为单位,新区以省为单位统一税法。税率总体上不超过 20%,依贫富差别定负担率,贫农 7%左右,最高 10%;中农 17%左右,最高 20%;富农 27%左右,最高 30%;地主 45%左右,最高 60%。1949 年秋征是按上述规定实施的,这一规定在 1950 年 4 月 16 日财政部召开的农业税法会议上再次得到认定。可以看出新中国成立初所定的农业税率是比较高的。

1950 年 5 月 31 日,政务院颁发了《中央人民政府政务院关于一九五零年新解放区夏征公粮的决定》,将新解放区的农业税平均税率由 17%降到 13%,并缩小了计税范围,只对夏收正产部分计税,农民的负担有所减轻。老解放区的农业税率,按薄一波在《关于一九五零年度全国财政收支概算草案编成的报告》中讲,平均负担率"占农业总收入的 21%"。

(五)规定企业利润上缴

在国民经济恢复时期,对资本主义、个体经济、集体经济的收入所得,国家均以税收形式参与其分配,对国营经济则要求以上缴利润的形式参与分配。在统收统支的财政政策下,国营企业是行政机构的附属物,其全部利润和折旧都要上缴国家预算,再加上国家事业单位上缴财政的事业收入,统称为企业收入,1950—1952 年企业收入情况详见表 1-1。

表 1-1　1950—1952 年企业收入情况

年份	企业收入(亿元)	增长率(%)	占当年财政收入比重(%)
1950	8.69	—	13.33

年份	企业收入（亿元）	增长率（%）	占当年财政收入比重（%）
1951	30.54	251.44	22.94
1952	57.27	87.52	31.17

资料来源：孙文学主编：《中国财政思想史》（下），上海交通大学出版社2008年版，第399页。

三、加强税收征管

新中国的税收制度是在多种经济成分并存的情况下，根据革命根据地的税收工作经验和"公私兼顾、劳资两利、城乡互助、内外交流"的原则建立起来的。它的基本特点是实行多种税、多次征的复合税制。新税制以货物税、工商营业税和所得税为主体。货物税和工商营业税分别按不同产品、不同行业设计税率，根据对资本主义工商业实行利用、限制和改造的方针，在公私企业使用一套税制的基础上，实行"区别对待、繁简不同"的征管办法。这种复合税制能够把分散在各个环节的资金，通过税收聚集起来，保证国家的财政收入；能够较好地体现奖励和限制政策，调节各方面的收入，较为灵活地、有效地发挥税收的经济杠杆作用，并有利于国家对各种经济成分进行财政监督。

为了便于各项税收及时入库，中央人民政府于1950年3月发布了《中央人民政府政务院公营企业缴纳工商业税暂行办法》，要求公营企业必须照章缴纳工商业税，拖欠税款的，要在其经费中扣除或在银行存款中扣除，并要按日课以所欠税款3%的滞纳金，还要追究其单位负责人的责任。对私营企业严加监督，使其照章纳税。同时开展反偷税漏税斗争，保证及时、足额地完成税收任务。对于盐税和关税，则加强缉私工作，保证盐税和关税征收任务的完成。国家要求各级税务部门要将中央税收统一集中到中央，每日结算，解缴国库。

由于加强了税收的征收和管理，城市税收工作得以广泛开展，因而城市税收的数额不断增加。1950年，公粮完成原概算的104%，占总实收入的32.7%。城市税收共超过原概算的62.9%，占总实收入的37.8%，其中工商业税超过 59%，货物税超过 70.5%，其他印花税、屠宰税超过 56.6%，关税超过 83.6%，盐税超过 33%，企业收入（利润及基本折旧基金）超过 18.4%，其他收入超过 41.6%。以上总实收入超过原概算的 31.7%。公债发行约为原概算的 70.4%。[①] 在当年的财政概算中，规定城市税收占收入的 28.9%，但执行结果达到 37.8%，超过农业税，跃居各项财政收入之首。

通过统一全国税收，建立新税制，调整税种、税目、税率等工作，中国税政长期不统一的局面从此宣告结束，一套适应新形势的经济发展的税收制度日益健全和完善。

第四节　国民经济的恢复和稳定

中央人民政府建立之后，立即着手恢复和稳定国民经济，同时开展农业、工业、交通、水利等领域的建设工作，支持国内战争的全面胜利和抗美援朝战争的顺利进行。1950 年财政经济工作统一后，陈云等财经领导人采取物资调配、货币、财政等综合性手段，迅速稳定国民经济，逐渐实现了三个平衡，即财政收支平衡、现金收支平衡、物资调拨平衡。从新中国成立到 1952 年年底三年多的时间里，在外有美帝国主义威胁、内有阶级敌人破坏的情况下，党和人民政府带领全国人民战胜了严重的财政经济困难，恢复和稳定了国民经济，为我国的经济和社会发展提供了条件。

一、国民经济的根本性改组

国民经济的根本性改组把中国从落后的半殖民地半封建社会的轨道上转移到进步的新民主主义的独立自主的轨道上来。但是由于总需求急剧萎缩，出现了通货紧缩现象。从 1950 年 4 月开始，货币流通速度大为降低，商品销售量大为减少，银行存款大为增加，大中小城市都出现了商

---

① 数据来源：《一九五〇年财政工作总结及一九五一年工作的方针和任务》，1951 年 3 月 30 日，http://www.ce.cn/xwzx/gnsz/szyw/200705/25/t20070525_11493629.shtml。

品滞销问题,引起了一些工厂停工、商店歇业、失业人口增加的现象。此外,财政工作中也存在若干偏差,需要纠正和完善。

(一)为争取国家财政经济状况的根本好转而斗争

鉴于财经状况开始好转后出现的一系列矛盾,1950 年 6 月,中共中央召开七届三中全会,提出"为争取国家财政经济状况的根本好转而斗争"的口号,毛泽东同志明确指出:"要获得财政经济情况的根本好转,需要三个条件,即:(一)土地改革的完成;(二)现有工商业的合理调整;(三)国家机构所需经费的大量节减。"[①]

中央人民政府在 1950 年 6 月颁布《中华人民共和国土地改革法》,宣布废除地主阶级封建剥削的土地所有制,实行农民的土地所有制。到 1952 年年底,除西藏、新疆等少数民族地区和台湾外,全国占农业人口总数 90%以上的地区完成土地改革,解放了农村生产力,调动了农民生产的积极性。

(二)调整税收,酌量减轻民负

调整工商业方面采取的措施包括三个环节,即调整公私关系、调整劳资关系、调整产销关系,其中重点是调整公私关系。在调整公私关系的同时,根据《中国人民政治协商会议共同纲领》规定的"简化税制,实行合理负担"的原则和毛泽东同志关于"调整税收,酌量减轻民负"的指示,针对农业税、城市税收出现的偏差,对农业税和城市税收的负担也进行了调整。

1. 调整农业税

1950 年 9 月,政务院发布了《新解放区农业税暂行条例》,规定:贫农的负担率是 8%左右;中农一般是 13%左右;富农一般是 20%左右;地主一般是 30%左右,最高不超过 50%,特殊户地不超过 80%。9 月 16 日,财政部发布《中央财政部关于农业税土地面积及常年应产量订定标准的规定》,为保证《新解放区农业税暂行条例》正确执行,对土地面积和常年产

---

① 毛泽东:《为争取国家财政经济状况的基本好转而斗争》,载财政科学研究所编:《十年来财政资料汇编》第一辑,财政出版社 1959 年版,第 84 页。

量的计算标准做了规定：(1)土地面积以"市亩"为基本单位；(2)土地产量以常年产量为标准；(3)种植各种经济作物，如棉花、花生、烟叶的土地，应按相同的土地种植一般谷物的常年产量为标准；(4)常年产量折合主粮计算；(5)主粮以市斤为基本单位。1952年颁布《受灾农户农业税减免办法》，要求严格执行农业税的税收减免政策。

农业税的制定，推动了农业税法的统一，将实行了两千多年的田赋改为按产量征收的农业税，在一定程度上减轻了农民的负担，极大地促进了农业生产的恢复和发展。

2.调整城市税收

1950年5月，财政部召开第二届全国税务会议，决定对城市税收进行调整，调整的原则是：巩固财政收支平衡，照顾生产的恢复和发展，继续执行工轻于商、日用品轻于奢侈品的征收政策。具体内容包括：一是减少税种。取消薪给报酬所得税和遗产税，合并房产税和地产税为房地产税，将工商税种从14个减并到11个。二是简化税目。货物税税目从原来的1136个减并到358个，印花税税目从原来的30个减并到25个。三是降低税率。提高所得税的起征点和最高累进点，降低货物税部分税目的税率，盐税减半征收。四是统一计税方法和估价方法。由原来单纯民主评议，改为按照不同情况分别采取自报查账依率计征、自报公议民主评定、定额纳税三种方法。1951年，为配合棉纱统销政策，将棉纱从货物税中独立出来，开征棉纱统销税。事实证明，税收调整工作使国家的财政经济状况得到了改善，财政收入显著增加，标志着国民经济恢复工作的顺利进行。

（三）精兵简政，裁减国家机构经费

为了克服经费困难，本着精兵简政的原则，1950年3月成立了全国编制委员会，薄一波为主任，统一制定编制，规定统一的供给标准，同年6月2日，财政部在颁发的《全国各级人民政府一九五〇年度暂行供给标准实施办法》中强调：凡由国家预算供给的政府机关、学校、团体、企业部门，都依本办法办理。供应范围以中央核准编制内实有的人员、车、马为限，超编的人员、车、马一律不供给。经费领报手续，依各地现行预算决算程序办理，若不按供给标准,不依预算程序执行的,一律不供给。节省国家机构经费开支,减少了国家在人力和资金方面的浪费,提高了资金使用效率。

二、"三边"方针保障军政费用供应

抗美援朝开始后,1950 年的预算要做调整,已经开始编写的 1951 年预算更要做大幅度调整,一方面要保障战争需求;另一方面要继续支持经济建设。1950 年 10 月 15 日,第二次全国财政会议召开,讨论的第一个问题就是朝鲜战争对我国财政工作的影响以及抗美援朝开始后的财经工作方针。经过讨论,会议接受陈云同志的意见,确定了 1951 年财经工作的方针是"战争第一,稳定市场第二,其他第三",毛泽东同志在此基础上进一步提出财政收支"边抗、边稳、边建"的方针,被称为"三边"方针。该方针确定后,由财政部门负责对这一方针的实现作出具体部署,采取的主要措施如下。

(一)短期冻结存款

从 1950 年 11 月 5 日起,冻结部队、机关、团体存款一个月,并暂缓贷款收购农产品一个月。将这笔存款全部抵作 1951 年的预算拨款。同时取缔金融外币的黑市交易,严厉打击投机倒把分子。这样就避免了像新中国成立初期那样多发票子冲击市场的现象,保持了金融物价的整体稳定,也为发展生产、保证供给争取了时间。

(二)开源节流

为努力增加收入,国家采取增加财政收入的措施:一是适当增加农业税附加税税率;二是对酒、卷烟和卷烟用纸实行专卖;三是开征新税,例如契税、棉纱统销税、营业税等;四是增加若干产品货物税和进口、出口税等;五是加大税收征收管理力度,防止偷税漏税导致的税收流失。这些"开源"政策使得 1951 年财政总收入达到了 133.14 亿元,比 1950 年增加了 1 倍多,见表 1-2。

同时,大力削减财政支出,对经济建设投资、文教卫生、公用实业等费用做了必要的削减和收缩。

表1-2　1950—1952年财政收支规模增长情况　　（单位:亿元）

年份	总收入	总支出	结余
1950	65.19	68.08	-2.89
1951	133.14	122.49	+10.65
1952	183.72	175.99	+7.73

（三）建立企业经济核算制度,开展清产核资

1951年4月,政务院颁发《中央人民政府政务院关于一九五一年国营工业生产建设的决定》,要求国营企业建立紧急核算制度。同年6月,发布了《中央人民政府政务院财政经济委员会关于国营企业清理资产核定资金的决定》,规定国营企业的固定资产与流动资金一律重新清理登记,并核定企业的流动资金,以达到用最少的物资和资金来完成国家计划的任务。1952年年底,清产核资基本完成,为建立企业经济核算制度打下了基础。

（四）调整财政管理体制,整顿城市地方财政

为了贯彻"三边"方针,使财政工作适应生产力的发展,中央人民政府调整了财政管理体制,对已经建立的财政制度进行了健全和完善。一是调整财政管理体制。1951年3月,政务院颁布了《中央人民政府政务院关于一九五一年度财政收支系统划分的决定》,该决定以统一领导、分级负责为方针,将全国财政划分为中央、大行政区和省三级财政,并明确划分了中央与地方的财政收支范围。为了贯彻《中国人民政治协商会议共同纲领》中关于"建立国家预决算制度"的规定,巩固调整了财政管理体制所取得的成果。1951年8月,政务院颁布了《预算决算暂行条例》,规定了国家预算的组织体系,各级人民政府的预算权,各级预算的编制、审查、核定与执行的程序,决算的编报与审定程序等。这一条例的公布与实行,不仅充分体现了财政上统一领导、分级负责的精神,而且健全了财政管理制度,加强了财政纪律与财政的计划性。

二是整顿城市地方财政。为了迅速把以农村为中心的财政转变为以城市为中心的财政、把供给财政转变为建设财政,1951年3月政务院颁

布了《中央人民政府政务院关于进一步整理城市地方财政的决定》，提出要依据城市的实际情况，发展城市经济，积极组织收入，把只管吃、穿的供给财政转变为建设财政。该决定实行后，城市地方财政收入大幅度增加，截至1952年年底，地方预算外资金达到12.53亿元，其中主要是市营企业收入①。

整个抗美援朝期间，财经工作始终贯彻"三边"方针，并根据形势变化及时调整，三年直接用于朝鲜战场的财政支出达到了62亿元，几乎相当于1950年国家的总财政收入（68亿元）。同时，中国政府还以贷款或者订货的方式从苏联等国订购了价值31亿元的武器装备，主要用于朝鲜战场。在保障军政费用的同时，国内市场也保持了稳定，批发物价指数如果以1950年3月为100，则1951年12月为92.4、1952年12月为92.6②。财经工作的有力保障使得国内经济并没有因为战争而停止发展，人民生活水平也得到稳步提高。

三、国民经济恢复初战告捷

从新中国成立到1952年年底，在中国共产党和中央人民政府的正确领导下，财政经济工作取得了巨大成就。在这三年多的时间里，在外有美帝国主义威胁，内有阶级敌人破坏的情况下，中央人民政府带领全国人民战胜了严重的财政经济困难，恢复了国民经济，夺取了财政经济状况根本好转的伟大胜利。

（一）国民经济得到全面恢复

首先，工业总产值不断增长，1949年为140.2亿元、1950年为191.2亿元、1951年为263.5亿元、1952年为343.8亿元，比1949年增长145.2%③。1952年，钢产量达到134.9万吨，比1949年增长753.8%；铁产量达到192.9万吨，比1949年增长665.5%；原煤产量达到6649万吨，

---

① 《当代中国》丛书编辑部编辑：《当代中国财政》（上），中国社会科学出版社1988年版，第80页。

② 王丙乾：《中国财政60年回顾与思考》，中国财政经济出版社2009年版，第46页。

③ 孙健：《中华人民共和国经济史稿》，吉林人民出版社1980年版，第111页。

比 1949 年增长 104.7%,详见表 1-3。

表 1-3　国民经济恢复时期工业产值增长情况

	年份	工业总产值（亿元）	钢（万吨）	生铁（万吨）	原煤（万吨）
产量（按 1952 年不变价格计算）	1949	140.2	15.8	25.2	3248
	1950	191.2	60.6	97.8	4292
	1951	263.5	89.6	144.8	5309
	1952	343.8	134.9	192.9	6649
指数%（以 1949 年为 100）	1952	244.9	853.8	765.5	205

数据来源:国家统计局国民经济综合统计司编:《新中国五十年统计资料汇编》,中国统计出版社 1999 年版,第 39—42 页。

农业生产的恢复和发展也取得了举世瞩目的成绩。农业总产值 1949 年为 325.9 亿元、1950 年为 383.6 亿元、1951 年为 419.7 亿元、1952 年为 483.9 亿元,比 1949 年增长 48.5%。1952 年,粮食产量达到 3278 亿斤,比 1949 年增长 44.8%;棉花产量达到 2607 万担,比 1949 年增长 196.3%。

(二)金融物价保持平稳

首先,运用行政手段打击金融投机。颁布金银和外币管理办法,禁止金银和外币自由流通,查封投机机构,逮捕投机分子,并将私营行庄置于国家银行控制之下。公布工商登记办法,严格管理市场交易价格。

其次,运用经济手段,集中掌握和调动物资,统一领导金融、贸易、财政部门协调行动,打击物资投机。成立全国统一的贸易公司,加强市场斗争力量。在物价涨到顶峰时紧缩通货,物价跌落低谷时大量抛售物资,终于使投机资本受到毁灭性打击。

自 1950 年 3 月之后,金融物价三年没有发生大的波动。全国批发物价指数如果以 1950 年 3 月为 100,则 1950 年 12 月为 85.4、1951 年为 92.4、1952 年为 93.7。虽然有抗美援朝战争的影响,物价仍能保持稳定,这一成就实属不易,使旧中国 12 年通货膨胀的苦难岁月一去不复返,广大人民得到了安定的生活。

(三)人民物质文化生活明显改善

尽管国家经济十分困难,但是党和中央人民政府对文教卫生事业仍然给予极大关注,积极支持这些事业的恢复和发展。截至1952年年底,高等学校在校生达到19.1万人,比新中国成立前的最高年份增长23.2%;中等专业学校在校生达到63.6万人,比新中国成立前的最高年份增长66.1%;普通中学在校生达到249万人,比新中国成立前的最高年份增长66.4%;小学在校生达到5110万人,比新中国成立前的最高年份增长115.8%。

此外,卫生事业也得到很快发展,大大改善了人民的医疗条件,提高了人民的健康水平。文教卫生事业的发展,提高了全民族的文化素质和健康水平,为第一个五年计划的实施做了必要的人才储备。

(四)财政状况实现根本好转

三年恢复时期,财政收入完全平衡,并实现略有结余,财政总收入大于总支出,结余15.49亿元。1952年8月11日,《人民日报》以《我国财政经济状况根本好转的标志》为题发表社论,指出,1952年我国的财政收支已经达到完全平衡,而收支平衡、经济恢复和物价稳定标志着我国财政状况已根本好转。财政有力保证了解放战争的全面胜利,保证了抗美援朝战争的胜利,同时还不失时机地进行重点建设和投资。这三年,基本建设拨款总和为86.21亿元,占三年财政支出总和的23.5%,其中重点是水利建设投资和铁路交通的投资。这些投资巩固和扩大了国营经济在国民经济中的领导地位,扩大了国营经济向国家提供财政收入的比重。

财政经济状况的根本好转,标志着三年经济恢复工作的胜利完成,同时也为进入大规模的有计划的经济建设创造了有利条件,为第一个五年计划奠定了物质基础。

第二章　财政集中与计划经济体制的构建

恢复国民经济的任务完成以后,党中央提出了过渡时期的总路线。从 1953 年起,我国开始了大规模经济建设的第一个五年计划,提出逐步实现社会主义工业化及对农业、手工业和资本主义工商业的社会主义改造。为了支持工业化,实行财政集中,初步建立了适合计划经济的财税制度。但由于资源、人口以及经济基础等多方面的差异,苏联模式的计划经济体制并不完全适合我国。1956 年,毛泽东同志在中央政治局扩大会议上做了《论十大关系》的讲话,我国在苏联模式的计划经济体制的基础上,探索符合中国国情的社会主义建设道路,改变了过分集中的财政体制。

第一节　为完成"一化三改"走向财政集中

到 1952 年年底,国民经济恢复任务已基本完成,根据毛泽东同志的建议,党中央从中国的实际情况出发,提出了党在过渡时期的总路线,作为过渡时期各项工作的指南。贯彻过渡时期总路线,支持"一化三改",成为各条战线的根本任务,也是财税工作的根本任务和重心。为了完成"一化三改"的任务,国家采取计划配置资源的方式,财政走向集中。

一、过渡时期的总路线和总任务

1952 年年底,经过统一财经、稳定金融物价、调整工商业、土地改革等工作,我国恢复国民经济的任务已经胜利完成,发展面临新的形势和新的问题。

从工农业发展水平来看,虽然当时的工农业生产已达到并超过了新中国成立前的最高水平,但由于新中国成立前的生产水平极端落后,工农业生产的水平仍然非常低,国民经济非常落后,国家仍然是一个贫穷落后的农业国。从转向计划经济的角度看,我国当时还是一个五种经济成分同时并存的过渡型社会。据统计,1952年社会主义和半社会主义性质的经济成分加起来在全部国民收入中所占的比重还不到1/4。从农村来看,虽然经过土地改革后广大农民的生活有所改善,但他们中间60%—70%的人的生活仍然有困难,合作组织形式主要是互助组,初级合作社为数极少。如何巩固土地革命的成果,防止重新发生借高利贷、典让和出卖土地,提升农业机械化水平,抗御自然灾害,大力发展农业生产,成为一项重要的任务。

新的形势和新的问题,需要提出新的任务和新的目标。我们在取得新民主主义革命的伟大胜利之后,必然要求建立社会主义,改变经济落后的状况,逐步实现社会主义工业化,由贫穷落后的农业国转变为富强先进的社会主义工业国。党在过渡时期的总路线就是为适应这一社会历史发展的客观需要而提出来的。

早在新中国成立前夕,1949年3月党的七届二中全会就提出了未来国家建设的目标,即要使中国逐步地由农业国变为工业国,由新民主主义国家变为社会主义国家。1953年6月15日,毛泽东同志在中央政治局扩大会议上第一次对党在过渡时期的总路线和总任务的内容做了比较完整的表述。同年6月15日召开的中央政治局会议对此做了较为完整的概括,即党在过渡时期的总路线和总任务,是要在十年到十五年或者更多一些时间内,基本上完成国家工业化和对农业、手工业、资本主义工商业的社会主义改造。同年9月25日,《人民日报》正式公布了由毛泽东同志提出的过渡时期的总路线。同年12月,党中央批准并转发了《为动员一切力量把我国建设成为一个伟大的社会主义国家而斗争——关于党在过渡时期总路线的学习和宣传提纲》,标志着总路线的最终形成。1954年2

月党的七届四中全会通过决议,正式批准了过渡时期总路线,并于同年9月载入第一部《中华人民共和国宪法》。

这条总路线可简单概括为"一化三改"和"一体两翼"。"一化",即逐步实现国家的社会主义工业化,这是主体;"三改",即逐步实现对农业、手工业、资本主义工商业的社会主义改造,这也是"两翼"。二者互相联系、互相促进、互相制约,体现了发展生产力和变革生产关系的有机统一。社会主义建设和生产资料所有制的社会主义改造同时并举,是这条总路线的基本特点。两者的同时并举保证了新民主主义向社会主义的顺利过渡。过渡时期总路线的实质是解决所有制问题。"总路线也可以说就是解决所有制的问题。"①一方面是社会主义公有制的扩大,即国营企业的新建、扩建;另一方面是把个体小私有制改造成为社会主义集体所有制,把资本主义私有制改造成为社会主义全民所有制。

过渡时期总路线是党中央制定的指导全国人民全面开始从新民主主义向社会主义过渡的基本纲领和路线,是各条战线的根本任务,当然也是财政工作的根本任务。

二、采取计划配置资源的方式

恢复国民经济的任务胜利完成之后,把我国建设成为一个富强的国家,改变工业的落后状况,实现工业化,成为主要任务。当时认为在一穷二白、资本匮乏的情况下,靠市场自发的积累,很难快速实现工业化,只能集中资源,采取计划配置的方式,才能推动工业快速发展。然而进行全国范围的、有计划的、大规模的经济建设,我国当时没有经验,并且我们在选择走社会主义道路之后,必然要向已经取得工业快速发展的社会主义国家——苏联学习。为此,我国以苏联为师,逐步取消市场,以计划配置资源,财政也转为高度集中。

根据党在过渡时期总路线的精神,国家制定了从1953年到1957年的发展国民经济第一个五年计划。适应第一个五年计划发展的需要,财

---

① 《毛泽东文集》第六卷,人民出版社1999年版,第301页。

政面临重要而艰巨的任务。周恩来同志在 1953 年 8 月曾经指出①,我国过渡时期财政的任务,必须是合理地从增加生产、扩大物资交流方面培养财源、厉行节约,积累资金,保证国家重点建设,加强国防,不断提高劳动人民的物质和文化生活水平的需要。

与计划配置资源方式相适应,财政必须采取符合其配置方式的制度安排。例如,预算编制、执行必须服从国家国民经济计划的需要,财政部门要根据国民经济计划中的生产指标、交通运输指标、商品流转指标和各项事业的发展计划进行逐项核算,既要考虑对各部门预算收支指标的核定,也要考虑对各地区收支指标的核定然后提出预算方案。再如,统一管理国营企业财务。按照国家规定,年初编制企业生产财务计划,将一切收支统统纳入财务计划管理,并按照批准的计划上缴利润、税收、折旧等,同时依照计划按时下拨资金,弥补亏损,或者按计划用利润抵拨支出。各工业、交通、商业部的财务司(局)统一管理本部所属国营企业的财务会计工作,其财会业务归财政部领导。各部门汇总的国营企业财务收支计划和年终决算,按时报送财政部,由财政部审核汇总,将收支数字列入国家财政预算和决算,上报中央人民政府批准执行。

三、推行适应计划经济的财税政策

为适应"一五"计划发展的需要,运用财税政策和必要的财力支持,促进国家对农业、手工业和资本主义工商业的社会主义改造。"三大改造"的顺利完成,财政功不可没,奠定了社会主义公有制的基础。

(一)支持农业合作化

20 世纪 50 年代初,我国广大农村分散的和落后的个体经济的存在,限制着农业生产力的发展,它与社会主义工业化之间的矛盾日益暴露出来。这种落后的小规模农业生产,既不能满足广大农民群众改善生活的需要,也不能适应推动工业化的需要。因此,必须教育和促进农民走合作

①《当代中国》丛书编辑部编辑:《当代中国财政》(上),中国社会科学出版社 1988 年版,第 88 页。

化的发展道路,对农业实行社会主义改造。1953 年,中共中央发布了《关于发展农业生产合作社的决议》,要求采取说服、示范和国家支援的方法使农民自愿联合起来。1955 年 10 月,党的七届六中全会(扩大)通过了《关于农业合作化问题的决议》,要求国家财政、经济各有关部门在财政和技术上对农业合作化运动予以援助。根据这些精神,国家采取了一系列的财政措施,积极促进农业合作化运动的发展。

运用税收政策,促进农业合作化发展。这首先表现在农业税的减免政策上。农业合作化初期,国家对新解放区的农业税仍实行累进税制,农业合作化高潮以后,实行累进税制已无必要,一律改为比例税制。实行了采取稳定农民负担的政策。政务院在《关于一九五三年农业税工作的指示》中正式宣布,从 1953 年起,三年内全国农业税的征收指标稳定在1952 年的实际征收水平上,不再增加,税率按 1952 年的规定执行,以减轻农民的负担,巩固工农联盟。1956 年 9 月 12 日,中共中央、国务院在《关于加强农业生产合作社的生产领导和组织建设的指示》中进一步强调:“农业税的征收,已确定去年的水平,不再增加,地方附加也不能增加太多。要使合作社收入的 60% 到 70% 分配给社员,一般应做到 90% 的社员都增加收入。”①此外,对农民兴修农田水利、改良耕地、开垦荒地等都给予一定的减免优惠。

与此同时,运用工商税收政策,促进农业合作化运动的发展。早在1951 年 9 月 1 日,财政部公布的《临时商业税稽征办法》就明确规定,对农民、渔民、牧民、猎户自产货品持有当地乡(村)以上人民政府证明文件,可免纳临时商业税。随着过渡时期总路线的贯彻执行,1954 年修正了临时商业税的稽征办法,对农民在一般县城及专辖市以下乡村、集镇销售自产品,无论是否达到起征点,一律免征临时商业税。1952 年 12 月 31日发布的《关于税制若干修正及实行日期的通告》中规定,供销合作社营业税税率由原来的 2% 改为 2.5%,但实际上税负并未增加,因为把原来应纳的印花税、营业税附加,合并到调整后的营业税税率中去了。调整

---

① 谢旭人主编:《中国财政 60 年》(上卷),经济科学出版社 2009 年版,第 101 页。

后,供销合作社的税率仍低于国营和私营商业3%—3.5%的税率,体现了扶持供销合作社的政策精神。

增加对农业的投资,发放低息农业贷款,巩固和发展农业生产合作社。为了加快农业发展,国家加大了对农业的财政投资,重点支持兴修农田水利、推广新式农具、扩大优良品种等。国家集中力量治理了水患严重的淮河水系、海河水系、黄河水系和长江水系等,对于防洪蓄水,减轻水旱灾害,促进农业生产的发展,都发挥了巨大的作用。同时,发放低息农业贷款,推动农业合作化。当时国家银行的农贷任务,主要是促进农业合作化,推动农业生产的发展。大量的农业贷款以及大幅度降低农业生产合作社贷款和设备贷款的利率,对于打击高利贷、发展农业生产和推动农业合作化,发挥了重要作用。此外,农业合作化由互助组向合作社发展时,针对有些缺乏牲畜、农具的贫民交纳入社股金有困难的情况,财政专门安排了贫民合作基金,解决了贫民入社的困难。

(二)促进手工业的社会主义改造

手工业在当时的国民经济中占有相当重要的地位,对于增加产品的花色品种、弥补大工业的不足、满足人民多种需要等方面,起着重要的作用。但个体手工业的生产存在分散、落后、盲目、保守等问题,劳动生产率很低。因此,必须进行社会主义改造。

财政促进手工业的社会主义改造,主要体现在以下两个方面:

其一,利用税收政策支持手工业合作社发展。一方面,根据实际情况照顾个体手工业者的生产生活;另一方面,通过税收监管,引导他们走合作化道路。对于组织起来的手工业合作社,根据不同的情况,在税收上给予各种优惠和照顾。例如,1955年11月,财政部发布的《手工业合作组织交纳工商业税暂行办法》中规定,对新成立的手工业生产合作社,自开工生产的月份起营业税减半缴纳一年。对个别经营仍有困难的合作社,经县市人民委员会批准后,可在应纳营业税税额20%的范围内酌情再给予一定期间的减税优待。

其二,给手工业合作社以直接的资金支持。毛泽东同志在《加快手工业的社会主义改造》一文中指出:"国家调拨物资给合作社,要合理作价,不能按国家调拨价格作价。合作社和国家企业不一样,社会主义集体所有制和社会主义全民所有制有区别。合作社开始时期经济基础不大,需要国家帮助。国家将替换下来的旧机器和公私合营并厂后多余的机器、厂房,低价拨给合作社,很好。'将欲取之,必先与之'。"①在手工业合作化过程中,不仅财政拨给手工业系统各项基金和经费,而且中国人民银行对手工业合作组织也发放了大量的长短期低息贷款,仅1956年一年就有3.8亿元。此外,国家在给手工业合作社调拨物资的作价上也给予了优待。

(三)支持资本主义工商业的改造

新中国成立后,我国确定了对民族资本主义工商业采取利用、限制和改造的政策。财政是贯彻利用、限制和改造资本主义工商业政策的一个重要武器。对民族资本主义工商业的社会主义改造,大体上分两个步骤进行:从资本主义经济转变为国家资本主义经济;从国家资本主义经济转变为社会主义经济。国家资本主义又分为初级形式的国家资本主义和高级形式的国家资本主义。财政在这个改造过程中起到了有力的促进作用。

在初级形式的国家资本主义阶段,财政主要是促进资本主义工商业接受加工订货、经销代销。在税收政策上,私营工商业接受国家的加工订货和经销代销与私营工商业相互之间的加工订货和经销代销有明显的不同。例如,接受国家加工订货和代购代销的私营工商业,工业可以按照所得的加工费、商业可以按照所得的手续费纳税,不按进销货行为纳税,而对私营工业企业之间的加工业务,则限制严格,双方必须先订立加工合同,否则就要视为双方的进销货行为征税。

在高级形式的国家资本主义阶段,国家利用财政政策促进资本主义工商业接受公私合营。公私合营是资本主义工商业进行社会主义改造的具有决定意义的形式。截至1954年年底,所实行的公私合营都是单个企业分别进行的(当时称之为"吃苹果"),所选择的企业一般都是发展有潜

---

① 《毛泽东文集》第七卷,人民出版社1999年版,第12页。

力、产品有市场的大型企业,加上国家又注入资金,因此这些企业合营后的劳动生产率和利润一般都明显高于合营前。国家对合营企业的利润,采取"四马分肥"的办法,即将企业利润分成四个部分:一是依据税法规定缴纳给国家的所得税,占34.5%;二是作为企业的奖励基金,参照国营企业的有关规定和合营企业原来的福利情况适当提取,占15%;三是作为企业的公积金,占30%;四是其余部分作为股息红利,占20.5%。股息红利按公私股份的比例,在国家和资本家之间进行合理分配。公股分得的股息红利,依照规定上缴国家财政;私股分得的股息红利由股东自行分配。通过上述方法,国家财政的作用范围已经深入到合营企业的内部了,对资本主义工商业的社会主义改造起着显著的作用。

在资本主义工商业的社会主义改造进入全行业公私合营阶段后,资本家原来占有的生产资料归国家所有,由国家统一调配和使用,国家对许多企业实行合并和改组,就不可能再让每个企业各自进行盈利分配,因此必须改变原来的盈利分配办法。经过同资本家商量,资本家所得股息红利就由"四马分肥"的办法改为实行统一分配盈利的定息制度。全行业公私合营和定息制度的实行,使企业的生产关系发生了根本的变化。企业的生产资料已全部由国家统一使用、管理和支配,资本家在企业中完全成为管理人员和技术人员,工人摆脱了雇佣劳动地位,成为企业的主人。这时的公私合营企业同国营企业已没有多少差别,基本成为社会主义经济了。

总之,通过运用各项财政、税收政策,国家推进了对农业、手工业和资本主义工商业的社会主义改造。到1956年年底,我国基本上完成了"三大改造"任务,从而奠定了社会主义公有制的基础,也基本上实现了向计划经济的转变。

四、为工业化建设积累财政资金

"一五"计划初步确立了重工业优先发展的方针,开启了社会主义工业化的征程。实现工业化是一项极其艰巨复杂的任务,建设资金是前提和基本保障。由于新中国成立初期,资金严重缺乏,如何为工业化积累建设资金,成为财政的一项重要而艰巨的工作。我国走出了一条独特的积累工业化建设资金之路。

建立独立完整的工业体系,改变工业的落后状况,是过渡时期总路线的主体和重心。早在 1945 年 4 月,毛泽东同志在延安召开的党的七大报告中明确指出,"没有工业,便没有巩固的国防,便没有人民的福利,便没有国家的富强"[1]。新中国成立后,面对一穷二白的经济基础,推动我国工业化面临两个硬约束:一为技术落后;二为资金匮乏。"1952 年全国人均国民生产总值只有 104 元人民币,第一产业在国民生产总值中的比重为 57.72%,第一产业的就业比重为 83.54%,同库兹涅茨的产值份额截面和劳动力份额截面相对比,明显处于人均收入 50 美元以下的阶段,属于不发达阶段的初期。"[2]在这种情况下,推动工业化,必然要求国家集中有限的资源,打破这两个硬约束。为此,我国采取了以国家为主导的"一只手"的工业化模式。

1953 年成为我国工业化的起点。这一年,我国开始了第一个五年计划建设,其目的是建立比较完整的工业体系,打下工业化的基础。由于旧中国遗留下来的现代工业基本上是以轻工业为主的殖民地、半殖民地经济,重工业成为工业发展的瓶颈。因此,"一五"期间的资源配置主要倾向于工业,在工业中又明显倾向于重工业。

世界各国为工业化筹集资金有各种不同的途径,由于作为社会主义国家,我国既不能依靠掠夺其他国家资源或出卖本国资源获取资金,也不能指望任何外力能够满足中国这样一个大国的工业化资金需要,因此,我们的立足点必须放在独立自主、自力更生的基点上。除了自力更生为主,还充分依靠人民,发行了公债,并向苏联等国借用了外债。

实践证明,"自力更生为主,争取外援为辅"的方针是完全正确的。"一五"计划的基本任务之一就是集中主要力量进行以苏联帮助中国建设的 156 个项目为中心的、由限额以上的 694 个建设单位组成的工业建设,建立我国的社会主义工业化的初步基础。为了完成这个艰巨的任务,

---

① 《毛泽东选集》第三卷,人民出版社 1991 年版,第 1080 页。
② 苏星:《新中国经济史》,中共中央党校出版社 1999 年版,第 250 页。

仅全民所有制基本建设投资就达 611.58 亿元,折合黄金 6 亿两以上。这些资金,主要是国内自力更生积累起来的,外援只占很小比例。"一五"时期,我国国外的借款收入共 36.35 亿元,仅占财政总收入的 2.7%。[①]在整个"一五"期间,国家财政通过自力更生发展生产、厉行节约等措施,为工业化筹集建设资金达 1241.75 亿元,有力地保证了"一五"计划的胜利完成。"一五"计划的 156 项大型建设项目涉及国防工业、机械工业、电子工业、化学工业和能源工业等各个方面,搭起了我国整个工业化的骨架,我们打赢了"工业化奠基之役"。需要强调的是,利用财政积累工业化资金,并没有增加人民的负担,这在当时是了不起的成就。客观地说,156 项大型建设项目对奠定工业基础发挥了重要作用,从外交到国民经济体制全面"一边倒",也是得到苏联大规模援助的必要条件。

第二节 从"公私一律平等纳税"到 计划经济税制框架初建

"一五"时期,我国税收制度发生了重大的调整,其中标志性事件,就是 1953 年的修正税制,以"保证税收、简化税制"为原则的税制,因为"公私一律平等纳税"的提法受到批评。此后,"区别对待"成为这一时期制定税收制度和政策的根本原则。随着计划经济的建立,对税收作用的认识发生了变化,税制逐步走向简化,直至极简化。

一、保证税收、简化税制

新中国成立之后,通过统一税政,我国建立多种税、多次征的复合税制。虽然这一税制,对保证财政收入、支援革命战争、稳定市场物价等诸多方面发挥了重要作用,但由于这一税制是建立在旧税制基础之上的,难免残留着旧税制的消极作用。随着经济社会结构的变化,这一税制的消

---

① 《当代中国》丛书编辑部编辑:《当代中国财政》(上),中国社会科学出版社 1988 年版,第 120 页。

极作用日益显现,尤其是存在的各税重复、手续繁琐、零星分散等诸多问题,制约了经济社会的发展,已不适应工业化发展和专业分工的需要。当时各税种中除了货物税外,大多没有对较为集中的税源关键环节进行征税。例如,棉纺厂商要缴纳货物税、营业税、所得税;花纱布公司要缴纳统销税、营业税、所得税;普通纱布商要缴纳营业税、所得税。同时,由于社会主义经济日益发展壮大,原来以私营工商业为主要纳税人的较为繁琐复杂的计征办法,在一定程度上不利于国营企业的经济核算,不利于促进商品流转和有计划发展国民经济。因此,政务院于 1952 年 12 月发布了《关于税制若干修正及实行日期的通告》,并规定自 1953 年 1 月 1 日起实行。

这次修正税制是根据"保证税收、简化税制"的原则,按照从生产、批发到零售,一般课征三道税的水平来设计税负,并变更了营业税的纳税环节,尽可能将税收集中到工业环节来缴纳,以有利于控制财源,组织财政收入。这次修正税制的内容主要体现在:

其一,开征商品流通税。从征收货物税的品目中,选择国家能够控制生产或收购的 22 个品目,划出来改征商品流通税。这种税的特征是实行一次性课征制。即把对这些商品征收的货物税、营业税及其附加、印花税、棉纱统销税、棉花交易税等合并,采用综合税率,实行从生产到销售一次性征收。其税率的设计是根据上述各税的税负综合计算而成。凡是已经缴纳过商品流通税的商品,不必在流通环节缴纳其他税。

其二,简化货物税。将应税货物原来应交的印花税、工业营业税、商品批发营业税及其附加,并入货物税征收,相应调整货物税的税率。进一步简并税目,将原来的 358 个税目简并为 174 个。改变货物税的计税价格,由原来按不含税的价格改为按包含税款在内的国营公司批发牌价计税。

其三,修订工商营业税。将工商业应缴纳的营业税、印花税及营业税附加,并入营业税征收,统一调整营业税税率。已纳商品流通税的商品,不再缴纳营业税;已纳货物税的商品,只在商业零售时缴纳一道营业税;商品批发的营业税,分别转移到商品流通税、货物税和工业环节以后,商品批发环节不再缴纳营业税。

其四,修订了其他各税。例如,取消特种消费行为税,将其中的电影、戏剧及娱乐部分的税目改征文化娱乐税;交易税中的粮食、土布改为货物税,药材停征交易税,只保留牧畜交易税等。

通过这次修正税制,虽然税种仍保持商品流通税、货物税、工商业税、盐税、关税、农(牧)业税、利息所得税、牧畜交易税、印花税、屠宰税、城市房地产税等14个税种,但正税的附加一律取消,一个企业缴纳的税种已经合并简化了。

二、区别对待

1953年8月,中央召开全国财经工作会议,确定了过渡时期的税收任务,即一方面要能更多地积累资金,有利于国家的重点建设;另一方面要调节各阶级的收入,有利于巩固工农联盟,并使税制成为保护和发展社会主义、半社会主义经济,有步骤、有条件、有区别地利用、限制、改造资本主义工商业的工具。过渡时期的税收政策,应按照公私经济"区别对待,繁简不同"的原则,在税收上保护社会主义经济,支持"三大改造"。

其实,早在1950年12月政务院发布的《工商业税暂行条例》和《货物税暂行条例》中,都体现了对资本主义工商业的这种鼓励和限制的政策精神。例如,工业部门的税率为1%—3%,商业部门的税率为1.5%—3%,工业税负轻于商业税负,重工业税负轻于轻工业税负,鼓励资本主义工商业向着有利于国计民生的方向发展。为了支持资本主义工商业改造,税收政策对公私企业执行"区别对待,繁简不同"的原则。对私营企业征收全额累进所得税,以节制其资本。对国营企业调拨农产品及国营和合作社商业的批发业务收入都免征营业税,而对私营商业的这些业务则照征营业税。国营工业相互之间调拨原材料不征营业税,而私营工业则照征;国营重工业在连续生产过程中有135种中间产品不征税,而私营重工业则照征。在征收手续、征收方法方面,也都给国营企业、合作社以方便。例如,1954年10月23日,财政部发布的《关于简化国营企业商品流通税、货物税照证制度的规定》,对国营企业生产的应税商品(货物)纳税后,税务机关不再核发完税证,可凭国营企业发货使用的单证运行;对私营工商业,则进行严格的税务管理和监督,以防止其非法活动。又如,对于生产和制造应课商品流通税和货物税产品的私营工厂,在接受国营企业加工、订货、统购、包销任务后,其产品在包装上如有国营监制等标志的,可以不贴完税证、查验证;而私营企业之间的加工关系,则必须逐件贴证。这些措施限制了资本主义工商业的资本积累和过分发展,并使国营经济在同私营经济的竞争中居于优势地位。

同时,我国还对手工业合作组织实施了不同的税收政策,并补充、修订了工商各税,以体现公私经济区别对待、繁简不同。1955 年 11 月,财政部发布的《手工业合作组织交纳工商业税暂行办法》,对不同的手工业生产合作社,制定了不同的减免照顾方式。1956 年,财政部制定了《关于对私营工商业在改造过程中交纳工商业税的暂行规定》,修订了 1955 年的《手工业合作组织交纳工商业税暂行办法》,进一步简化了完税照证制度,并修订了原来对高级社优待照顾多、低级社优待照顾少,以及低级社过渡到高级社重新享受优待照顾的规定。

三、合并税种、极简征收

1956 年,我国完成了对农业、手工业和资本主义工商业的社会主义改造,社会生产关系发生了重大转变,由原来的多种经济成分并存转变为基本单一的社会主义公有制经济。以原来的多种经济成分并存为基础建立起来的税收制度显得与经济基础的变化很不适应。同时,随着"三大改造"的完成,对税收在社会主义经济中发挥的作用开始发生转变,"税收无用论"的观点开始泛起。不仅如此,1958 年我国开始了第二个"五年计划",以及"大跃进"运动的兴起,简化税制已经成为必然。因此,为了适应经济条件的变化,满足"二五"计划的要求,财政部按照"基本上在原有税负基础上简化税制"的税制改革方针,提出改革工商税制的报告,将原来的货物税、商品流通税、营业税、印花税这四种税合并成工商统一税,拟定了《中华人民共和国工商统一税条例(草案)》,于 1958 年 9 月 13 日经国务院公布试行。

这次税制改革的主要内容包括：其一，合并税种，实行工商统一税。以工商统一税取代原有的货物税、商品流通税、营业税和印花税，即四税合一。其二，建立工商所得税。即从原有的工商税中将所得税分离出来，形成一个独立的税种。其三，在基本保持原税负的基础上，对利润过高或过低的少数产品所适用的税率进行了调整。其四，简化征税办法，把原来的多次征税改为工业品在工厂一般只征一道税。

这次税制改革合并税种、简化征收，搭建了社会主义计划经济时期的基本税制框架，工商统一税在1958年至1972年的15年中，成为中国工商税收体系中的主体税种。此后，受"税收无用论"的影响，按照极简化的方向，我国继续对税制进行简并，使税制走向极端简化。事实上，计划经济体制下，生产、流通、交换各环节全部由计划配置，企业利润、个人收入、生活资料获得也全部由计划确定，税收的征集收入、提供激励、收入分配功能已无必要，即便是征集收入的基础功能也可由占绝大多数的公有制企业上缴利润来替代。"税收无用"是计划经济的必然走向。

第三节　《论十大关系》与财政管理体制的调整

由于基础和条件的不同，中国很难建立苏联模式的计划经济。1956年4月，毛泽东同志在中央政治局扩大会议上做了《论十大关系》的讲话，探索符合中国国情的社会主义建设道路，我国的财政体制也随之调整，并采取了诸多财政管理措施。

一、探索符合中国国情的社会主义建设道路

新中国成立初期，由于我们没有经验，在经济建设方面，我们只得学习苏联，这有其历史必然性，并且也取得了一定的成效。然而，由于资源、人口、经济基础等条件的不同，苏联模式并不可照搬到我国，并且苏联模式的计划经济本身存在一些弊端。因此，结合现实，我国"以苏为鉴"，开始探索符合中国国情的社会主义建设道路，并取得了诸多重大成果，而

毛泽东同志的《论十大关系》,则是探索适合中国国情的社会主义建设道路的纲领性文献。

1956 年社会主义改造基本完成,在中国确立了社会主义基本经济制度之后,毛泽东同志的注意力和工作重点,开始向经济建设特别是工业建设方面转移。从 1953 年执行第一个五年计划起,已有 3 年多的实践经验,并且此时对于苏联经济建设中的一些缺点和错误也逐步有所了解。正如毛泽东同志所言:"特别值得注意的是,最近苏联方面暴露了他们在建设社会主义过程中的一些缺点和错误,他们走过的弯路,你还想走? 过去我们就是鉴于他们的经验教训,少走了一些弯路,现在当然更要引以为戒。"①"开始我们模仿苏联,因为我们毫无搞社会主义的经验,只能如此,但这也束缚了自己的创造性和积极性。现在我们有了自己的初步实践,又有了苏联的经验教训,应该更加强调从中国的国情出发,强调开动脑筋,强调创造性,在结合上下功夫,努力找出在中国这块大地上建设社会主义的具体道路。"②

1956 年 2 月 14 日至 4 月 24 日,毛泽东同志用了两个多月的时间先后听取了中央 34 个部委的汇报和大量的调查研究,逐步形成了正确处理十大关系的思想。同年 4 月 25 日,毛泽东同志在政治局扩大会议上做了《论十大关系》的讲话,经政治局同意后,又于 5 月 2 日向最高国务会议做了报告。

《论十大关系》提出的基本方针,就是"我们一定要努力把党内党外、国内国外的一切积极的因素,直接的、间接的积极因素,全部调动起来,把我国建设成为一个强大的社会主义国家"③。"十大关系"是指重工业和轻工业、农业的关系,沿海工业和内地工业的关系,经济建设和国防建设的关系,国家、生产单位和生产者个人的关系,中央和地方的关系,汉族和少数民族的关系,党和非党的关系,革命和反革命的关系,是非关系,中国

①　《毛泽东文集》第七卷,人民出版社 1999 年版,第 23 页。
②　中共中央党史研究室:《中国共产党的九十年》,中共党史出版社、党建读物出版社 2016 年版,第 466—467 页。
③　《毛泽东文集》第七卷,人民出版社 1999 年版,第 44 页。

和外国的关系。前五条主要讨论经济问题,从经济工作各个方面来调动各种积极因素,也是十大关系中最主要的;后五条主要讨论政治关系,都属于政治生活和思想文化生活中调动各种积极因素的问题。

在属于经济层面的前五条中,关于重工业和轻工业、农业的关系,沿海工业和内地工业的关系,经济建设和国防建设的关系这三条,是从产业关系、区域经济关系等方面提出了一条与苏联不同的中国工业化的道路;关于中央和地方的关系,国家、生产单位和生产者个人的关系,实际上分析了改革过分集中的经济体制问题。

《论十大关系》提出我国经济建设的新思想、新方针,反映了经济发展的客观规律和社会政治稳定的需要,为党的八大的召开做了重要准备,为我国的计划经济及财税制度的调整提供了指导思想。

二、财政管理体制的调整

新中国成立初期,我国实行了统收统支、集中统一的三级财政管理体制,并明确划分三级之间的收支范围。随着探索符合中国国情的社会主义建设道路推进,我国也开始调整财政管理体制。1956年之后,开始改变过分集中的财政体制。1958年,实行"以收定支,五年不变"的新财政体制。

新中国成立后,国家实行中央、大行政区和省(市)三级行政管理体制,设立了华北、东北、西北、华东、中南、西南六个大行政区。与此相应,实行中央、大行政区和省(市)三级财政管理体制。这一模式的特点是统收统支、集中统一。1952年11月,为了更好地推进即将开始的全国大规模、有计划的经济建设,中央人民政府委员会第十九次会议通过《中央人民政府关于改变大行政区人民政府(军政委员会)机构与任务的决定》,大区不再是一级行政机关,而是作为中央机构的派出机构或代表机构。1954年4月,中共中央政治局扩大会议决定撤销大区一级党政机关,各大行政区委员会随同各中央局、分局一并撤销。

随着行政管理体制的变革,从1953年开始,财政管理体制也由中央、大行政区和省(市)三级改为中央、省(市)和县(市)三级,并明确划分三级之间的收支范围。但实际上,这三级体制在运行中体现为"一级半财政",即中央算一级财政;省一级财政只有三项:5%的农业税附加、3%的预备费和一部分自筹资金,算半级。这一体制的特征仍属于高度集中,年终结余全部收回,产生了统得多、统得死等问题,难以符合当时的政治经济形势的要求,于是1954年国家又开始对预算管理体制进行改进,适当向地方下放财政权力,以调整财政上下级之间和财政同企业、事业单位之间的利益关系。

1954年,财政管理体制改进的内容主要有:其一,预算收入实行分类分成办法。将国家预算收入划分为固定收入、固定比例分成收入和调剂收入三类,明确了中央和地方的固定收入和固定比例分成收入。划给地方固定收入和固定比例分成一般可达到各省(自治区、直辖市)预算支出的60%—80%,这样就使地方预算有了固定的收入来源,保证了地方预算的稳定性,从而发挥了其组织收入的积极性。其二,基本按照隶属关系划分中央和地方的预算支出范围。其三,按照收支划分,地方的财政支出首先用地方的固定收入和固定比例分成收入抵补,差额由中央财政划给调剂收入弥补,分成比例一年一定。这一财政体制,使地方有固定的收入来源和一定的机动财力,与新中国成立初期的完全集中体制已有所不同,成为分级财政管理体制的开端,保证了第一个五年计划时期国家集中主要财力进行重点建设的需要。

1956年,毛泽东同志做了《论十大关系》报告之后,为了更好地处理各方面关系,更多地发挥地方和单位的积极性,兼顾国家、生产单位和个人三方面的利益,使企业在统一领导下有更多的机动性,根据《论十大关系》的精神,我国于1957年下放财政权力,调整财政体制以及国家与企业关系,其内容主要包括:其一,在中央和地方的关系上,1957年实行"以收定支,三年不变(后改为五年不变)"的办法。在财政收入方面,除原有地方税和地方企业利润作为固定收入外,还有在地方的中央管理的企业利润分成收入。根据各地不同情况将营业税、所得税等税种收入,划一定比例,作为调剂收入。在支出方面,地方经常性支出,由地方自行安排,中央专项安排的支出(包括基建拨款),由中央专项拨款,每年确定一次,列入地方指标。对于有的地方收入（包括固定收入、企业分成收入、税收调剂收入）不能满足正常支出需要的，不足部分由中央拨款补助。其二，在国家与企业的关系上，实行利润分成办法。从1958年起，在国营企业实行利润全额分成制度，企业留成比例由各个管理部门核定。其三，基本建设试行投资包干制度。实行新财政体制，坚持五条原则：集中统一下的因地制宜，大统一，小不统一；既要保证重点建设，又要发挥地方积极性；编制预算要做到平衡，既积极又稳妥可靠；地方要加强财政、信贷、物资的平衡工作；对于每年国家预算收入增长部分，中央多得，地方少得的原则不变。

与此同时，我国对税收管理体制也进行了改进。凡是由省、自治区、直辖市负责管理的税收，应当交给省（自治区、直辖市）管理。若干仍由中央管理的税收，在一定范围内给省（自治区、直辖市）以机动调整的权限，并且允许省（自治区、直辖市）制定税收办法，开征地区性的税收。

三、预算底子打大了是一个政治问题

1953年是我国执行"一五"计划的第一年。由于缺乏建设经验，在编制1953年的预算时，出现了一个小失误，即为了加快国民经济发展速度，增加基本建设投资，不恰当地把上年结余的30亿元列入1953年国家预算收入，使预算收入的底子铺大了，出现了膨胀现象，预算支出也随之相应地扩大，使预算收支一开始就没摆平，到7月赤字累计达20.9亿元，使国民经济的发展发生了一定困难。

针对当时发生的情况，中共中央采取了紧急措施，动员全党来补救。1953年8月28日，中共中央发出《关于增加生产、增加收入、厉行节约、紧缩开支、平衡国家预算的紧急通知》，号召全党全国人民通过增加生产、扩大收购和销售、加速资金周转和做好税收工作等来增加收入，同时大力压缩军费开支和行政管理费用，节约粮食，坚决保证财政部提出的解决财政收支平衡，消除财政赤字的具体措施的实现。经过两个月的增产节约运动，对于维持财政收支平衡起到了很好的效果，1953年预算执行情况良好，当年收支结余2.74亿元。

针对这次财经小失误的教训，时任政务院副总理兼财政部部长的邓小平同志在 1954 年 1 月召开的全国财政厅局长会议上指出："有些同志不懂得预算底子打大了的问题的严重性。底子大了，是上了马，而且是一匹烈马，上马必然还要下马，下马必须削预算，问题就很多，所以预算底子打大了，是一个政治问题。"①为此，他提出了财政管理的"六条方针"。

其一，预算归口管理。要求一切开支都归口。所谓"口"，在中央一级指国务院的各个办公室，例如工交、农林水利、财贸、文教、政法等办公室，不允许有不归口的开支项目。归口时，哪一个口易于控制，就归哪一个口。如县广播站，可归行政部门，又可归文教部门，不必强求一致。

其二，支出包干使用。预算指标由本级各口统筹安排，包干使用，只准节约，不准突破。各级包各级的，不是按条条一直包到底。实行包干后，用钱仍要编预算、报决算，财政部门要按制度审批。

其三，自留预备费，结余不上缴。自留预备费就是各口在国家分配的预算指标范围内酌留必要的预备费，以应付意料不到的开支。结余不上缴，指各部门由于厉行节约、挖掘潜力而节省下的资金，下年可继续使用，不再缴回财政。但因计划变更、未完成计划、人员限额等原因少开支的部分，以及基本建设竣工工程的结余，仍要缴回财政，不作结余留用。

其四，严格控制人员编制。人员不能随意增加，以免扩大财政支出，主要是为了控制工资基金。

其五，动用总预备费要经中央批准。各地区、各部门在预算执行中新增加的开支，要首先动用自己的机动财力和在原预算中调剂解决，实在解决不了的，才能向中央提出追加预算。为了控制追加预算，动用国家总预备费，必须报请中央批准。

其六，加强财政监督。严格执行财政纪律，保证国家资金合理节约地使用。

对于提出这"六条方针"的原因，邓小平同志解释②：第一，现在我们

---

① 《当代中国》丛书编辑部编辑：《当代中国财政》（上），中国社会科学出版社 1988 年版，第 125 页。

② 《当代中国》丛书编辑部编辑：《当代中国财政》（上），中国社会科学出版社 1988 年版，第 126—127 页。

的财政是不稳固的、说不起大话的、经不起重大考验的。提出"六条方针"的重大政治目的,就是要把国家财政放在经常的、稳固的、可靠的基础上。立国的政策应该有力量应付外侮和应付万一,因此必须增强财政后备力量,而财政后备基础的巩固,则需要建立在经济实力上。第二,有了后备力量,国家财政才能集中力量保证社会主义工业化和社会主义改造的需要。第三,只有把财政放在稳固的基础上,我们才能保证社会主义工业建设。如果没有这"六条方针",就不可能发挥积极性。

后来,在《关于一九五四年国家预算草案的报告》中,邓小平同志又传达了毛泽东同志关于"增产、节约、多留后备力量,是巩固国家预算的三道防线"的指示。

由于实施了这些财政管理方针和措施,1954 年预算执行中不仅没有动用上年结余,而且当年收支平衡,有了 16.05 亿元结余,财政的后备力量也增强了。

四、正确处理积累与消费的关系

在计划经济体制下,处理好积累与消费的比例关系,不仅关系着发展的速度和质量,而且决定着人们的生活水平状况。毛泽东同志在《工作方法六十条(草案)》中指出:"在我国的国民经济中,积累和消费的比例怎样才算恰当,这是一个关系我国经济发展速度的大问题,希望大家研究。"①

"一五"计划提前胜利完成,与我们妥善处理积累与消费的关系有很大关联。1956 年 9 月,周恩来同志在党的八大上总结"一五"计划执行情况和汇报发展"二五"计划时指出:"在制定财政支出计划的时候,必须考虑到经济发展的可能性,考虑到积累和消费之间正确的比例关系,避免把收入定得过分紧张。……还必须考虑到建设规模和物资供应之间的平衡,考虑到意外的需要而留出一定数量的预备费,避免把支出定得过分

---

① 《毛泽东文集》第七卷,人民出版社 1999 年版,第 348 页。

紧张。"①

薄一波在党的八大上做《正确处理积累和消费的关系》的发言时指出,在过去几年,我们对积累与消费关系的处理,基本上是正确的,但也发生过某些偏差。实践证明,当我们对积累和消费的关系处理得比较妥善的时候,国家的经济生活就出现协调现象,就对经济的发展,人民生活的改善产生有利的影响。反之,当我们对积累和消费的关系处理得不妥善的时候,我们的经济生活就显得不正常,经济发展、人民生活的改善就会受到不利的影响。因此,薄一波在总结 1953 年至 1956 年以来安排积累与消费之间比例关系经验的基础上,提出了"二、三、四"制约界限。即在今后若干年内,在通常情况下,我国国民收入中积累部分的比重,不低于百分之二十,或者略高一点;我国国民收入中国家预算收入的比重,不低于百分之三十,或者略高一点;我国国家预算支出中基本建设支出的比重,不低于百分之四十,或者略高一点。② 这样既能保障我国工业特别是重工业的发展,又能保障人民的生活水平逐步提高。

五、从冒进反冒进演变到"大跃进"

"一五"计划顺利推进,我国工农业生产迅速发展,社会主义公有制基本形成,在激发广大干部和人民群众加快实现工业化的愿望和热情的同时,也出现了急于求成、急躁冒进的倾向。在制定 1956 年国民经济计划草案时,大家普遍认为这一年是完成"一五"计划的关键之年,并且苏联援助中国建设的许多新建项目将进入施工高峰,需要加快基本建设速度,因而应该把经济建设施工速度定得比较高一些。这一想法是好的,但却对国家财力和物力的保障条件考虑不够,急于求成、急躁冒进的倾向在经济工作中开始抬头。

1956 年国民经济计划和国家预算执行结果,取得了巨大成绩,基本

---

① 《周恩来选集》下卷,人民出版社 1984 年版,第 223 页。

② 薄一波:《正确处理积累和消费的关系》,1956 年 5 月 18 日在中国共产党第八次全国代表大会上的发言。财政科学研究所编:《十年来财政资料汇编》第一辑,财政出版社 1959 年版,第 290—302 页。

建设拨款比 1955 年增长了 57.7%,大大超过了以往年度的增长速度,但也存在一些缺点和问题。例如,在财政和信贷方面多支出了近 30 亿元,除了动用上年结余 10.11 亿元弥补之外,尚有 8.2 亿元的赤字;生产资料和生活资料供应紧张。之所以出现这些问题,主要在于经济建设规模过大、工资总额增加过多、信贷支出增加过多等原因。

为了使国民经济顺利发展,必须坚持稳步前进的方针,反对急躁冒进的倾向。1956 年 6 月,国务院向第一届全国人民代表大会第三次会议提出了几个经济工作方面的报告,在肯定成绩的同时,也指出生产的发展和其他一切事业的发展,都必须放在稳妥可靠的基础上,在反对保守主义的同时,又要反对急躁冒进的倾向。1956 年 11 月,周恩来同志在党的八届二中全会上指出,1957 年的计划应在继续前进的前提下,对基本建设要作适当的压缩,要合理调整各经济部门之间的比例关系,以适应国家财力和物力的可能性。1957 年 1 月,陈云同志在各省(自治区、直辖市)党委书记会议上,提出开展增产节约运动、适当压缩基本建设的投资额、有计划地控制社会购买力增长的速度三项措施。同时,他总结了 1956 年反冒进经验,提出:"建设规模的大小必须和国家的财力物力相适应。适应还是不适应,这是经济稳定或不稳定的界限。"后来,中央又采取了一些反冒进措施,在全国范围内广泛深入地开展增产节约运动,这对于 1957 年国民经济计划和国家预算的完成、"一五"计划的超额完成起了重要作用。

1957 年,我国超额完成了"一五"计划,社会主义建设和社会主义改造都取得了巨大成就。在胜利面前,党内滋长了自满的情绪,1957 年夏季的"反右派"过程中出现阶级斗争扩大化的错误。此后,从 1958 年 1 月到 5 月,中央会议多次对"反冒进"进行猛烈抨击。由于急躁冒进、盲目追求速度,1958 年 5 月,党的八大二次会议正式通过了"鼓足干劲、力争上游、多快好省地建设社会主义"的总路线。尽管总路线的出发点是要尽快地改变我国经济文化落后的状况,但由于忽视了客观经济规律,反而为主观主义的"多、快"开了方便之门,并逐步演化为以钢为纲、以粮为纲的"大跃进"。

第三章　财政综合平衡与
国民经济的调整

1958—1960 年的"大跃进",导致国民经济比例严重失调,加上严重自然灾害,财政经济进入困难时期。1961 年开始,中央在"八字方针"指导下对国民经济进行调整,财政坚持综合平衡,大力支持调整工作,取得了显著成效。

第一节　"大跃进"导致国民经济失衡

三年的"大跃进"使国民经济陷入严重困难,财政、信贷、物资失衡,财政工作面临巨大压力与挑战。

一、"大跃进"造成财政经济发展的失衡

1957 年,我国超额完成了"一五"计划,社会主义建设取得巨大成就。然而在急躁冒进、盲目追求速度的气氛下,忽视了客观经济规律,发动了"大跃进"和人民公社化运动,给经济社会带来严重影响。

（一）国民经济主要比例严重失调

一是积累与消费比例严重失调。1958—1960 年,积累率迅速提升,分别达到 33.9%、43.9% 和 39.6%,积累额共计 1438 亿元,比"一五"时期全部积累额还增加 44%。1957 年全国人均消费水平为 102 元,到 1962 年仅增至 117 元,按 1957 年的不变价格计算,人民生活水平是下降的。[1]

---

① 　宋新中主编:《当代中国财政史》,中国财政经济出版社 1997 年版,第 259 页。

二是农轻重比例严重失调。工农业比例方面,1957—1960 年,按不变价格计算,我国农业总产值由 537 亿元下降到 457 亿元,下降了 22.7%,工业与农业的产值比例由 5.7∶4.3 变为 7.8∶2.2(见表3-1)。轻重工业比例方面,轻工业总产值占工业总产值的比重从 55% 下降到 33.4%,重工业总产值则从 45% 增加到 66.6%。[1]

表 3-1 1957—1960 年农轻重产值及其比重的变化情况

年份	工农业合计	农业	工 业		
			小计	轻工业	重工业
农轻重产值(亿元)					
1957	1241	537	704	387	317
1958	1649	566	1083	503	580
1959	1980	497	1483	616	867
1960	2094	457	1637	547	1090
农轻重比重(%)					
1957	100	43.3	56.7	55	45
1958	100	34.3	65.7	46.5	53.5
1959	100	25.1	74.9	41.5	58.5
1960	100	21.8	78.2	33.4	66.6

注:以上数据按 1957 年不变价格计算。
资料来源:国家统计局编:《中国统计年鉴(1983)》,中国统计出版社 1983 年版,第 16、20 页。

三是财政、信贷失衡。1958—1960 年,财政支出增长速度快于收入增长速度,三年赤字分别达到 21.8 亿元、65.74 亿元和 81.85 亿元。银行对工业贷款从 1958 年的 91.9 亿元增加到 1960 年的 299.6 亿元。财政赤字和银行信贷规模的扩大都迫使国家不得不增加货币发行。

(二)国家财政遭受严重挫折

"大跃进"期间,为了适应形势需要,国家财政管理体制做了多方面的调整,结果出现了财权分散等问题。

---

[1] 国家统计局编:《中国统计年鉴(1983)》,中国统计出版社 1983 年版,第 16、20 页。

一是财政管理体制改革出现失误。1958 年 6 月,中央决定下放其所属单位,从而使中央各部属企业、事业单位从 1957 年的 9300 多个骤减到 1200 个,中央直属企业的工业产值占整个工业总产值的比重由 1957 年的 39.7%下降为 13.8%。财政体制方面,1958 年对国家预算体制进行了调整与改进,改变了原来中央对地方预算收支关系确定的原则,由"以支定收,一年一变"改为"以收定支,三年不变",后来又改为"五年不变"。

二是在"非税论"影响下实行税利合一。在"大跃进"的影响下,社会主义税收的"非税论"观点大为泛滥。1959 年 1 月,石家庄、南京等七个城市试办税利合一,把国营企业原来缴纳的工商统一税、地方各税和工商税附加,同企业原应上缴的财政利润合并,定名为"企业上缴收入"。税利合一虽然简化了手续,使企业更加关注整个积累的完成,但也存在诸多弊病,特别是在财政收入方面,出现了企业拖欠上缴财政收入、增加利润留成等问题。

三是财政出现"假结余,真赤字"。"大跃进"运动中,各行各业都提出了一些不切实际的高指标。在中央的第二本账中,农业总产值的增长速度由第一本账的 6.1%提高到 16.2%,工业总产值的增长速度由 10%提高到 33%。在这样的形势下,财政出现了"假结余,真赤字"的现象。从表面上看,当时财政形势一片大好,1958 年到 1960 年财政结余合计3.97 亿元。[1] 但是,财政形势向好与市场供应出现了矛盾:一方面生产增长很快,财政有大量结余;另一方面市场商品供应十分紧张。这一矛盾从 1958 年年末就开始表现出来,实际上反映了财政结余有假的问题。

二、财政不能"放卫星"

在全国各地都在"放卫星"时,作为财政部部长的李先念比较清醒,提出财政不能"放卫星"。他说,别人放卫星,我们管不了,我们财政自己不能放卫星,不能冒进。财政数字绝对不能搞浮夸,不能放卫星。

在异常困难的情况下,财政不仅没有"放卫星",还尽力修补"大跃

---

① 项怀诚主编:《中国财政 50 年》,中国财政经济出版社 1999 年版,第 134 页。

进"造成的损失。1958年,粮食产量只有4000亿斤,仅比上年增长2.5%。李先念感觉情况不对,担心城乡居民粮食供应出问题,指示组织了几个工作组调查粮食的真实情况,发现了仓库储粮不多,于是综合各调查组的情况上报中央,开始采取措施准备度荒。

在大炼钢铁中,各地不计工本地大炼土铁、土钢,产品质量低劣,以致出现大量亏损需要补贴的问题。当时土法炼钢的成本全国平均每吨250元左右,有的地方甚至每吨达到700—800元,每吨土铁全国平均至少要亏损100元左右。财政部向中央提出,对土铁、土钢的亏损按照共同负担原则适当给予补贴。

三、纠"左"努力与财政"捉鬼"

"大跃进"的失误及其造成的巨大损失,逐渐引起了毛泽东同志和党中央的关注。从1958年11月初的郑州会议开始,到1959年7月中旬庐山会议前期,党中央召开了一系列重要会议,领导全党努力纠正"左"倾错误。

1958年11月,党中央在郑州召开有部分领导人和若干省委书记参加的会议,广泛讨论了人民公社化运动中出现的问题。郑州会议结束后,在京的政治局和书记处成员按照毛泽东同志的指示和《关于读书的建议》,对"大跃进"的问题进行思考。此后不久,中央又召开了武昌会议、八届六中全会、第二次郑州会议,纠"左"取得了初步成果。随后召开的庐山会议本意也是在肯定成绩的基础上总结经验教训,进一步纠"左"。遗憾的是,会议很快转向,打断了纠"左"的进程。

在纠"左"过程中,中央于1958年12月发出要求各地清理商业资金的指示,目的是搞清财政状况好而经济面临困难的原因。李先念要求国务院财贸办公室和财政部分别进行调查,并亲自到河北、湖北等地深入基层调研,对财政"假结余"问题进行彻底清查,当时称之为"捉鬼"。

经过清查,发现了当时国家资金运用上的一个突出问题,就是商业部门和工业部门从银行借来的贷款里面,约有80亿元的资金用在了办工业、搞基本建设或者商品赊销预付等不合理的地方。中央发现财政存在一定的虚假性以后,及时进行了处理。1959年7月31日,下发《中共中央关于当前财政金融工作方面的几项决定》,要求划清基本建设和流动资金界限,对过去的财政资金项目进行一次清理,凡是1958年以后动用银行贷款和流动资金进行基本建设,或者用于其他财政性开支的,都应当用财政款项归还银行和企业。但是在"大跃进"的情况下,这个处理很不彻底,财政虚假性没有消除。

1962年12月,中共中央批转国家计委等五部门《关于处理一九六一年以前财政遗留问题的报告》,根据这份报告的测算,1961年以前,国营工商企业的物资盘亏和呆账损失,各地方、各部门平调集体经济的资金,或者挤占银行贷款作财政开支的资金,需要由国家财政核销、退还和补拨的,共约348亿元(不包含平调农村人民公社已经退赔和已经发了期票的部分)。直到1962年,经国务院批准,才将"大跃进"期间的财政收支数调整过来。

第二节 "八字方针"与综合平衡思想的提出

为了摆脱"大跃进"造成的严重困境,1961年党中央提出国民经济调整的"八字方针",财政不仅要自身改革,而且要在综合平衡原则下积极支持国民经济调整工作。

一、"八字方针"和调整思想的统一

1961年1月,党的八届九中全会正式确定对整个国民经济实行"调整、巩固、充实、提高"的八字方针。随后党中央先后召开四次会议,统一全党的思想认识。

(一)"八字方针"的提出

八字方针的提出,经历了一个酝酿、完善和形成的过程。1960年7月5日至8月10日,党中央在北戴河召开工作会议,初步讨论了对国民经济实行调整的问题。8月底,国家计委向国务院汇报1961年国民经济计划时,提出了应对国民经济实行"调整、巩固、提高"的意见。周恩来同

志表示赞成,并加上了"充实"两字,予以完善,从而形成了"调整、巩固、充实、提高"的八字方针。

1961年1月14日,党的八届九中全会确定从1961年起对整个国民经济实行"调整、巩固、充实、提高"的八字方针,主要内容是:调整各个部门之间已经变化了的相互关系,巩固生产力和生产关系在发展和变革中获得的硕大成果,充实新发展起来的一些事业的内容,提高那些需要进一步改善的新事物的质量①。"八字方针"的提出,标志着国民经济的指导方针已经由"以钢为纲""全面大跃进"逐步转向调整,对于我国社会主义建设事业沿着正确的方向发展具有重大历史意义。

(二)四个中央会议统一调整思想

贯彻"八字方针"的初期,各地区、各部门做了一些努力,但总的来说落实不够。鉴于调整初期的严峻形势,统一思想认识势在必行。

1961年8月,中央在庐山召开工作会议,决定在以后相当长的一个时期内,所有工业部门都必须毫不动摇地贯彻执行"八字方针",该退的要坚决退下来。会后不久,中共中央批转了国家计委党组《关于第二个五年计划后两年补充计划(控制数字)的报告》,大大调低了国民经济的计划指标。

1962年1月,党中央在北京召开扩大的工作会议,参加会议的共计7118人,又称"七千人大会"。会议初步总结了"大跃进"之后社会主义建设的经验教训,并明确指出全党的任务是踏踏实实、干劲十足地做好调整工作。

1962年2月,中央在中南海西楼举行政治局常委扩大会议,又称西楼会议,会议专题讨论了1962年国家预算和调整任务及措施。会上,陈云做了题为《目前财政经济的情况和克服困难的若干办法》的讲话,提出了克服困难的六点意见②。3月7日,中央财经小组召开第一次会议,陈云在会上指出,调整计划实质上是要把工业生产和基本建设的发展放慢

---

① 中共中央文献研究室编:《建国以来重要文献选编》第十四册,中央文献出版社1997年版,第30页。

② 《陈云文选(一九五六——一九八五年)》,人民出版社1986年版,第182—197页。

一点,以便把重点真正放在农业和市场上,并提出要根据实际尽可能多安排日用工业品的生产①。

1962 年 5 月,中共中央政治局常委在北京召开工作会议,即五月会议。会议批准中央财经小组提出的《关于讨论一九六二年调整计划的报告》,强调要全面贯彻执行"八字方针",做好进一步对国民经济进行大幅调整的综合平衡。五月会议提出的措施更加具体有力,使党对财政经济困难的情况有了更为清醒的认识,成为国民经济摆脱困难和走上正常发展轨道的重要转折点。

二、陈云提出综合平衡思想

国民经济的调整,很多工作是在陈云综合平衡思想指导下进行的。1957 年 1 月,陈云总结了国民经济恢复与发展实践的经验,做了《建设规模要和国力相适应》的报告,提出财政、信贷、物资平衡,这是综合平衡思想的主体。

陈云的综合平衡理论是在复杂曲折的经济发展过程中总结出来的。1956 年,由于财政经济的好转,出现了急于求成的倾向,在当年的财政预算中动用了 10 亿余元的财政结余。在财政支出的分配中,基本建设拨款和各项贷款均大幅增长,使得财政出现赤字,银行也因此增发了钞票。同时,因职工人数增加和升级调资,生活资料的生产增长相对缓慢,又加剧了消费品供不应求的现象。② 面对财政经济出现的不协调局面,陈云及早地发现了问题,在党中央的领导下,采取了果断措施,确保了 1957 年的国家预算保持平衡,物资供应也相应得到平衡。

根据 1956 年冒进与反冒进的实践经验,陈云于 1957 年 1 月 18 日在各省、自治区、直辖市党委书记会议上做了《建设规模要和国力相适应》的讲话,提出财政、信贷、物资"三大平衡"理论。他说:"财政收支和银行信贷都必须平衡,而且应该略有结余。只要财政收支和信贷是平衡的,社

---

① 《陈云文选(一九五六——一九八五年)》,人民出版社 1986 年版,第 201 页。
② 宋新中主编:《当代中国财政史》,中国财政经济出版社 1997 年版,第 196—197 页。

会购买力和物资供应之间,就全部来说也会是平衡的。"①这是陈云综合平衡理论的第一次提出。此后,在"大跃进"导致国民经济严重失调的情况下,陈云再次强调综合平衡。1962年2月26日,陈云在国务院各部委党组成员会议上做了《目前财政经济的情况和克服困难的若干办法》的讲话,按照综合平衡原则对当时的财经困难情况做了分析,并提出合理的建议。同年3月7日,他在中央财经小组会议上的讲话中再次强调了国民经济的综合平衡问题:"所谓综合平衡,就是按比例;按比例,就平衡了。任何一个部门都不能离开别的部门。一部机器,只要缺一部分配件,即使其他东西都有了,还是开不动。按比例是客观规律,不按比例就一定搞不好。"②

陈云提出的综合平衡理论,是对经济社会发展客观规律的揭示,对国民经济的调整工作起到重要的指导作用。

三、银行财政"双六条"为调整工作做好准备

要解决国民经济的失衡问题,基础性的工作是银行和财政的调整,"双六条"的制定就是在财政赤字和银行信贷逆差的背景下展开的。

针对银行信贷严重逆差的状况,中央认为必须采取果断措施,实行银行工作的高度集中统一。为此,1962年3月,发布《中共中央、国务院关于切实加强银行工作的集中统一,严格控制货币发行的决定》("银行六条"),其主要内容为:(1)收回银行工作下放的一切权力,对银行业务实行完全的彻底的垂直领导。经国家批准由中国人民银行总行下达的信贷计划、现金计划、贷款办法、结算办法和其他重要规章制度,地方必须严格遵守。(2)严格信贷管理,加强信贷的计划性。各单位向银行贷款,都必须按照规定编制的信贷计划,经主管部门审查和国家银行批准,才能予以贷款,不得在计划以外增加贷款;遇到特殊情况确实需要增加贷款时,也必须按程序先报送追加计划,经中国人民银行总行批准后,方能用钱,决

---

① 《陈云文选》第三卷,人民出版社1995年版,第52—53页。
② 《陈云文选》第三卷,人民出版社1995年版,第233页。

不容许"先斩后奏"。(3)严格划清银行信贷资金和财政资金的界限,不许用银行贷款作财政性支出。(4)加强现金管理,严格结算纪律。不准携带现金到处抢购物资,不准开空头支票,不准相互拖欠,不准赊销商品,不准预收和预付货款。一定数量以上的交易往来,必须通过银行转账结算,不得直接支付现金。(5)各级人民银行必须定期向当地党委和人民委员会报告货币投放、回笼和流通、工商贷款、工资基金支付、企业亏损等重要情况。(6)在加强银行工作的同时,必须严格财政管理。财政和银行都要按计划办事。谁的支出谁安排,谁的漏洞谁堵塞。

在"银行六条"发布后不久,又出现了企业乱挤财政的现象,为了促进国民经济调整,促使企业改善经营管理,1962年4月,发布《中共中央、国务院关于严格控制财政管理的决定》(即"财政六条"),主要内容为:(1)切实扭转企业大量赔钱的状况,除允许少量政策性亏损企业存在外,尽量减少经营性亏损企业。(2)坚决制止一切侵占国家资金的错误做法,重申了加强财政宏观调控的十条禁令,规定不得挪用银行贷款、税款和利润,不得挪用企业的货款、流动资金、企业"四项费用"、固定资产的变价收入、固定资产的折旧基金和大修理基金,不得把生产成本范围以外的任何开支挤入生产成本,不得自行提高企业各项专用基金的提取比例。(3)坚决制止各单位之间相互拖欠货款。(4)坚决维护应当上缴国家的财政收入,不准偷税漏税、拖欠或挪用利润。(5)严格控制各项财政支出。各地区、各部门要把1962年国家预算支出指标落实到基层单位,不得减少或超过。(6)切实加强财政监督。对于违反财政纪律的行为,不检查不报告,放松财政监督的,应当以失职论处。

通过贯彻执行"双六条",财政部门和银行部门健全了必要的规章制度,加强了管理和监督,有效地实行了财政银行的集中统一,对国民经济调整工作起了极为重要的促进作用。

第三节　财政综合平衡支持国民经济调整

"大跃进"的教训表明,经济发展"欲速则不达",必须坚持综合平衡。

国民经济调整过程中,财政坚持综合平衡原则,积极支持调整工作,取得了积极成效。

一、集中财权,强化财政管理

(一)改进预算管理体制,加强对预算资金的管理

针对"大跃进"期间过度下放财权造成的问题,中共中央于1961年1月15日批转财政部党组报送的《关于改进财政体制,加强财政管理的报告》,并于1月20日发布《关于调整管理体制的若干暂行规定》,重点是强调集中统一。其主要内容是:收回下放给地方的人权、财权、商权,经济管理大权集中到中央、中央局和省三级;中央各部直属企业的行政管理、生产指挥、物资调拨、干部安排权,统归中央主管部门;重要物资均由中央统一管理,统一分配;财权必须集中,各级不许搞赤字预算。

(二)改进基本建设财务管理,加强拨款监督工作

1961年中央批转的报告中,规定任何经过批准的基建投资,都必须由中国人民建设银行进行拨款监督。基本建设单位的投资包干竣工结余资金,仍然留归包干单位使用。若用于新增建设项目,必须报经国家计划部门批准,纳入国家统一的基本建设计划。如果计划未经批准,建设单位应当把多余的结余资金上缴主管部门,由主管部门根据基本建设计划管理体制的规定进行处理。基本建设单位的应完未完工程,经过国家计划部门批准结转下年度继续施工的,必须纳入下年度的国家基本建设计划和国家预算,统一平衡。

二、有压有保,促进主要比例关系走向协调

(一)压缩基本建设投资,停建、缓建一些工程项目

为了使国民经济尽快摆脱困境,改变积累与消费的失衡状态,国家大力压缩了预算内基本建设拨款。国家财政预算用于基本建设的拨款,1960年是354亿元,1961年紧缩为110亿元,1962年进一步紧缩为56亿元。由此,基本建设拨款在同期国家财政预算支出中的比重,从1958年到1960年的平均54.8%,降低到1961年的30%和1962年的18.2%。

基本建设拨款的缩减,有力地推动了各地区、各部门下决心停建、缓建大批正在施工的建设工程。1960 年,全国施工的基建项目达 82000 多个,其中大中型项目 1825 个。经过调整,1961 年,全国施工的基建项目减为 35000 多个,其中大中型项目减为 1409 个。1962 年,全国施工的基建项目又进一步削减为 25000 个,其中大中型项目减为 1003 个。

(二)合理分配资金,调整经济结构

国家财政按照先生产、后基建和以农、轻、重为序的原则,合理分配资金,以促进经济结构的调整,加快生产的恢复和发展。调整后的基建投资,一方面要保证维持简单再生产的需要;另一方面又必须充实加强薄弱的工业环节,有计划地降低重工业的发展速度。1962 年计划指标同 1960 年比较,全国工业总产值下降 47%,重工业总产值下降 57%,重工业在工农业总产值中的比重由 53.3% 下降为 35.5%。

为了改善工业生产内部投资结构,1962 年对已经确定继续施工的建设项目首先在投资方向上进行了合理调整。提高投资比重的主要有支农工业、满足市场和出口需要的工业,原材料和燃料工业,以及其他工业交通中急需"填平补齐"的配套工程项目。1963—1965 年,基本建设投资总额中的比重发生了明显的变化,重工业为 45.9%("二五"时期为 54%)、农业为 17.7%("二五"时期为 11.3%)、轻工业为 3.9%("二五"时期为 6.4%)。

三、增收节支,保障信贷和物资平衡

为了消灭财政赤字、回笼货币和稳定市场,国家采取了一系列的非常措施。

(一)整顿企业,实现扭亏增盈

1.清仓核资,充分发挥物资潜力

1962 年 2 月,中共中央、国务院发出《关于彻底清仓核资,充分发挥物资潜力的指示》,规定凡是全民所有制单位,必须进行一次全面的、彻底的、统一的、合理的清仓核资和物资处理的工作。这次清仓核资工作用了一年多时间,先后动员 50 多万人参加,基本上摸清了物资的"底",对超过合理储备的物资及时进行了调剂,初步核定了企业的

流动资金。

2. 狠抓企业扭亏,增加财政收入

1962 年 10 月,党中央、国务院发出通知,要求坚决扭转工商企业亏损、增加盈利,全国工商企业在 1963 年减少亏损 30 亿元到 40 亿元。经过各企业努力改善经营管理,开展广泛的、深入的、持久的增产节约运动,挖掘企业内部潜力,降低生产成本,节约流通费用,加强经济核算和财务管理,健全规章制度,使许多企业在扭转亏损和增加盈利方面取得了很大的成效。1963 年,全国亏损企业亏损总额为 64.4 亿元,比 1962 年减少了 30.8%。企业减少亏损和降低成本共计 34 亿元,这是当年国家预算收入增加的主要来源。

(二)节约非生产开支,压缩社会集团购买力

1. 大力节约非生产开支

1962 年 3 月 14 日,中共中央、国务院发出《关于厉行节约的紧急规定》,提出了厉行节约的 12 条措施,大力压缩行政经费。同时,还相应紧缩了各项事业费用。根据国民经济调整的要求,在财政收入大幅度下降的情况下,国家财政总支出做了大量的紧缩,1961 年比 1960 年减少 43.9%,1962 年又比 1961 年减少 16.8%。国家还从各方面改进了资金的分配和管理,资金使用状况比过去有了显著的进步,对于实现财政收支平衡,保证经济调整任务的完成,起了巨大的作用。

2. 压缩社会集团购买力

为了保障市场的稳定,进一步贯彻勤俭建国、勤俭办一切事业的方针,1960 年 8 月 5 日,发出《中共中央关于大力紧缩社会集团购买力的指示》,规定全国一切机关、团体、部队、学校、企业和事业单位,在今后 5 个月内,要把公用经费中的商品性支出部分压缩 20% 左右,全国共压缩 5 亿元。1961 年 1 月,中共中央又作出决定,要求把 1961 年的社会集团购买力从上年的 80 亿元压缩到 40 亿元到 50 亿元①。为此中共中

---

① 陈如龙主编:《中华人民共和国财政大事记(1949—1985 年)》,中国财政经济出版社 1989 年版,第 206 页。

央决定,国家财政部门要事先从所有机关、团体、部队、学校和事业单位的1961年预算拨款中,扣除设备购置费和大部分房屋修缮费。由于各地方、各部门的努力,这项工作取得了明显的效果。1960年社会集团购买力约有81.8亿元,1961年压缩为54亿元,1962年又进一步压缩到43亿元。[①]

3.精减职工,减少国家工资支出

与调整工业生产战线、实行关停并转一部分企业相适应,各地区、各部门根据中央的统一部署,从1961年起,以极大的力量抓了精减职工和减少城镇人口的工作。1962年5月27日,中共中央、国务院作出了进一步精减职工和减少城镇人口的决定。精减的主要对象是1958年以后来自农村的新职工;减下来以后,动员他们回到各自的家乡,参加农业生产。到1963年7月,精减任务基本完成,两年半时间里全国共减少职工1887万人。全国全民所有制单位职工人数从1960年年末的5043.8万人减为3183万人,其职工工资总额也从263亿元降到214亿元。这两年,财政部门协助银行、劳动部门和企业单位,及时拨付了精减人员的回乡费和生产补助费,促进了精减计划的实现。[②]

(三)冻结银行存款,回笼货币

1.冻结银行存款

为了严格财政纪律,合理使用资金,缓和市场供应,1960年12月20日,中共中央、国务院作出《关于冻结、清理机关团体在银行的存款和企业专项存款的指示》,各机关、团体、学校、事业单位的银行存款和国营企业的专项存款(不包括流动资金)一律暂时予以冻结。为了保证生产、流通和国家行政管理的正常进行,对于冻结资金,以财政、银行部门为主,吸引各有关部门参加,组成清理存款办公室,按照上级指示逐项进行审查清理。冻结银行存款是紧缩财政支出、控制货币投放的一项临时性紧急措施,对于消灭赤字、回笼货币、稳定市场具有明显作用。

---

① 项怀诚主编:《中国财政50年》,中国财政经济出版社1999年版,第151—152页。
② 《当代中国》丛书编辑部编辑:《当代中国财政》(上),中国社会科学出版社1988年版,第218—219页。

2. 出售部分高价商品回笼货币

为了平衡购买力同商品供应之间的差额,回笼多余的货币,从 1961 年 1 月开始在全国 40 多个大中城市逐步敞开供应高价糖果和高价糕点,同年 2 月高价糕点的供应范围扩大到全国一切大、中、小城镇,高价糖果的供应范围扩大到全国所有的城市和乡村。3 月,全国 100 多个城市开设了高级饭馆,后来又陆续决定将自行车、钟、表、酒、茶叶、针织品等也以高价出售一部分。据统计,1961 年和 1962 年两年,全国共销售高价商品 74.5 亿元,增加财政收入 38.5 亿元,对回笼货币、平衡财政收支起了一定的作用。

四、国民经济调整取得成效

由于党中央的正确决策,加之在经济和财政以及其他各条战线上的措施果断有力,国民经济得到迅速恢复和发展。1963 年到 1965 年,工农业总产值平均每年增长 15.7%,财政收入平均每年增长 14.7%,各项经济指标已经恢复到或者超过第一个五年计划时期的最好水平。

(一)工农业生产比例走向协调

工业与农业的总产值比例由 1960 年的 78.2∶21.8 调整为 1961 年的 65.5∶34.5 和 1965 年的 62.7∶37.3,接近当时的工农业生产发展和人民生活的客观需要,比例比较协调(见表3-2)。

表3-2　1961—1965 年农业总产值与工业总产值的比例关系 (单位:%)

年份	农业总产值占工农业总产值的比例	工业总产值占工农业总产值的比例
1961	34.5	65.5
1962	38.8	61.2
1963	39.3	60.7
1964	38.2	61.8
1965	37.3	62.7

资料来源:国家统计局编:《中国统计年鉴(1983)》,中国统计出版社 1983 年版,第 18、20 页。

(二)积累与消费比例趋向合理

1961—1963 年,为了保障人民群众的生活必需,削减投资,积累率迅速降低,这三年分别为 19.2%、10.4% 和 17.5%,使基本建设的规模与当时国家的财力、物力基本相适应。到调整后期,又把积累提高到 1964 年的 22.2% 和 1965 年的 27.1%,积累与消费的比例关系逐步趋向正常、合理。

(三)财政收支平衡略有结余

随着经济的恢复和发展,财政收入逐年增加,不仅消灭了财政赤字,而且略有结余,财政困难的局面得到扭转。从 1962 年开始,财政收入逐年增长,年均增长 14.7%,至 1965 年,财政收入达 473.32 亿元,增长 52.2%,财政支出 466.33 亿元,收支相抵结余 7 亿元,实现了收支平衡,扭转了从 1958 年开始的连续四年财政赤字的被动局面。

(四)人民生活水平开始回升

财政一方面拿出足够资金收购农副产品,增加农民的收入;另一方面拿出 11 亿元人民币,为 45% 的职工提高工资。加上因经济调整市场供应增加,许多农副产品调高了收购价格,平调退赔全部清理,农业税降低税率,农民生活水平有了明显提高。1962 年全国年平均每人消费粮食 329 斤,比上年增加 11 斤。1965 年全国居民年平均消费水平每人为 125 元,比 1957 年增加 23 元。[①]

第四节　改革税收制度促进国民经济调整

国民经济调整前后,针对税制方面存在的问题,又进行了一系列的调整和改进,税收制度发生了很大变化,反过来又推动了调整工作。

一、恢复税收工作,改进税收管理制度

(一)恢复和加强税收工作

1961 年年初,随着国民经济调整,税收工作逐步清理了"左"的思想

---

① 《当代中国》丛书编辑部编辑:《当代中国财政》(上),中国社会科学出版社 1988 年版,第 237 页。

影响,得到恢复和加强。国家重申了税收的性质、地位和作用,恢复了税务机构,增加了税务编制。到1963年,全国除上海市外,各省(自治区、直辖市)从上到下都恢复了税务机构,实行财、税分开,充实了各级税务机关的力量。在税收政策和税收制度上,这一时期主要是配合调整国民经济、调整税收负担、改进征收办法、恢复和健全征收制度,以加强税收工作,努力完成为国家筹集资金的艰巨任务。

(二)调整工商所得税负担和改进征收办法

1963年4月,国务院公布《关于调整工商所得税负担和改进征收办法的试行规定》,这是新中国所得税制的一次重大改革。调整工商所得税的政策精神是:限制个体经济,巩固集体经济,正确贯彻执行合理负担政策。调整的原则是:个体经济要重于集体经济,合作商店要稍重于手工业合作社、交通运输合作社及其他集体经济,集体经济之间负担要大体平衡。调整后的征收办法,分别对工业、商业和个体经济规定了三套税率、两种累进税制:对手工业和交通运输合作组织,实行8级超额累进税制;对合作商店实行9级超额累进税制;对个体经济实行14级全额累进税制;对供销合作社仍按原规定的39%比例税率征收。另外,还规定对合作商店和个体经济获利多的可以加成征收。调整结果:个体经济的负担率从原来的20%提高到50%左右,加成以后负担率最高达到86.8%;合作商店由原来的40%提高到45%左右;手工业合作社的负担率仍维持在38%;交通运输合作社的负担率由原来的29%提高到32%左右。

(三)全面开征集市交易税

1962年4月,国务院公布《集市交易税试行规定》,决定全面开征集市交易税。《集市交易税试行规定》按照统一管理与因地制宜相结合的原则,采取列举品目、分定税率的征税办法,对征税品目、适用税率、起征点以及有证和无证商贩在集市上交易的纳税问题,都做了明确规定,在全国统一执行。1963年,调低了集市交易税的起征点,规定对生产队完成统购派购任务和履行议购合同以后,在集市上出售自产品的减税照顾办法。同时,降低了个体户的起征点,提高了临时商业税的加成征收幅度,规定了对从事违法活动的处理办法。1966年,又决定保留集市交易税税种,但暂停征收。

（四）改进农村工商税征收办法

一是把基本纳税单位由原来的生产大队改为生产队。二是在工商统一税的征税范围和减税、免税办法上做了若干改进,基本精神是:对直接为农业生产服务的工业、手工业产品,比原规定宽一些,对不直接为农业生产服务的工业、手工业产品和服务性企业,比原规定严一些。三是为了使社队企业与手工业生产合作社税负平衡,限制农村盲目发展社队企业,将原来对社队企业不征收所得税的规定,改为除直接为农业生产服务的生产队办的企业仍不征收所得税外,其他社队企业凡是有盈利的都征收所得税。不久,又对农村社队工商税征收办法做了修订,统一了基本核算单位和非基本核算单位的生产大队的征税办法。农村工商税征收办法,经过几次修订改进,基本上与农村经济情况相适应。后来试行工商税,对农村的工商税征收办法也基本上以原来的办法为基础。

（五）改进关税征收制度

1951 年的《中华人民共和国海关进出口税则》对非贸易物品规定一律适用同一税则征税,只是对旅客行李中应税的进口物品按最低税率征税。1958 年后,对非贸易性物品征税从严掌握。国民经济调整初期,对非贸易性物品征收进口税的规定做了修订,放宽对华侨和港澳同胞带进粮食、副食品的限额管理。1962 年,国务院批准公布施行了《中华人民共和国海关关于入境旅客行李物品和个人邮递物品征收进口税办法》,其中共规定税则号列 21 个,税率 13 个,比之《中华人民共和国海关进出口税则》900 余个税号大为简化。在此前后,1960 年将集中纳税办法扩大到外贸公司从资本主义国家进口的货物,使集中纳税的关税额占关税总收入额的 80% 左右。从 1964 年开始,根据国务院《关于进口商品实行统一作价办法的暂行规定》,各外贸进出口公司订购的进口商品分别按统一作价集中纳税,或非统一作价向口岸海关纳税。

二、调减农业税,减轻农民负担

1961 年,国家决定大幅度调减农业税负担,规定对农村基本核算单位的负担率不得超过13%,各地将农业税的地方附加从最高不超过正税的15%调减为最高不超过10%。同年,为了提高农民生产积极性,鼓励农民增产粮食和经济作物,中共中央批转财政部党组报送的《关于调整农业税负担的报告》,根据财政部的建议,降低了农民的税收负担,把农业税年征收任务调减为222亿斤(细粮),比1957年的355亿斤减少133亿斤,比1960年实征农业税正税数减少42%。1962年,农业税正税征收额又调减为215亿斤(细粮),大体只相当于1949年的征收水平。实行这一减轻税收负担和稳定负担的政策,极大地调动了广大农民的生产积极性,促进了农业生产的迅速恢复和发展。

国民经济调整期间,农业生产发展了,但农业税任务没有变动,因此农民的实际负担率(包括附加在内)是逐年下降的,1960年为13.8%,1961年降为9.3%,1962年为8.7%,1963年和1964年均为7.7%。

总之,国家财政在有很大困难的情况下,不仅没有增加农民负担,而且采取了一系列的有效措施,支持和促进了农业生产的迅速恢复和发展,保证了城乡人民的基本生活需要,对于调整农轻重比例关系具有重要作用。

第四章　财政放权与计划
　　　经济的曲折探索

　　经过 1961 年至 1965 年的国民经济调整,经济形势全面好转,国家财政收支实现基本平衡,并略有结余。但是国内外形势却发生了复杂深刻的变化。中苏论战导致社会主义阵营公开决裂,中印发生边境摩擦和武装冲突,美国扩大越南战争,中国形成同时与美、苏两大超级大国对抗格局,经济调整不得不让位于"备战"。1966 年至 1976 年的"文化大革命"给国民经济带来极大破坏,国家财政也因此受到很大冲击。其间,在周恩来同志的领导下,财政部坚决抵制住了"文化大革命"错误路线对财政的干扰和破坏,保障了国家财政的正常运转,在困难中支持国家建设的各项需要。由于政治的干预,财税体制在这一时期反复变动,特别是税收制度过度简化,严重影响了国家财政对经济的调控能力。1975 年邓小平同志主持全面整顿工作,先后恢复了财税部门的职能机构,各项工作也逐步恢复正常。

第一节　财政大权不能夺

　　"文化大革命"时期,国家财政工作受到政治运动的冲击。在周恩来、李先念和财政部广大干部的共同努力下,财政业务工作得以稳定运行,财政收支仍然达到了一定规模,不仅保证了国家经常性的必要开支,也支持了国家经济建设,特别是在保证国家重点建设资金上尽了最大努力,作出了贡献。

一、坚持维持财政工作

1966 年 5 月,中央政治局扩大会议通过《中国共产党中央委员会通知》(按文件通过日期简称"五一六通知"),8 月,八届十一中全会通过《中国共产党中央委员会关于无产阶级文化大革命的决定》(按文件条款数简称"十六条"),标志着长达十年的"文化大革命"全面发动。

在"文化大革命"期间,财政工作受到政治运动的严重干扰和冲击。1967 年开始的全面夺权也冲击到了财政部门,受到了中央领导和财税战线广大干部职工的坚决抵制。1967 年 2 月 17 日,周恩来同志和李先念同志在国务院小礼堂主持召开财贸口领导干部和群众组织代表会,严正宣布财政大权属于中央,不容"造反派"夺取,要立即缴回。周恩来同志指出"中央的财政大权不能夺",强调一定要恢复党组工作,党组一定要行使职权,责任还是得部长、司长负。周恩来同志在和造反派代表谈话时,还多次谈到财政部的成绩,指出财政部正是在毛主席的路线的指导下,才取得这样伟大的成绩。2 月 18 日,周恩来同志、李先念同志又在中南海接见了财贸口的部长和司局长。周恩来同志再次指出中央规定业务权只能监督,超过了限度,就要走到邪路上去了。要求大家,谁要夺中央的财政大权、经济大权,我们就要起来保卫。[1]

1967 年 7 月 1 日,中共中央、国务院发布《关于对财政部实行军事管制的决定》,对财政部实行军事管制,成立军事管制委员会(以下简称"军管会")。军管会下面设立政工、业务两个组和四个"斗批改"学习班。由刘洪章、吴波、谢明、姚进、王程远和王丙乾组成临时的业务领导小组。刘洪章、吴波分任正副组长,具体负责主持业务行政方面的工作。这一举措保证了国家财政业务工作的正常运行,保持了其连续性,这种连续性对稳定国家和社会,稳定国民经济发展,发挥了重要作用。

---

[1] 王丙乾:《中国财政 60 年回顾与思考》,中国财政经济出版社 2009 年版,第 139—141 页。

二、竭力保证财政平衡

"文化大革命"初期的失序行为对国民经济造成严重破坏,国家财政状况急剧恶化。1967 年国家财政收入 419.4 亿元,比 1966 年减收 139.3 亿元,减少 25%。1968 年又比 1967 年减收 58.1 亿元,减少 13.9%。1967 年出现了 22.5 亿元的财政赤字,1968 年大幅度压缩支出,在财政总支出比 1966 年的总支出减少约 1/3 的情况下,才保持了财政收支平衡。

面对动乱的严重形势,中央也及时采取措施,努力恢复工农业生产的正常秩序,维持财政平衡。1967 年 6 月 22 日,中共中央及时发出了《关于进一步"抓革命、促生产",增加收入,节约支出的通知》。同年 8 月 20 日发出了《关于进一步实行节约闹革命,控制"社会集团购买力",加强资金、物资和物价管理的若干规定》。1968 年 1 月 18 日,中共中央又及时发布《关于进一步打击反革命经济主义和投机倒把活动的通知》。同年 2 月 18 日,发表了《中共中央、国务院、中央军委、中央文革关于进一步实行节约闹革命,坚决节约开支的紧急通知》。在中央采取有力措施的支持下,财政部克服重重困难,维持和稳定了财政工作的局面。

1969 年,国家政治形势逐步趋于相对稳定,财政经济有了初步回升。为了把国民经济重新置于计划经济轨道上,周恩来总理组织编制了《一九六九年国民经济计划纲要(草案)》,提出财政收支各为 570 亿元,基本建设投资 193 亿元。1969 年工农业生产有所好转,基本完成目标。财政收入执行结果为 526.76 亿元,基本建设投资完成 181.6 亿元,出现恢复性回升。1971 年,在周恩来总理主持下,对财政工作进行了整顿。这是"文化大革命"期间的第一次整顿,提出"国家要积累"的观念。

1971—1973 年,财政收入呈上升趋势,收支平衡,并略有结余。但 1973 年年底到 1974 年,随着"批林批孔""反右倾回潮"等运动的兴起,使刚刚出现转机的各种工作重陷困境,全国形势再度恶化起来。刚刚有起色的财政经济工作,再次受到严重冲击。1974 年,全国财政收入 783.14 亿元,比 1973 年减少 26 亿元,出现财政赤字 7.61 亿元。1975 年,在邓小平同志的全面整顿下,财政经济形势在很短的时间内明显好转,财政收入有了一定幅度的增加。可惜的是由于"批邓、反击右倾翻案风"运动的兴起,国民经济再次陷入混乱,经济效益全面下降。1976 年,国民收入比1975 年减少 2.7%;财政收入 776.58 亿元,比 1975 年减少 39 亿元,并低于 1974 年水平,出现赤字 29.62 亿元。

总的来看,"文化大革命"期间,财政部门面对重重困难,坚决贯彻中央决定,采取一系列措施,狠抓增收节支,坚持财政制度和纪律,竭力维持财政收支平衡。1966 年至 1976 年间,只有 4 年出现财政赤字,7 年维持了财政平衡,详见表4-1。

表4-1 "文化大革命"时期的财政收入和财政支出 (单位:亿元)

年份	财政收入	财政支出	收支差额
1966	558.71	541.56	17.15
1967	419.36	441.85	−22.49
1968	361.25	359.84	1.41
1969	526.76	525.86	0.90
1970	662.90	649.41	13.49
1971	744.73	732.17	12.56
1972	766.56	766.36	0.20
1973	809.67	809.28	0.39
1974	783.14	790.75	−7.61
1975	815.61	820.88	−5.27
1976	776.58	806.20	−29.62
合计	7225.27	7244.16	−18.89

资料来源:《当代中国》丛书编辑部编辑:《当代中国财政》(上),中国社会科学出版社 1988 年版,第258 页。

三、在困难中支持国家建设和对外援助

"三五"计划和"四五"计划,由于受到"文化大革命"的干扰,执行情况并不理想,但是对中西部地区建设还是起到了积极作用。国家财政在极度困难的情况下,集中力量有力支持了相关战略的建设。一是支持

"三线建设"①。"三五"计划提出把国防建设放在第一位,加快"三线建设",逐步改变工业布局。1964—1980 年的"三线建设"期间,国家在中西部地区 13 个省、自治区,共投入 2052 亿元巨资,占同期全国基建总投入的 39%。建成了 1100 多个大中型工矿企业、科研单位和大专院校,改变了我国工业集中在东部沿海地区的基本格局,为西部地区的经济发展奠定了基础。二是支持地方"五小"工业②的发展,从 1970 年开始在此后的五年内拿出 80 亿元专项资金,扶植地方"五小"工业的发展。

在"文化大革命"期间,国家财政在非常困难的情况下,还是集中财力,支持国家经济建设发展。在工业方面,支持建设了一批大型工业企业。在石油工业、冶金工业、机械工业、电力工业等方面都取得很大成就,最突出的是实现了中国由贫油国飞跃为自给自足的产油国;在交通运输方面,建成了一些内地铁路干线和长江大桥,使我国交通运输能力得到进一步的改善和加强;在科学技术方面,在籼型杂交水稻的育成推广、核技术、人造卫星、运载火箭等尖端科学技术研究方面取得了丰硕成果。

这一阶段,尽管国家财政还十分困难,但为了打破国际上的孤立地位,还是坚持为发展中国家提供了数目可观的财政援助。1966—1970 年,中国继续支援亚、非、拉第三世界国家争取民族解放、发展民族经济,向 37 个国家提供了巨额援助。1971—1975 年,即第四个五年计划期间,中国先后向 60 多个国家和地区提供了援助,建立了经济技术合作关系。在此期间,对外援助总金额比上一个五年计划期间增长 1 倍以上。到 1972 年年底,对外经援超过 400 亿元人民币。③

---

① "三线"一般是指当时经济相对发达且处于国防前线的沿边沿海地区向内地收缩划分的三道线。一线地区指位于沿边沿海的前线地区;二线地区指一线地区与京广铁路之间的安徽、江西及河北、河南、湖北、湖南四省的东半部;三线地区指长城以南、广东韶关以北、京广铁路以西、甘肃乌鞘岭以东的广大地区,主要包括四川(含重庆)、贵州、云南、陕西、甘肃、宁夏、青海等西部省(自治区、直辖市)以及山西、河北、河南、湖南、湖北、广西、广东等省(自治区)的部分地区,其中西南的川、贵、云和西北的陕、甘、宁、青俗称"大三线",一、二线地区的腹地俗称"小三线"。

② 五小工业,是指我国县级及县以下单位兴办的地方小型厂矿的总称。包括:小钢铁厂、小水泥厂、小农机厂、小化肥厂、小煤矿等。

③ 王丙乾:《中国财政 60 年回顾与思考》,中国财政经济出版社 2009 年版,第 152 页。

第二节　财政放权与财税体制的反复变动

这一时期财税体制也受到政治的干扰,毛泽东同志在《论十大关系》中对中央与地方关系的论述被简单化处理,在财政体制上开始大规模向地方放权,出现问题又向上收,接着又放,不能把握好收放的界限,造成"一放就乱,一收就死"的困局,导致财政体制总是在"收"和"放"中来回变动。

一、财政体制围绕集权与放权变更频繁

"文化大革命"十年间,我国财政管理体制共发生了7次变动(见表4-2):

一是1966—1967年,仍然沿袭1959年的"定收定支,收支挂钩,总额分成,一年一变"的体制。但也有一些变化,1965年采取了"总额分成加小部分固定收入"的办法,即将屠宰税、牲畜交易税、文化娱乐税、车船使用牌照税、集市交易税以及地方的饮食服务行业收入和地方其他零星收入作为地方的固定收入。1966年延续了这个办法,但1967年由于税制发生了变化,如文化娱乐税停止征收,屠宰税减半征收,集市交易税停止征收保留税种,牲畜交易税对集体部分停征,使地方固定收入下降很大,于是根据国务院1967年2月16日的通知,取消了地方小固定收入,又将这些收入重新纳入"总额分成"的范围。

二是1968年,改行"收支两条线"。"文化大革命"开始后,对社会经济带来较大影响,财政收入持续下降,预算收支指标无法分配落实。为了集中财力保证1968年预算平衡,维持地方的必要支出,1968年12月23日下发《财政部军管会关于做好1968年财政决算编审工作的通知》,决定暂停收支挂钩、总额分成的办法,而改为收归收、支归支,收支分别算账的办法。即实行收支两条线,收入全部上交国家,支出全部由中央拨给。

三是1969年,政治局面相对稳定,又恢复实行"收支挂钩,总额分成"的办法。规定收入的分成比例,按截至1969年12月底中央批准下达的收

支指标计算,当时实行的"总额分成"实际是一种打折扣的"总额分成"。

四是1970年,财政形势有了一定好转,财政适当下放了管理权限,在中央统一领导下,实行中央、省、县三级管理,中央对各省(自治区、直辖市)实行"定收定支,总额分成"的办法。

五是1971—1973年,随着经济体制的"大下放",财权也又一次下放,实行"收支大包干"的办法。1971年,财政部颁布《财政收支包干试行方案》,决定自1971年起实行"定收定支,收支包干,保证上缴(或差额补贴),结余留用,一年一定"的管理体制,简称"财政收支大包干"。这一办法在一定程度上改变了中央财政统收统支的局面,扩大了地方的财政收支范围,调动了地方增收节支的积极性,地方机动财力可随着超收节支而增加。

六是1973年开始试行收入固定比例留成办法。为了让地方得到比较稳定的机动财力,1972年9月6日,《财政部试行财政收入固定比例留成的办法(草稿)》,提出"收入按固定比例留成,超收另定分成比例,支出按指标包干"。这个办法1973年在华北、东北和江苏等九个省(自治区、直辖市)试行。

1974—1975年,收入按固定比例留成办法在全国推行。这一办法在当时对于保证地方过日子起过一定作用,但是由于收支不挂钩,既不利于调动地方增收节支和平衡预算的积极性,也不能体现地方本级预算的权责关系。

七是1976年恢复"定收定支,收支挂钩,总额分成,一年一变"的财政体制。1975年邓小平同志主持中央工作,提出进一步改革财政信贷管理体制,加强地方财政收支的权力和责任。1976年3月3日财政部制定《财政部关于财政管理体制问题的通知(草稿)》,对地方试行"定收定支,收支挂钩,总额分成,一年一变"的财政管理体制。

表4-2　1966—1979年财政体制演变

实行时间(年)	财政体制	相关文件
1966—1967	收支下放,计划包干,地区调剂,总额分成,一年一变	《国务院关于进一步改进财政管理体制和改进银行信贷管理体制的几项规定》

续表

实行时间(年)	财政体制	相关文件
1968	收支两条线(收入全部上缴,支出由中央分配)	《财政部军管会关于做好1968年财政决算编审工作的通知》
1969	总额分成,一年一变	《财政部军管会关于做好1969年财政决算编审工作的通知》
1970	定收定支,总额分成	《财政部关于做好1970年财政决算编审工作的通知》
1971—1973	定收定支,收支包干,保证上缴(或差额补贴),结余留用,一年一定	《财政部关于实行财政收支包干的通知》
1974—1975	收支按固定比例留成,超收另定分成比例,支出按指标包干	《财政部关于改进财政管理体制的意见(征求意见稿)》
1976—1979	定收定支,收支挂钩,总额分成,一年一变。部分省(市)试行"收支挂钩,增收分成"	《财政部关于财政管理体制问题的通知(草稿)》

二、下放企业管辖权与国企分配关系的调整

1970年3月,《关于国务院工业交通各部直属企业下放地方管理的通知(草案)》,要求国务院工业交通各部的直属企业、事业单位绝大部分下放地方管理;少数由中央部和地方双重领导,以中央部为主;正在施工的各直属基本建设项目也按上述精神分别下放地方管理。并要求部直属企业下放工作在1970年内完成。随之,全面展开了一场企业大下放的运动。据统计,到1970年年底,下放后的中央直属企事业单位由10533个减少到1674个,在工业总产值中的比重由42.2%降到6%。[①]

企业财务管理体制也随之进行了一些调整。一是建立职工福利基金制度。从1969年开始,实行按工资总额的11%从成本中提取职工福利基金制度。二是下放企业折旧基金。从1967年开始,地方企业的折旧基金不再上缴财政,留给企业抵作固定资产更新和技术改造资金。三是将下

---

① 董辅礽主编:《中华人民共和国经济史》上卷,经济科学出版社1999年版,第505页。

放企业的物资分配和供应工作,交地方管理,调整和减少了国家统一分配和中央各部管理的物资种类。实行物资"大包干",一定程度上扩大了地方在物资平衡、分配、供应方面的权力。

三、下放信贷管理权与财政投融资体制的调整

"文化大革命"期间,国家也对信贷管理制度采取了简化措施,主要内容有合并机构、下放权力,改变信贷方式,简化利率种类,调整利率水平等。

1969 年,国务院对所属部委和直属机构进行了大规模的精简,由原来的 90 多个部门精简为 27 个,人员编制也缩减了 82%。财政部与中国人民银行合署办公。1970 年,国务院决定将中国人民建设银行裁并到中国人民银行,基建拨款由财政部确定计划指标,其他业务由中国人民银行办理。而中国人民银行接管基本建设投资业务后,按一般企业存款管理,很多地方不再编基建财务决算,只花钱不报账,导致国家基本建设拨款支出连续突破国家预算,工程项目财务管理混乱。

1970 年召开的全国财政银行座谈会上,提出下放信贷管理权,实行农村信贷包干,一定一年的信贷管理办法。1971 年,进一步简化利率种类,降低利率水平,削弱了利息这一重要的经济杠杆的调节作用。

与此同时,实行了基本建设投资"大包干",扩大了地方基本建设投资权限。1970 年,为了支持地方发展"五小"工业,实现自给自足、自成体系,提出"试行基本建设投资大包干",按照国家规定的建设任务,由地方负责包干建设。1974 年进一步按"四、三、三"比例分配投资,即投资的40%由中央主管部门直接安排,30%由中央部商同地方安排,30%由地方统筹安排,进一步扩大了地方投资权。但由于没有严格规定地方相应的经济责任,无法有效约束地方的投资饥渴和扩张冲动,导致一些地方乱上项目、基建投资膨胀和投资效益下降。

1972 年,针对基本建设投资出现的"投资大敞口,花钱大撒手,施工大锅饭"的现象,国务院决定恢复中国人民建设银行,重建基本建设财务管理体制,并对基建拨款管理进行了整顿。

扩大地方权力,调动中央和地方两个积极性,源自毛泽东同志的《论十大关系》。但计划经济本质是信息高度集中,配置指令高度集中,排斥分散决策激励的经济体制,并需要统一号令的政治体制相支撑。在"文化大革命"时期,一切都被政治化了,"下放"就是革命的,"上收"就是保守的。在每一次上收下放过程中,财政体制都是处于中枢地位。当时的下放企业权力主要不是扩大企业自主权,而是下放企业管理层级,由更低层级的行政机构管理企业,相应的企业利润和部分税收归属随之下放,生产计划、物资调配、销售衔接也下放,经济活跃了一些,但计划衔接不上,过剩和紧缺并存的情况加剧出现。在这样的情况下的放,也就只能"一放就乱",地方盲目建设、重复建设也就难免。结果不得不上收,将企业管理权、计划管理权等上收,同时财政也上收管理权,这又损害了地方的积极性,"一收就死"再被批判,反过来再次下放,放乱收死,循环往复。加上全面排斥非公经济和市场,否定物质利益原则,大搞平均主义,积极性自然也就激励不起来。到 1976 年,全国工业企业的资金利润率只及1965 年的一半,亏损企业达到三分之一。[①] 在计划经济框架下,上收下放反复折腾,并没有多少体制意义上的进步,在付出巨大代价后,也留下了有别于"苏式"高度集中计划经济的遗产。如分行政层级配置资源,制定政策;还如"调剂物资""协议价格"的"双轨制"一直存在,在完成农产品征购任务后,农民小量自产自销等"资产阶级尾巴"从来没有割断过。这也为今后的改革开放留下了"基因"。

第三节　税制的过度简化与税权的下放

这一时期税收制度最突出的变化就是不断地简化与合并。税种越来越少、税制越来越简化,税收管理权一再下放,大大削减了税收对经济的调节作用,限制了税收职能的发挥。

---

① 《当代中国》丛书编辑部编辑:《当代中国的经济体制改革》,中国社会科学出版社1984 年版,第 136 页。

一、税制改革的提出和"综合税"试点

"文化大革命"期间，税制建设受到很大冲击。税收制度被批为"烦琐哲学""条条专政""管、卡、压"。提出简化税制的改革诉求。不少地方的税务机关和企业也提出了改革税制的主张，并进行了"积累税""综合税""行业税"等试点。税收在国家政治、经济生活中的地位、作用开始下降。

1969年6月，财政部军事管制委员会在天津召开全国税制改革座谈会，肯定了当时天津"综合税"改革的做法，提出进行"综合税"试点。天津市简化税制的办法是在基本保持企业原来向国家缴纳税收数额的基础上，把企业销售的各种产品按不同税率缴纳的工商统一税、城市房地产税、车船使用牌照税、工商统一税附加合并为一种税，按一个税率缴纳。全国税制改革座谈会后，在各地普遍推行了"综合税"试点。在试点中发现，一个企业一个税率，无法体现政策，使税收的调节作用受到很大限制。于是财政部又在一些地方开展了"行业税"试点，即按照行业设计税率，但这又可能出现同一产品因在不同行业生产而适用税率不同的问题。

二、税制的过度简化

经过几年的试点与研究，1971年12月17日，财政部终于形成《关于改革工商税制的报告》，报送毛泽东同志和中共中央。1972年3月25日，又将此报告改为《关于扩大改革工商税制试点的报告》并附《中华人民共和国工商税条例（草案）》，上报国务院。国务院于1972年3月30日批转，从1973年1月起在全国试行。

这次税改提出的原则是："在基本上保持原税负的前提下，合并税种，简化征税办法，改革不合理的工商税收制度，使税制适应当前革命和生产发展的需要"，其主要内容有：

一是合并税种。把企业缴纳的工商统一税及其附加、城市房地产税、车船使用牌照税、屠宰税等合并为工商税。盐税也并为工商税的一个税目（实际未执行）。合并以后，对国营企业只征收一种工商税，对集体所

有制企业只征收工商税和工商所得税两种。

二是简化税目、税率。税目由过去的 108 个减为 4 个;税率由过去的 141 个减为 82 个。在 82 个税率中,实际上不相同的税率只有 17 个,多数企业简化到只用一个税率。

三是改革征收制度。废除了许多在当时被认为是不合理的繁琐的征税办法。

四是对少数税率作了调整。这次改革税制,多数行业和企业基本上保持了原来的负担水平,税率无大变动,只是对少数行业或企业作了调整,如农机、农药、化肥、水泥的税率降低了一些,印染、缝纫机的税率略有提高。税率调整之后,有的地区税收要增加一些,多数地区没有增加或者略有减少。

经过 1973 年的税制改革,我国在较长的一个时期内只剩下 11 种税:工商税、工商所得税、盐税、关税、农(牧)业税、屠宰税、城市房地产税、车船使用牌照税、牲畜交易税、集市交易税和契税。

三、税权的下放与税收管理体制的调整

在简化税制的同时,一部分税权也下放到地方。1969 年 5 月,财政部军事管制委员会发布《关于在八省、市进行下放工商税收管理权限试点的通知》。此后,试点范围不断扩大。

税收管理工作在"文化大革命"中也受到很大削弱。税务机构被大量撤并,税务干部被下放,财政驻厂员也被撤销。税务总局被撤销,成为财政部业务组下的一个税务组,极大影响了税收管理工作。"税收无用论"一时甚嚣尘上,税收工作中出现了有法不依、无章可循、无人管理的混乱局面,偷税漏税情况严重,使国家税收遭受极大损失。

1971 年,国务院副总理兼财政部部长李先念提出:"财政工作要加强,税务机构要建立。"1972 年 3 月,国务院在批转财政部报告中明确指出基层税收人员太少的要适当充实。同年,设在财政部业务组下的税务组单独划出,恢复税务局建制。1975 年恢复税务总局名称,以加强对全国税收工作的领导。同年 4 月 7 日至 19 日,财政部专门召开了

全国税务工作会议,着重讨论了税收的地位、作用以及如何加强税收工作的问题,强调必须继续充分地发挥税收的作用。要求各级财政税务部门,要在党委领导下,加强税收管理工作,采取有力措施,坚决堵塞漏洞,严肃纳税纪律,维护国家财政收入。财政部于同年 7 月 30 日发出《关于开展税收政策检查,清理漏欠税款的通知》,进一步整顿纳税纪律。

第四节　全面整顿财政工作

"文化大革命"给国家财政工作带来严重破坏。1971 年,在周恩来总理的领导下进行了第一次调整,使整个国民经济形势和财政形势都有了好转,但是受到"四人帮"的干扰,经济重陷低谷。1975 年,邓小平同志主持中央工作,对当时的财政经济进行了全面整顿。

一、全面整顿经济

1975 年 1 月 13 日至 17 日,中华人民共和国第四届全国人民代表大会第一次会议在北京召开。邓小平同志在四届人大一次会议上被任命为国务院第一副总理,确定了以周恩来、邓小平为核心的国务院领导班子。四届人大一次会议闭幕后,周恩来总理病情更加严重。邓小平同志在毛泽东同志的支持下,主持党中央和国务院日常工作。邓小平同志根据毛泽东同志提出的要安定团结、把国民经济搞上去的指示,明确提出全面整顿的指导思想,指出全国各个方面工作都要整顿。工业、农业、商业、财贸、文教、科技、军队都要整顿,核心是党的整顿,关键是领导班子。经过整顿要建立一个强有力的、"敢"字当头的领导班子。要搞好安定团结,发展社会主义经济。

邓小平同志以整顿铁路运输为起点,拉开了全面整顿经济工作的序幕。在此期间,对工业、军队、农业、科技、文化教育等工作进行了大力整顿,分别取得了明显的成绩。在一定范围内建立健全了规章制度,恢复了正常的生产和社会秩序,促使生产形势逐步好转,国民经济由停滞、下降迅速转向回升。

二、《财政十条》和全面整顿财政

早在 1975 年年初,国务院就发出《关于进一步加强财政工作和严格检查一九七四年财政收支的通知》,要求对一些违反财经纪律的现象进行纠正,全面整顿工作开始以后,1975 年夏秋之间,财政部根据邓小平同志关于全面整顿的精神,起草了《关于整顿财政金融的意见》(即《财政十条》)。提出要努力促进工农业生产的发展、调整财政收入、节约财政支出、迅速扭转企业亏损、加强基本建设拨款的管理、管好用好更新改造资金、加强信贷管理、控制货币发行、改进财政和信贷管理体制、严格财经纪律等十大问题。

《财政十条》要求进一步改进财政信贷管理体制,针对当时生产遭到破坏、资金偏于分散的情况,提出财政资金需要适当集中,管理权限主要集中于中央和省(自治区、直辖市)两级;强调国家财政的方针、政策、国家预算、税法税率、全国性的开支标准、企业基金提取的比例、生产成本和商品流通费用的开支范围等,都由中央统一规定。并提出为了加强省(自治区、直辖市)核定一定数额的机动财力以外,实行"定收定支,收支挂钩,总额分成,一年一定"的办法。即每年由财政部分别核定各省(自治区、直辖市)的收入任务和支出总额,按照支出占收入的比例,作为地方分成的比例。在执行中,超收了可以按分成比例相应地多分收入,短收了就要相应地减少支出,自求平衡。

《财政十条》虽然由于"文化大革命"的破坏没有正式出台。但这个文件的精神在实际工作中仍得到贯彻执行,对财政工作的整顿仍起了一定的作用。[1] 为了贯彻落实《财政十条》,财政部还起草了关于改进财政体制,加强预算管理、固定资产管理、国营企业财务管理和农业财务管理,以及扭亏增盈等一系列整顿性文件。

---

[1] 《当代中国》丛书编辑部编辑:《当代中国财政》(上),中国社会科学出版社 1988 年版,第 256 页。

三、财税工作在整顿中逐步恢复

1975年年初,第四届全国人大一次会议任命张劲夫同志担任财政部部长,同时撤销财政部军事管制委员会。恢复"文化大革命"前的司、局组织建制。恢复了税务总局建制,加强了对全国税收工作的领导。重建了税收管理体制,明确了国务院、财政部和省(自治区、直辖市)的税收管理权限。财税工作在整顿中逐步走上正常轨道。1975年,财政收入815.61亿元、财政支出820.88亿元,收支相抵,尽管还有赤字5.27亿元,但从总的情况来看,财政工作在各方面都得到了改善。

可惜1975年11月之后,在所谓"批邓、反击右倾翻案风"的冲击下,使已经取得成效的整顿工作停顿下来,整顿工作中的很多政策和措施被否定,已经好转的正常生产秩序和工作秩序又被打乱。1976年,国民经济全面下滑,财政赤字达到29.62亿元。

下 篇

改革开放和社会主义
现代化建设新时期

篇首语

"文化大革命"结束后,1978 年年底召开的十一届三中全会宣告了我国改革开放和社会主义现代化建设新时期的到来。本篇系统回顾了新中国改革开放 40 年的财税改革与发展的历程。40 年来,我国从开启新时期到跨入 21 世纪,从站上新起点到进入新时代,在富起来、强起来的征程上迈出了决定性的步伐,取得了举世瞩目的辉煌成就。

一、改革开放以来财税发展的总体特征

改革的总体特征,也决定了财税改革的总体特征,把握这一点才能更好理解财税改革的进展脉络。1978 年党的十一届三中全会拉开了我国改革开放的帷幕。1993 年 11 月,党的十四届三中全会首次明确提出了"整体推进和重点突破相结合"。"改革从农村起步逐渐向城市拓展,实现城乡改革结合,微观改革与宏观改革相配套,对内搞活和对外开放紧密联系、相互促进,是符合中国国情的正确决策。重大的改革举措,根据不同情况,有的先制订方案,在经济体制的相关方面配套展开;有的先在局部试验,取得经验后再推广。既注意改革的循序渐进,又不失时机地在重要环节取得突破,带动改革全局。"①我们的改革是先从经济体制改革突破,并掌握合适的条件,在重点领域关键环节重点突破,并且先农村后城市,开放先沿海后全国。

总的改革进程,决定了财税改革的路径——局部改进突破,适应性过

---

① 中共中央文献研究室编:《改革开放三十年重要文献选编》(上),中央文献出版社 2008 年版,第 734 页。

渡,并在目标明确时抓住机会整体配套改革。财政不仅是整体推进中的重要一环,而且成为改革的突破口,并为改革的整体性推进提供支撑和保障。包括经济、政治、社会、文化、生态等在内的整体性改革,无一不涉及财税。财税改革不仅率先突破,为经济体制改革"杀出一条血路",而且在局部突破也是以财税为中心,并与价格、国有企业、金融等各领域的改革协调配合进而推动整体性改革。

二、财税改革在整体性改革中的地位和作用

总体上看,按照重大历史节点,财税改革在整体性改革中的地位和作用,主要体现在以下几个方面。

第一,1978—1993年:财税改革成为经济体制改革的突破口,为经济体制改革"杀出一条血路"。财政体制改革先行一步,从打破财政"统收统支"开始,通过放权让利,调动地方政府、企业和个人的积极性。1978年11月25日,我国部分企业实行企业基金制,迈出对企业放权让利改革的第一步。1979年,我国推行利润留成。为了进一步调动企业的积极性,我国在对价格不做大的调整的情况下,实行两步"利改税"。在财政体制方面,从1980年起由统收统支、"吃大锅饭"的供给制办法,改为实行"分灶吃饭"的财政管理体制,其目的就是调动地方政府的积极性。

第二,1994—1997年:财税改革成为经济体制整体性改革的中心环节,为社会主义市场经济奠基。1993年11月,党的十四届三中全会通过了《中共中央关于建立社会主义市场经济体制若干问题的决定》,提出价格、税收、财政、金融、外贸、投资、企业等多领域的整体性改革任务,我国进入迈向社会主义市场经济的新阶段,税制改革和分税制财政体制改革成为经济体制整体性改革的中心环节。1994年税制改革统一内资企业所得税,以增值税替代产品税,并在此基础上开征消费税,建立以增值税为核心的新的流转税制,辅之以消费税和营业税,构建了适应社会主义市场经济体制需要的税制框架。分税制代替了财政大包干,既为微观市场主体的自主经营、公平竞争搭建制度基础,也奠定了国家长治久安的基础。总体来看,财税体制改革取得历史性成就,怎么评价都不过分。

第三,1998—2012 年:公共财政推动整体性改革全面、系统展开。在我国确立社会主义市场经济改革目标之后,一些关键领域的市场化改革趋势日益清晰,金融方面的国有银行商业化改革、国有企业方面的政企分开改革、贸易方面的加入世界贸易组织融入世界经济等改革相继提上议事日程。1998 年之后,我国财税改革的重点开始从收入领域转向支出领域,从建设财政开始转向公共财政。公共财政以合理界定政府职能为前提,旨在解决"越位"和"缺位"问题,是市场经济条件下财税改革的目标模式。我国开始推行部门预算、国库集中收付、政府采购等一系列改革,深化"收支两条线"改革,2011 年我国全面取消预算外资金,将所有政府性收入纳入预算管理,实现了从"一本预算"到"四本预算"的跨越。

第四,2013 年至今:在全面深化改革中发挥财政的治理基础和支柱作用。2013 年,我国进入了全面深化改革阶段。党的十八届三中全会明确提出:"全面深化改革的总目标是完善和发展中国特色社会主义制度,推进国家治理体系和治理能力现代化。"①必须更加注重改革的系统性、整体性、协同性,加快发展社会主义市场经济、民主政治、先进文化、和谐社会、生态文明。与此同时,提出"财政是国家治理的基础和重要支柱",同时明确财税改革成为全面深化改革的重头戏,启动了新一轮财税改革,推动实现国家治理体系与治理能力的现代化。

总之,财税改革 40 年,符合中国改革的逻辑和中国发展的阶段性特征。我们根据当时改革的形势和主要矛盾,采取了一些富有智慧的策略,保证了改革的顺利进行,推动了经济体制的根本性转变,取得了巨大的历史成就。同时,我们要客观看待改革的不足和局限,当时的改革未解决,也不可能解决财税领域存在的全部问题。即便是今天,改革依然需要继续推进,从而为全面建成社会主义现代化强国、实现中华民族伟大复兴的中国梦提供强大动力。

---

① 《中共中央关于全面深化改革若干重大问题的决定》,人民出版社 2013 年版,第 3 页。

第五章 财税改革为经济体制
改革"杀出一条血路"

　　1976年以后,历史出现了伟大转折,国民经济开始出现生机,摆脱了停滞下降的局面。但中国经济还面临着很大困境,传统体制的弊端也充分暴露出来,创新体制已经势在必行。党的十一届三中全会揭开了改革的序幕。改革开放初期,总体思路虽然没有摆脱计划经济的大框架,但以"放权让利"为宗旨的一系列改革全面激活了国民经济的方方面面。财政在适应经济体制改革过程中不断改革完善,同时作为经济体制改革的突破口先行先导,支持和配合了其他方面改革和对外开放。

第一节 打破"统收统支"对财政改革提出新要求

　　改革初期,计划的大框架不能动,但经济体制改革又必须打破"统收统支",这样的形势对财政提出"先行一步"的要求。

一、计划体制亟待改变

　　长达十年的"文化大革命"给国民经济和国家财政都带来了极为深重的影响,打乱了经济和财政的管理系统,削弱了财政调控能力。1976年"文化大革命"结束后,如何正确认识把握新的形势,科学地总结历史经验,探索开辟新的发展道路,是党和国家面临的重要抉择。1976年至1977年上半年,党中央和国务院先后召开一系列会议,强调进行企业整顿,建立各项规章制度,恢复和发展生产。1977年8月,党的十一次全国代表大会闭幕式上,邓小平同志在闭幕词里重申了在本世纪内把我国建设成为社会主义现代化强国是新时期的根本任务。1978年12月18日至22日,中共中央十一届三中全会在北京召开,全会提出工作重心转移到经济建设上来,并作出了改革开放的伟大战略决策。

面对新形势,原来的计划框架已经不利于发展的需要。1979年4月召开的中央工作会议,讨论了当时的经济形势和对策。在这次会议上,中央正式提出对国民经济进行"调整、改革、整顿、提高"的八字方针,要求坚决纠正经济工作中的失误。李先念代表党中央在大会上做了重要讲话,他指出,我们的经济管理体制弊病很多,非逐步改革不可。在国家同企业的关系上,统得太多,管得太死,企业在计划、生产、物资、劳动、财务等方面权力太小,缺乏应有的自主权。在中央同地方的关系上,有些权力该分散的没有分散、该宽的不宽。

"在整个经济的管理体制上,总的看来是集中过多,计划搞得过死,财政上统收统支,物资上统购包销,外贸上统进统出,'吃大锅饭'的思想盛行,不讲经济效果。这些都使得中央部门、地方、企业和职工个人的积极性、主动性和创造性,受到了很大的限制和束缚","这种情况必须坚决加以改变"。①

从新中国成立至改革开放前夕,我国在经济管理体制上是典型的计划经济,94.4%的农产品和97%的零售产品是按计划价格交易的,企业几乎全部是公有制经济;企业生产按计划进行,由于成本和价格都由国家确定,折旧和大修理基金由财政控制,定额流动资金由财政无偿拨付,企业利润仅仅是计划的结果;国家(包括各层级政府)统管一切经济活动,集中全社会的剩余产品,通过指令性计划进行国民收入再分配;国有单位的就业全部是永久性的,职工拥有"铁饭碗"。

计划经济是通过行政方式、计划指标配置社会资源的,而财政作为国家筹集运用资金、实现国民经济和社会发展计划的主要支撑,其管理体制和运行机制,自然要服从、服务于这种资源配置方式。计划经济的

---

① 《李先念论财政金融贸易(一九五○——一九九一年)》下卷,中国财政经济出版社1992年版,第418—419页。

最大特征是高度集中、强调国家统一计划的作用。与此相适应,财政体制表现为突出的统收统支特点,基本体现就是集中和集权,虽然在部分阶段对地方政府下放了一些财权和财力,做过一些调整,但都是在特定情况下的短期措施,是在集权前提下的有限放权,而不是规范化的分权。

高度集中、统收统支的财政体制与运行机制,在我国大规模工业化建设初期,对于集中全国的人力、物力、财力进行重点建设,无疑发挥了巨大作用。改革开放以后,在社会主义经济建设规模不断扩大、经济关系日趋复杂、人民物质文化生活需求不断提高的新形势下,计划体制和财政集中的弊病开始显现出来。在中央统一领导下,地方财政是作为中央财政计划的执行单位加以考虑和设置的,其自身的利益主体地位未受重视,也不具备对自身行为负责的基本条件,从而压抑了各地区、各部门及各单位的积极性、创造性。"大计划"导致了"大财政",国家计划是资源配置的主角,财政作为计划控制的基本手段,以资产所有者身份直接参与社会生产和消费各个领域,渗透到从企业管理乃至个人消费等微观经济的各个方面。总之,在传统指令性计划处于中心支配地位的经济体制下,财税制度只能是从属于计划经济体制的资源配置方式。

二、突破"统收统支"要求财税改革先行一步

财政是国家治理的基础和重要支柱,科学的财税体制是优化资源配置、维护市场统一、促进社会公平、实现国家长治久安的制度保障。中华人民共和国成立70年来,财税体制始终在国家治理中发挥着极为重要的作用,并随着经济社会发展和国家治理要求的变化,在建构计划经济体制和推进改革开放中,都发挥着关键性作用。

当时全国上下都认识到经济体制改革的必要性和紧迫性,但改革从何处着手呢? 1979年4月,在中央工作会议期间,邓小平同志在听取广东省委习仲勋等人关于试办出口加工区的汇报后说:"还是叫特区好,陕甘宁开始就叫特区嘛!中央没有钱,可以给些政策,你们自己去搞,杀出

一条血路来。"①这里所说的"血路",就是要打破"统收统支"体制,采取特殊、灵活的政策措施,调动各方积极性。"杀出一条血路",只是指明了一个方向,并没有特指财税改革。当时经济体制改革千头万绪,涉及上层建筑和经济基础许多重大问题,落实起来并不容易,而财政是各种利益的中枢,"牵一发而动全身"。在改革开放之初中央已经提到财政体制改革,但农村是先行一步的,1980年农村改革已全面推开,冲击各方面体制,这之前财政主要是配合性的。到全面改革酝酿阶段,财政是先行一步的。

改革率先在农村启动,农村改革的核心是激发农民的积极性,财税政策相应做了调整。农村改革的三条主要措施是实行家庭联产承包责任制、取消种植计划、大幅度提高粮食价格,这些措施是在农村和农业领域引入市场要素,实际上是改变了农村地区的资源配置方式,极大地调动了农民的积极性。与此同时,以"双轨制"为特征的价格改革也拉开了序幕,国家大幅度提高主要农副产品价格,缩小工农产品的剪刀差,放开了次要农副产品价格。配合价格调整和逐步放开的是财政补贴政策,国家财政加大了对农业生产资料和农产品收购的价格补贴,对当时的农村社队企业在税收、价格、补贴等方面给予政策优惠。

改革很快从农村走向城市,城市的经济体制改革财政改革是先行一步的,这是党中央针对当时经济体制的实际情况作出的正确判断。在长期的计划经济体制下,高度集中的传统财政体制将绝大部分经济资源控制在财政范围和中央政府,因此必须首先采取"放权让利"的办法来松动这种高度集中的资源配置方式。所谓"放权让利",放的是一部分资源配置权,使地方政府和国有企业能够拥有一定的财权,让的是地方和企业层面因既定的配置资源权力而产生的相应利益,目的是提高资源配置的效率和通过利益激励调动地方和企业的积极性,从而在计划体制的边界上随着地方分配权的扩大、企业自主权的扩大、多种所

①　中共中央文献研究室编:《邓小平思想年谱(一九七五——一九九七)》,中央文献出版社1998年版,第117页。

有制形式的生长、企业和个人收入分配比重的提高、物资流通的放松等,形成以利益为导向、以供求为平衡机制、以资本社会动员和形成为核心的市场化体制的雏形。

为什么要让财政改革先行一步呢？王丙乾同志曾对此有过解释:"当时中央让国务院财委全面抓整个经济体制的改革问题。改革的主要基调就是,在中央统一领导和统一计划之下,进一步扩大地方和企业的自主权,按经济规律和经济手段办事,坚决改变统收统支、供给制、'吃大锅饭'的做法。按道理来说,改革的步骤,应该是先经济后财政,先企业后其他,但经济改革十分复杂,一时还拿不出成熟的方案。因此,中央决定先从财政改起,从财政上突破。这样,财政就先动起来了。财政体制改革搞好了,有利于带动和促进其他方面的各项改革。为此,根据中央提出的关于经济管理体制改革的方针和要求,从 1980 年起,财政体制进行了改革,实行'分灶吃饭'的财政管理体制。"①

改革初期,财政作为整个经济体制改革的突破口,必须先行一步,两步"利改税""分灶吃饭"等改革正是在这样的背景下应运而生的。

第二节　财政体制改革的初步探索

实行"分灶吃饭"财政体制,是调动地方政府积极性的有效举措,但1987 年又走向大包干体制,改革在探索中前行,走了一条迂回之路。

一、"分灶吃饭"

在计划经济体制下,财权高度集中在中央,地方政府是中央计划的执行单位。地方财政收入与财政支出割裂,造成了地方吃中央"大锅饭",地方利益主体地位未受重视,地方政府失去了理财的主动性和积极性。

对于"共吃一锅饭"的模式弊端,我们虽早有认识,财政管理体制也

---

① 王丙乾:《中国财政 60 年回顾与思考》,中国财政经济出版社 2009 年版,第 232 页。

多次下放,但由于在高度集中的计划经济体制框架下运行,一旦下放就会造成国民经济比例失调,又不得不上收,出现了"一放就乱,一收就死"的局面,于是财权总在收与放之间频繁变动。然而,直至改革开放前,财政统收统支的框架始终没有被打破。

早在 1977 年,财政部门就开始探索财政管理体制改革,在江苏省进行了"固定比例包干"改革试点,在湖南、浙江、上海等六省(自治区、直辖市)重新实行改进了的财政包干办法。1978 年在陕西、浙江、湖南、北京、甘肃、江西、福建、山东、吉林、黑龙江等十个省(直辖市)试行了"增收分成、收支挂钩"的办法。1979 年 4 月中央决定以财政作为突破口,先从财政管理体制改起。为此,财政部门成立了体制改革领导小组,组织力量在江苏试行基础上设想几个方案,反复进行比较,经研究拟从 1980 年起,在全国大多数省(自治区、直辖市)试行江苏式的"收支挂钩、全额分成、比例包干、三年不变"的办法。同时,在四川进行了"划分收支、分级包干"的财政管理体制试点。当时,将这两种办法称为"江苏式体制"和"四川式体制"。最后经反复讨论,确定采用"四川式体制"。

1980 年 2 月,发布《国务院关于实行"划分收支、分级包干"财政管理体制的通知》,决定从 1980 年起,实行"划分收支、分级包干"体制。具体办法是,收入实行分类分成,包括中央固定收入、地方固定收入、固定比例分成收入和调剂收入。支出范围按企事业单位的隶属关系划分,地方预算支出首先用地方的固定收入和固定比例分成收入抵补,有结余的上缴中央,不足的由调剂收入解决,并确定相应的调剂分成比例。收入不足以平衡地方预算支出的,由中央按差额给予定额补助。中央与地方对收入的各项分成比例或补助定额确定后,原则上五年不变,地方在划定的收支范围内可以多收多支、少收少支、自求平衡。"划分收支、分级包干"体制明确各级政府在财政管理方面的权力和责任,从"共吃一锅饭"走向"分灶吃饭"。地方财政收支平衡也由过去的"千家花钱,一家平衡"改变为"各家花钱,自求平衡"。

1980 年的"分灶吃饭"财政体制改革是调整政府间财政关系的一次

新的尝试,财力分配由以"条条"为主改变为以"块块"为主,两级财政各有自己的收支范围,各负其责,责权利结合。从实践来看,这一体制扩大了地方财权,有效调动了地方政府的积极性,打破了统收的局面,但中央财政直接收入少,回旋余地小,而且统支的局面没有被打破,中央负担较重。地方为增加财源,容易画地为牢,深挖地方财源,搞重复建设;倾向于藏富于企,对全国财政收入造成很大影响。1982年后,对"分灶吃饭"体制进行了一些调整。

两步"利改税"之后,根据新的形势,国务院决定从1985年起实行"划分税种、核定收支、分级包干",进一步完善"分灶吃饭"的财政体制。即按税种将收入分为中央固定收入、地方固定收入、中央和地方共享收入;按隶属关系划分为中央财政支出和地方财政支出,对不宜实行包干的专项支出,由中央专项拨款安排;按基数核定的地方预算收支,凡是固定收入大于支出的定额上解中央,固定收入小于支出的从中央和地方共享收入中确定一个分成比例留给地方,地方固定收入和中央地方共享收入全留地方后仍不足以抵补支出的,由中央定额补助;分配办法一定五年不变,地方多收多支、少收少支、自求平衡。为了适应经济体制改革中各方面变化因素较多。新的财政管理体制在总结经验的基础上,存利去弊,扬长避短,继续坚持"统一领导,分级管理"的原则,进一步明确各级财政的权力和责任,做到权责结合,充分发挥中央和地方两个积极性。

二、"财政大包干"

1986年12月5日,发出《国务院关于深化企业改革增强企业活力的若干规定》,提出要"推行多种形式的经营承包责任制,给经营者以充分的经营自主权"。标志着第二步"利改税"被"大包干"所取代,企业承包"税、利",财政实行地方向中央包干。在中央与地方的财政关系上,1988年出台《国务院关于地方实行财政包干办法的决定》,区别不同地方实行多种形式的包干制,如"收入递增包干""总额分成""总额分成加增长分成""上解额递增包干""定额上解""定额补助"等(详见表5-1),"财政大包干"迅速推向全国。

表5-1 多种形式财政包干体制一览表

包干方式	内　　　容	实行省(自治区、直辖市)
收入递增包干	以1987年决算收入和地方应得的支出财力为基数,参照各地近几年的收入增长情况,确定地方收入递增率(环比)和留成、上解比例	北京市4%和50%; 河北省4.5%和70%; 辽宁省(不包括沈阳市和大连市)3.5%和58.25%; 沈阳市4%和30.29%; 哈尔滨市5%和45%; 江苏省5%和41%; 浙江省(不包括宁波市)6.5%和61.47%; 宁波市5.3%和27.93%; 河南省5%和80%; 重庆市4%和33.5%
总额分成	根据前两年的财政收支情况,核定收支基数,以地方支出占总收入的比重,确定地方的留成和上解中央比例	天津市46.5%; 山西省87.55%; 安徽省77.5%
总额分成加增长分成	在"总额分成"办法的基础上,收入比上年增长的部分,另定分成比例,即每年以上年实际收入为基数,基数部分按总额分成比例分成;增长部分除按总额分成比例分成外,另加"增长分成"比例	大连市27.74%和27.26%; 青岛市16%和34%; 武汉市17%和25%
上解额递增包干	以1987年上解中央的收入为基数,每年按一定比例递增上缴	广东省14.13亿元和9%; 湖南省8亿元和7%
定额上解	按原来核定的收支基数,收大于支的部分,确定固定的上解数额	上海市105亿元; 山东省(不包括青岛市)2.89亿元; 黑龙江省(不包括哈尔滨市)2.99亿元
定额补助	按原来核定的收支基数,支大于收的部分,实行固定数额补助	吉林省1.25亿元; 江西省0.45亿元; 福建省0.5亿元(1989年开始执行); 陕西省1.2亿元; 甘肃省1.25亿元; 海南省1.38亿元; 内蒙古自治区18.42亿元; 广西壮族自治区6.08亿元; 贵州省7.42亿元; 云南省6.73亿元; 西藏自治区8.98亿元; 青海省6.56亿元; 宁夏回族自治区5.33亿元; 新疆维吾尔自治区15.29亿元; 湖北省和四川省由武汉市和重庆市上缴本省的部分作为中央对地方的补助

三、20世纪90年代初的"分税包干"试点

为消除财政包干制的缺陷,理论界提出了分税制,并在实践层面进行了一些尝试。1987年,党的十三大报告提出"在合理划分中央和地方财政收支范围的前提下实行分税制"①。1990年中央"八五"计划建议提出有计划地实施分税制。财政部经过缜密研究和测算,于1990年设计了分税制财政体制试点改革初步方案,形成了"分税包干"体制改革方案。1992年颁布《财政部关于实行"分税制"财政体制试点办法》,选择天津、辽宁、沈阳、大连、浙江、武汉、重庆、青岛、新疆9个地方进行分税制试点。这次改革也被称为"分税包干制",由于没有在税制改革基础上进行,所以并不是真正意义上的分税制。这些尝试为1994年税制与分税制改革彻底取代包干制提供了有益的实践经验。

四、财政体制探索的重大意义

1980—1993年间,财政体制虽然变化频繁,形式多样,但实质都是包干体制。随着社会主义市场经济的发展,财政包干体制的弊端日益明显,由于多种体制并存以及中央与地方"一对一"谈判机制和条块分割的行政隶属关系控制,财政体制的规范性、透明度和可持续性不足,国家财政收入占国内生产总值的比重下滑,中央财政收入占全国财政收入的比重明显偏低,政府行政能力和中央政府调控能力下降,导致中央财政落入要向地方"借款"的窘境。重要的是没有市场配置资源,价格没有放开决定于市场,是分层次行政配置资源,用不同形式的税利分成、包干来提供激励,弊端很多,不得不频繁做行政性的体制调整。

总的来看,包干体制在当时的经济发展中,发挥了一定积极作用。包干体制虽然没有跳出传统体制的框架,但是直接打破了高度集中财政体制的僵化局面,发挥了特定历史时期的制度创新作用,有效调动了地方积极性,有力支持了其他领域的改革,促进了经济和社会发展。初步发挥了

---

① 《中国共产党第十三次全国代表大会文件汇编》,人民出版社1987年版,第36页。

市场机制作用,实现了财政管理体制由集权型向分权型转变。但是跳过了价格改革,实际是付出巨大代价完成的。1984年后开始认识到价格是必须过的关口,于是在1986年提出了"价、税、财"联动的改革方案,但没有决心大幅度调整,并创造条件让价格决定于市场,致使这一方案被搁置。后来,沿循了已经形成的价格双轨制的路子,继续强化,实际上是全面的行政性分权,弊端是多方面的。最后在放松信贷、大包干的情况下,价格改革引发通货膨胀,政府不得不加强行政管制,进行"治理整顿",在国民经济收缩情况下,出现了买方市场,大部分价格放开了,但各方面大包干机制未变,又面临着通货膨胀。包干既不是计划经济,也不含市场经济因素,内含引发通货膨胀的顺周期机制,破除大包干,用基本的市场化体制替代才是治本之道,否则还会回归计划经济的老套。1993年开始全面改革,保持了价格放开,对少数扭曲的价格做了调整,实施了以财税为重点的配套改革,奠定了社会主义市场经济的基础框架。

第三节 调整国家与企业的分配关系

1984年党的十二届三中全会通过《中共中央关于经济体制改革的决定》,阐明加快以城市为重点的整个经济体制改革的必要性、紧迫性,城市改革的突破口是通过放权让利调整国家与企业之间的关系,调动企业和个人的积极性,推动经济发展和增长。

一、扩大企业自主权的探索

改革国家与企业的分配关系,起初没有明确的目标,但大思路是清楚的,就是"让地方和工农业企业在国家统一计划的指导下有更多的经营管理自主权"。这个思路具体到财政上,就是向国有企业让利放权。当时国家经济基础薄弱,财政收支出现巨额赤字,不可能大范围下放权力给企业,于是国家在1978—1982年进行了探索,国营企业的利润分配办法出现了多种形式并存的局面,其中最主要的探索是企业基金制和利润留成制。

　　1978年11月，国务院批转的《财政部关于国营企业试行企业基金的规定》，对实行独立经济核算的国营企业、基本建设单位和地质勘探单位实行企业基金制。国营工业企业根据完成国家下达的产量、品种、质量、利润等指标情况，按照职工全年工资总额的5%、3%、0.5%提取企业基金，企业基金主要用于举办职工集体福利设施，举办农副业，弥补职工福利基金的不足，以及发给职工社会主义劳动竞赛奖金等开支。这是扩大企业自主权的第一步，初步改变了企业缺乏自主财力的状况。

　　企业基金制实行一段时间后，国家决定继续扩大企业自主权，实施利润留成制，以加强企业的经济责任。1979年7月13日，国务院连发五个文件，并发出《关于按照五个改革管理体制文件组织试点的通知》，对企业扩权予以明确，其中最重要的有两条：一是在利润分配上，给企业以一定比例的利润留成，用于企业奖励基金和生产；二是在权力分配上，给企业一定的生产计划、产品购销、资金运用等的权力。

　　在扩大企业自主权初期的探索中，上述两项制度意义重大，激活了企业活力和生产经营积极性。1978—1982年，全国国有企业提取企业基金和各种利润留成而增加的财力约400亿元。以工交企业为例，五年间留给工交企业的利润有352.5亿元，企业留利占实现利润的比重1978年为2%、1979年为7.6%、1982年达到21.1%。①

　　当然，探索中也暴露出一些问题。利润留成制的具体办法决定了利润多的企业多留成，利润少的企业分成却未必少，亏损企业国家补贴，因而并没有从根本上解决"吃大锅饭"的状况。同时，现实情况千差万别，利润分成办法无法对高低悬殊的利润进行自动调节，需人为调整变动，从而造成企业间苦乐不均，存在吵基数、谈判、"鞭打快牛"等问题。出现这些问题，最主要的原因在于价格、税收等配套改革尚未启动，利润留成制的优势无法充分发挥出来。

---

　　①　《当代中国》丛书编辑部编辑：《当代中国财政》（下），中国社会科学出版社1988年版，第10页。

二、从两步"利改税"到税利分流

实行企业基金制和利润留成制,虽然扩大了企业自主权,但没有实现国家财政收入的稳定增长,不利于国家对宏观经济的控制和重点建设的发展。为了适应经济体制改革需要,推动企业真正实现自主经营、自负盈亏,国家决定进一步深化改革,推动"利改税",后来在经历了企业承包制的反复后,最终选择了税利分流的路径。

(一)两步"利改税"意义重大

在前期探索的基础上推进"利改税",是搞活经济和进一步解放生产力的必要前提,是厘清国家与企业分配关系的关键一环,是生产资料所有权与经营权普遍分离的必然趋势,是企业自主经营、自负盈亏的必要条件,对整个经济体制改革具有重要意义。[1]

"利改税"的改革,是分两步完成的。1983年正式推行的第一步"利改税",重点是调整收入分配关系,企业上缴收入中税收增加了,但仍是税利并存。改革主要内容为:(1)凡有盈利的国营大中型企业,对实现的利润均按照55%的税率缴纳所得税,即把企业过去上缴的利润大部分改为用所得税的形式上缴国家。(2)凡有盈利的国营小型企业,根据实现的利润按八级超额累进税率缴纳所得税,缴税以后由企业自负盈亏,国家不再拨款。

第一步"利改税"进展比较顺利,效果明显,也较好地处理了国家、企业和职工三者的利益关系。1983年国营工业企业比上年增加利润42亿元,按"利改税"第一步改革执行的结果,国家所得占61.8%,企业所得占38.2%,体现了国家得大头、企业得中头、个人得小头的原则。

当然,第一步利改税只是一种过渡性办法,仍有一些不足之处,主要体现为:因价格不合理而形成的利润水平悬殊、企业之间苦乐不均的问题并未得到解决;税种设置比较单一,不利于从多方面发挥税收的调节作用;对税后利润仍采取包干、分成的办法在国家与企业之间进行分配,国

---

[1] 金鑫:《关于利改税的几个问题》,《财政研究》1984年第6期。

家同企业的分配关系尚未固定下来。这些不足之处都在一定程度上影响了企业积极性的发挥。

鉴于此,1984年9月国务院批转了财政部提出的《国营企业第二步利改税试行办法》,决定从10月1日起在全国实行利改税第二步改革,对国营企业实现的利润征收所得税和调节税,税后利润全部留归企业。对国营大中型企业按55%的比例税率征收所得税,对税后利润超过原来留利的再征调节税,调节税一户一率;对国营小型企业实行新的八级超额累进税率,对少数税后利润较多的企业再收取一定的承包费。

"利改税"不只是财政问题,更是重大的经济改革问题,不突破利改税这一环,扩大企业自主权就不能兑现,其他改革也都谈不上。① 两步"利改税"是我国工商税制的一次全面改革,是税收制度建设的里程碑。改革之后,国家与企业的分配关系得到完善,国家财政实力也得以增强。第二步利改税后,由于把企业原来以利润上缴国家的财政收入改为按税收形式缴纳,使税收在国家预算收入中的比重由原来的50%左右提高到90%左右,国家运用税收杠杆调控经济的实力得到了增强。利改税还在一定程度上矫正了价格扭曲。当时还没有出资人责任和现代企业制度的概念,企业从上缴利润改为缴纳所得税和产品税,减少了核定利润的随意性,也部分矫正了价格扭曲,矫正了因其他改革不到位带来的资源配置方式、经济运行方式扭曲,缓解了双轨运行造成的不利影响。②

(二)企业承包制的反复

两步"利改税"期间,由于理论研究与实践不足,税收、利润概念不清,存在"以税挤利""以税代利"等不妥做法。之后,在放弃"价税财"联动改革方案后,决策层选择了企业承包制的短暂方案,产生了一些弊端,走了弯路。

国家选择以利改税方式调整国家与企业的分配关系,方向是完全正

---

① 田纪云:《田纪云副总理谈实行利改税第二步改革是我国分配制度一个重大突破》,《财政》1984年第7期。

② 吴波:《利改税第二步改革不会增加企业和群众负担——吴波就经济部门和群众关心的有关问题答记者问》,《财务与会计》1984年第10期。

确的,但进展并不顺利。第二步"利改税"时,一些企业的所得利益比不上原来的利润留成,有强烈的意见。根本原因是计划价格占主导,企业同样的努力程度,但产品定价高低或计划外价格占比多少,所得的留利差距十分大,解决的办法应当是"价税财"联动配套改革。虽然按这一方向1986年做了方案设计,但到了1987年中央放弃整体协调改革思路,农村承包制、财政体制大包干的做法被引入国家与企业的分配关系,大力推行企业承包制,财政按照"包死基数、确保上缴、超收多留、欠收自补"的原则确定分配机制。

企业承包制是对两步利改税的否定,但否定的不是利改税的缺陷部分,而是其中最为合理的部分,即所得税制。两步利改税建立国营企业所得税制,与经济结构的快速变动相适应。以"包税"为主要特点的企业承包制,对结构调整的作用基本上是消极的。承包之后,价格结构、比较优势、产品结构的调整和变化增加了企业盈利,但这在很大程度上并不是企业自身努力的结果,轻而易得的盈利增加,不会对企业的积极进取有多大的推动作用。

企业承包制对两步利改税最有力的批评是后者搞了"一户一率"的调节税。当时调节税的确不合理,但也有存在的客观必然性,主要原因是价格扭曲没解决,应通过配套改革逐步取消它。企业承包制名义上取消了调节税,实际上不过是把以往所缴的所得税和调节税款作为今后包税的基数,而把调节税保留下来。特别是承包制把调节税最为不合理的方面,也就是"一户一率",不但继承下来,而且扩展到极端。

企业承包制是放弃了整体协调改革思路之后强制推行的,一开始是作为过渡形式提出来的,但实施后弊端丛生,导致利润分配关系紊乱,加剧了宏观经济的不稳定和收入分配的不合理程度,企业之间不合理竞争更加明显。那么,为什么一定要推行企业承包制呢?从经济分析的角度看,当时利改税不完善、不彻底已暴露出一些问题,推行承包制也是想解决这些问题,但开错了药方。严肃的、科学的解决办法是建立中央、地方税收体系,加快财政体制的改革,缺乏科学严肃性的企业承包制,非但没有解决所得税征管上存在的问题,反而引发出一系列更难解决的弊端。[①]

(三)最终选择税利分流

企业承包制在实践中出现问题、行不通,新路在哪里? 最后我们选择了税利分流。1987 年,财政部在总结历次改革的经验教训,以及在大量测算工作的基础上,提出了《关于进一步改革国家同企业分配关系的方案》,即税利分流方案。按照财政部的方案,税利分流改革主要包括所得税制和税率的确定、还贷机制的转换以及所得税后利润分配的处理等三方面的政策性问题。[②]

财政部的方案得到中央认可后,随后开始在重庆市属国营企业中开展税利分流试点。1990 年,在七届全国人大三次会议上的政府工作报告中明确提出,要"进行税利分流、税后还贷、税后承包的试点"。在这次会上,国务委员兼财政部部长王丙乾在代表国务院作财政预算报告中进一步指出:各省(自治区、直辖市)都要选择一两个中等城市抓紧进行"税利分流、税后还贷、税后承包"的试点。1991 年 8 月,财政部和国家体改委联合印发《国营企业实行"税利分流、税后还贷、税后承包"的试点办法》,这是推进税利分流改革试点的重要文件。到 1991 年年底,全国已有 33 个省、自治区、直辖市(包括计划单列市)和 5 个中央单位进行了税利分流试点,试点企业约 2200 户。

税利分流是一项根本性的改革,其本身不是减税让利,而是转变机制,触及各方面的实际利益,涉及多方面的配套改革。税利分流以理顺和规范国家与国营企业的利润分配关系为中心,成为财政税收体制、国有资产管理体制、投资体制和企业经营机制改革的重要组成部分,并对其他方面的体制改革和整个经济的效益与发展起到了促进作用。实践表明,实施税利分流改革取得了积极成效。

第一,国家与企业的利润分配格局趋向合理稳定,有利于政企关系的

---

① 楼继伟:《在利改税的原则基础上实行税利分流的综合改革》,《税务研究》1991 年第 3 期。

② 财政部财税体制改革司:《税利分流:理顺国家与企业分配关系的正确方向》,《企业管理》1991 年第 2 期。

界定与分离。在进行税利分流试点的 1988—1990 年,经济情况波动很大,而国家所得、企业所得和还款三者的比例 1988 年为 27∶40∶33、1989年为 29∶45∶26、1990 年为 32∶39∶29,说明在经济波动较大的情况下,国家与企业之间的利润分配结构不仅比较稳定,而且趋向合理。

第二,发挥了所得税的弹性调节功能,初步实现了国家与企业利益共享、风险共担。由于所得税具有弹性调节功能,因此在经济增长时,国家财政收入和企业的留利都可以相应增长;经济滑坡时,风险由国家与企业共同承担。税利分流对企业来说,要比其他分配体制更能适应客观经济形势的变化。

第三,还贷机制的转变适度抑制了投资膨胀,但没有影响企业的发展后劲。重庆市属国营工业试点前的 1985—1987 年新增借款年均递增26.9%,而试点后注意投资效益,加强可行性研究、论证,慎重立项,1988—1990 年,新增借款年均递增率降为 17.8%,比前三年下降了 9.1个百分点。新增借款的增长幅度虽然下降了,但仍然高于同期重庆市工业总产值的增长幅度,也高于同期经济效益的增长幅度。这就表明,实行税后还款以后,试点企业新增借款的增长幅度有所下降,但还款的责任感强了。

三、鼓励和规范多种经济成分发展

党的十一届三中全会以后,随着经济体制改革的逐步进行,社会经济由单一的封闭式的产品经济向多样化开放型的有计划商品经济发展,在所有制结构上出现了多种经济形式并存的局面。在这种新形势下,我国的财税制度和政策也进行了适时调整与改革,支持和鼓励非公有制经济存在和发展。

一是改革税收制度,包括建立涉外税制、完善集体企业所得税、开征城乡个体工商业户所得税和私营企业所得税,规范国家和非公有企业分配关系,保护非公有企业合法权益,平衡税负,创造公平竞争条件。例如,调整集体企业和城乡个体工商业户所得税负担水平,对集体企业实行与国营小型企业相同的八级超额累进税率,体现公平税负、鼓励竞争的原则。

二是实行了多方面的税收优惠和扶持政策。改革开放初期,我国就对农村社队企业采取了一系列减免工商税和所得税的措施。随着经济体制改革的深入,国家采取的有利于多种经济成分和多种生产组织形式的税收优惠政策主要有:(1)对实行统一核算的经济联合组织内部各单位相互提供的产品,不征产品税;对不实行统一核算的经济联合组织,在全国未实行增值税前,除了生产烟、酒、化妆品等高税率产品外,均可以经济联合组织为单位试行增值税;没有条件试行增值税的,分不同情况减征或者免征产品税。(2)对企业、单位向能源、交通基础设施以及"老、少、边、穷"地区投资分得的利润,在五年内减半征收所得税。(3)对全民、集体所有制企业进行技术转让,年净收入在30万元以下的,暂免征收所得税;各企业、事业单位和个人的技术成果转让收入,暂免征收营业税。

四、调整国家与企业分配关系取得的成效

从最初对国营企业的放权探索,到两步"利改税",再到税利分流,以及鼓励支持多种经济成分发展,财税改革对于国家与企业分配关系的调整在摸索中前进,取得了积极成效。

一是扩大了企业自主权和财力。1978年以后,国家逐步深化改革国营企业管理体制,采取了一系列减税让利政策,扩大企业自主权,增加企业用于扩大生产和加快技术改造的资金。1979—1992年,国营工业生产企业的留利、折旧基金、税前还贷累计总额达7039亿元,扣除同期企业累计上缴的能源交通重点建设基金和预算调节基金后,留用的财力仍有6359亿元,平均每年递增35%。

二是推动企业建立和健全经济责任制。实行放权让利改革后,有更多的利润留归企业自行支配,使企业有了稳定的收入来源,同时把企业经营的好坏与企业及职工的物质利益更加紧密地联系起来,这种责、权、利的密切结合,使企业有了内在的发展动力。企业要有所发展,职工的物质利益要有所增加,就必须改变经营思想,提高经营管理水平,在加强经济核算、层层建立经济责任制、努力挖掘内部潜力、不断提高经济效益上面下功夫。

三是为实行政企分开、企业平等竞争创造了条件。实行放权让利改革特别是利改税后,赋予了企业更多的自主权,国家对企业的干预减少,国家财政收入基本上来自税收收入,各级各类企业不论其隶属关系如何,都要向中央和所在地方按税法规定纳税,这就为财政体制的进一步改革,特别是为实行按税种划分各级财政收入的财政体制,合理地解决中央与地方的分配关系问题创造了条件,并使企业逐步从"条条""块块"的行政干预束缚下解脱出来,更加充分地行使自主权。

第四节　税收改革支持对外开放和经济发展

改革开放之初,有计划商品经济发展也呼唤税收改革,迫切需要建立一套涉外税收法律体系,以维护国家权益和支持对外开放,税收改革支持开放和发展的作用日益凸显。

一、税收调节经济的作用重新受到重视

改革开放前,受"税收无用论"思想影响,税制一简再简,税收经济杠杆作用难以发挥。改革开放后,随着全国工作重点逐步转到经济建设上来,利用税收调节经济重新提上日程。

税务机构是税收的组织保证,税务人员是税收政策的参与制定者和执行者,发挥税收的调节作用首先要重视税务机构和人员的建设。1982年3月,国务院提出要强化税收在国民经济中的杠杆作用,税务机构要进一步健全和加强,实行地方政府和上级税务部门的双重领导,业务上以上级税务部门领导为主。至此,税务机构和税务干部管理的双重领导体制得以恢复。1984年党的十二届三中全会明确指出,"在改革价格体系的同时,还要进一步完善税收制度,改革财政体制和金融体制。越是搞活经济,越要重视宏观调节,越要善于在及时掌握经济动态的基础上综合运用价格、税收、信贷等经济杠杆"[①]。1988年5月公布新的国务院直属机构

---

① 《中共中央关于经济体制改革的决定》,人民出版社1984年版,第22页。

系列,将财政部税务总局升格为国家税务局,由财政部归口管理。1989年,为保证国家统一税法的贯彻实施,提高税务机关的执法地位,国务院决定在全国税务系统实行上级税务机关和同级政府双重领导,以税务机关垂直领导为主。

随着税收地位的不断提高和税务机构建设,税务人员的数量也发生了巨大变化。国务院多次批准增加税务干部队伍的编制,1981年批准增加干部队伍8万人;1983年批准增加4万人;1986—1988年,批准再增加10万人。税务人员快速增加,为税收发挥调节经济作用的实施奠定了基础。

二、建立涉外税法税制,支持对外开放

实行改革开放以后,我国采取了一系列重大战略举措促进对外开放,为了适应对外经济交流日益扩大的新形势,在平等互利、维护国家主权和经济利益的原则下促进对外经济交流的发展,亟待建立一套完整的涉外税法和税收制度。

(一)通过所得税法,初步建立涉外所得税制

为适应对外经济关系发展的需要,我国从1979年开始即着手调查研究,参照国际惯例,拟定有关涉外税收法规。1980—1981年,先后经过五届人大三次、四次会议审议,通过颁布了《中华人民共和国中外合资经营企业所得税法》《中华人民共和国个人所得税法》《中华人民共和国外国企业所得税法》。1991年4月,七届全国人大四次会议通过并公布了《中华人民共和国外商投资企业和外国企业所得税法》,实现了外商投资企业和外国企业在所得税制度上的统一。这部税法的颁布是涉外企业所得税制基本完善的标志。

经过短短十年时间,我国初步建立了一套比较完整的涉外税收法规,并建立了涉外税收机构,同一些国家签订了避免双重课税协定和其他单项税收协定,涉外税收从立法到执法,走上了正常发展的轨道。

(二)建立涉外流转税、财产税和行为税制

在流转税方面,改革前涉外企业一直适用1958年全国人民代表大会

常务委员会原则通过的《中华人民共和国工商统一税条例（草案）》。但是随着改革开放的进一步深入，内外有别的流转税制度出现了不适应，我国着手进行税制改革的研究和探索。1981年9月，国务院批转财政部报送的《关于改革工商税制的设想》，明确了工商税制改革的指导思想。此后，为支持外贸发展，增加出口收汇，还采取鼓励出口的工商税退税政策。1983年开始试行出口退税，对部分企业出口的工业产品退还生产环节的增值税或最后生产环节的工商税，1985年全面正式实施出口退税政策。1986年开始对十类出口产品不但退还最后环节增值税，还退还中间环节产品税和增值税，1987年开始逐步对出口产品退还各道环节累计间接税和增值税。

在财产和行为税方面，对外资企业一直适用1951年政务院发布的《城市房地产税暂行条例》和《车船使用牌照税暂行条例》。1988年，国务院发布了《中华人民共和国印花税暂行条例》，内外资均适用。

（三）建立和完善关税制度

关税是按照国家制定的方针政策，用法律形式确定的由海关对进出口货物和物品所稽征的一种税，是调节进出口和组织财政收入的重要工具。在改革开放以前，对外贸易完全由国有外贸企业垄断，进出口完全根据计划，关税的作用的确不大，"文化大革命"期间甚至停止征收关税。改革开放后，为适应开放需求，我国于1980年恢复征收关税，并着手完善关税制度。

1984年之前，我国一直以1951年的《中华人民共和国海关进出口税则暂行实施条例》为征收关税的法律依据。1985年3月，我国发布了《中华人民共和国进出口关税条例》，补充完善了关税管理，作为稽征关税新的法律依据。1987年1月，六届全国人大常委会第十九次会议通过了《中华人民共和国海关法》，其中关于关税的规定，确立了中国关税制度的基本内容，为健全和完善中国的关税制度提供了法律依据。

1987年3月，为适应改革开放的需要，更好地发挥关税在调节进出口、保护和促进国内生产的作用，国务院批准成立国务院关税税则委员会。作为国务院常设的高层次议事协调机构，关税税则委员会由国家宏观经济及各主要行业部门的领导组成,不定期地对涉及国家利益及行业的重大关税事项进行审议。

这一时期,我国还两次修订《中华人民共和国进出口关税条例》,关税制度逐步与国际接轨。从 1985 年 3 月起,我国开始实施以《海关合作理事会税则商品分类目录》和《中华人民共和国进出口关税条例》为基础的进出口税则,大幅度降低部分商品的进口关税税率,平衡了税率结构,减少了征收出口关税的商品品种。从 1992 年 1 月起,我国开始实施以国际上通行的《商品名称及编码协调制度》为基础的进出口税则。从税率情况看,总体税率水平有所下降,但也有少数商品的税率有所提高。

关税制度改革成就很大,促进和保护了国内生产,支持和发展了对外经济贸易的技术合作,体现了新时期国家关税政策的正确性。在关税收入方面,1980—1991 年,海关累计征收了 1529 亿元关税,关税已成为国家财政特别是中央财政的一个重要收入来源。

改革开放初期,我国迅速建立起涉外税制,具有重大意义。一是有利于在对外经济交往中维护我国主权和经济利益,更好地处理国家与国家之间、国家与涉外企业之间的税收分配关系。二是有利于我国充分运用各种税收优惠措施更好地吸引外资、引进先进技术,发挥外资生产经营者的积极性,加快中国经济建设的步伐。三是通过税收征管对外国投资者的生产经营、经济核算等加强监督,可以促进涉外企业健康发展,引导其为我国的经济建设服务。四是填补了我国在涉外税收领域的制度空白,为以后健全和完善税收制度打下了坚实的基础,也为国家增加了一项重要的财政收入来源。

三、全面改革工商税制促进经济发展

1984 年 10 月,随同第二步利改税,我国的工商税制全面实施改革,多层次、多环节、多税种的复合税收体系初步建立起来,税收调节经济的作用进一步得到发挥。

(一)建立新的流转税体系

一是设立独立的产品税、增值税和营业税。1984 年 9 月,六届全国人大常委会第七次会议根据国务院的建议,决定授权国务院在实施国营企业第二步利改税的同时,改革工商税收制度,拟定有关税收试行条例草案。经国务院决定,将原工商税按性质划分为产品税、增值税、营业税、盐税四种税。1984年9月,国务院发布《中华人民共和国产品税条例(草案)》《中华人民共和国增值税条例(草案)》和《中华人民共和国营业税条例(草案)》,均自1984年10月1日起试行。至此,新的流转税体系基本建立起来。

二是调整增值税和产品税的征收范围。从1985年开始,先后选择了纺织品通用机械、日用电器、电子产品等产品试行增值税,不断扩大增值税的征收范围。1989年3月,对已经实行增值税的工业企业从事的工业性加工、修理、修配业务,由征收营业税改为征收增值税。经过改革,征收增值税和产品税的范围发生了很大变化,产品税的税目由270个减少到96个,增值税由过去的几个行业几个产品试行,发展到除卷烟、酒、石化、电力等产品以外的大部分工业产品。由于增值税范围的扩大,大大缓解了流转税重复征税的矛盾,促进了经济体制改革和国民经济发展,增值税也成为我国税收体系中的重要税种之一。

三是调整营业税若干政策,增设新的营业税税目。从1985年11月起,对国营商业企业(包括国营物资、供销、外贸、医药、文教及其他国营企业)经营其他商品的批发业务取得的收入征收营业税。从1987年起,对国营建筑安装企业承包建筑安装工程、修缮业务及其工程作业所取得的收入一律恢复征收营业税。1988年5月,决定在营业税税目中增设"典当业",下设"典当物品的保管费和利益""死当物品销售"两个子目税率分别确定为5%和3%。1990年8月,决定在营业税税目中再增设"土地使用权转让及出售建筑物""经济权益转让"两个税目,税率均为5%。

(二)建立健全所得税制

一是征收国营企业所得税。1983年4月,对国营大中型企业(包括金融、保险)实现的利润按55%的税率征收所得税。1984年9月,国务院发布《中华人民共和国国营企业所得税条例(草案)》和《国营企业调节税征收办法》,盈利的国营大中型企业按照 55% 的固定比例税率缴纳所得税后,按照核定的调节税税率计算缴纳调节税。1989 年 3 月,财政部、国家体改委印发《关于国营企业实行税利分流的试点方案》,规定所有盈利的国营企业一律改按 35% 的比例税率缴纳所得税,取消调节税,推行多种形式的承包办法。1991 年 8 月,财政部、国家体改委又印发《国营企业实行"税利分流、税后还贷、税后承包"的试点办法》,所得税税率降低到 33%。

二是完善集体企业所得税制度。改革开放以后,原来集体企业所得税制度累进起点和最高一级的所得额都显得偏低,难以起到调节收入的作用。在调查研究和总结经验的基础上,国务院于 1985 年 4 月发布《中华人民共和国集体企业所得税暂行条例》,适当调整了八级超额累进税率,降低了所得税负担。在对城镇集体企业所得税进行调整和改革的同时,也对农村乡镇企业(社队企业)征收所得税的办法和税收负担作了一系列重大调整和改革。1983 年,国务院办公厅转发的《财政部关于调整农村社队企业和基层供销社缴纳工商所得税税率的规定》,对农村社队企业和基层供销社所得一律改按八级超额累进税率征收工商所得税,停止执行原来实行的 20% 和 39% 的比例税率,并取消了社队企业所得税起征点。

三是开征城乡个体工商业户所得税。为鼓励扶持个体经济适当发展,从 1980 年起对个体工商业户所得税作了适当调整,由各地比照八级超额累进税率自定征收办法。1986 年 1 月,针对各地做法不一、税负很不平衡、个体工商业户税收征管困难等问题,国务院发布《中华人民共和国城乡个体工商业户所得税暂行条例》,规定城乡个体工商业户所得税按十级超额累进税率征收。

四是开征私营企业所得税。1988 年 6 月,国务院发布《中华人民共和国私营企业所得税暂行条例》,开征私营企业所得税,采用 35% 的比例税率。同时,发布《国务院关于征收私营企业投资者个人收入调节税的规定》,明确规定对私营企业投资者参加经营取得的工资收入征收个人收入调节税;对私营企业投资者将私营企业税后利润用于个人消费的部分,按 40% 的比例税率征收个人收入调节税;对用于发展生产基金的部分国家不再征税。

四、改革农业税减轻农民负担

党的十一届三中全会作出了把党的工作重点转移到社会主义现代化建设上来的重大决策,拉开了我国经济体制改革的序幕。经济改革率先从农村开始,国家财政适时调整了财政支农政策,一方面运用补贴手段,较大幅度提高农副产品收购价格,促进农业生产和农民增收;另一方面运用税收手段减轻农民负担,推动农村经济发展。

为了减轻农民税收负担,发展农村粮食生产和多种经营,增加农民收入,1979 年国家对低产缺粮地区规定了农业税的起征点,共计免征农业税 47 亿斤。从 1985 年起,又对贫困地区农业税实行减免。此外,对农村社队企业还适当提高了工商所得税的起征点,适当放宽了新办社队企业减税免税的年限,并且规定民族自治县(旗)和边境县的社队企业免征工商所得税五年。

农业税起征点办法的实行,对减轻农民负担、恢复和发展农业生产起到积极作用。到 1983 年,农村经济状况与确定实行起征点办法时的情况相比发生了很大变化,一些原来在起征点以下的生产队由于生产的发展,人均收入和人均口粮超过起征点。在起征点办法执行过程中,一些地方也出现了减免面过宽、平均使用减免指标和截留挪用减免税款等现象,同时农村实行家庭联产承包责任制后,以生产队为单位核定起征点已不可能,而免税三年的期限又已届满,因此经中共中央、国务院批准,从 1983 年起停止执行起征点办法。

此外,减免贫困地区农业税的政策在执行中也取得良好效果。据统计,1989 年全国农村人均纯收入 200 元以下的贫困人口已由 1985 年的 1.1 亿人减少到 4000 万人,其中 150 元以下的特困户人口已由 4000 万人减少到 1300 万人。多数贫困地区农民温饱问题已基本解决,有的已经脱贫致富,经济状况好转,具备了一定负担能力。在这种情况下,1990 年 5 月发出《财政部关于对贫困地区、国营华侨农场、劳改劳教单位征收农业税问题的通知》,对贫困地区原则上恢复征收农业税,同时对少数温饱问题尚未解决、缴纳农业税确有一定困难的农户继续予以减征、免征照顾。

上述措施是新中国成立之后工农关系方面的一次重大调整,也是国民收入和国家财政分配方面的一次重大调整,对国民经济的发展具有深远意义,也为整个经济体制改革的顺利进行提供了有力支持。

第六章　财税改革奠定社会主义市场经济体制之基

1992年10月,党的十四大正式确立了社会主义市场经济体制的目标模式。1993年党的十四届三中全会确立了社会主义市场经济的基本框架,我国进入市场经济整体性改革的新阶段,税制和分税制财税体制改革成为经济体制整体性改革的中心环节,为构建社会主义市场经济体制奠定基础。

第一节　财税改革是建立社会主义市场经济体制的必然要求

党的十四大明确提出了建立社会主义市场经济的目标模式,为各项改革指明了清晰的方向,各项改革措施都相应地围绕目标模式的建立而展开。特别是党的十四届三中全会对全面配套改革和近期财税改革的主要内容都做了规定。"整体推进和重点突破"对这次改革也是有针对性的。江泽民同志组织文件起草,朱镕基同志组织方案设计,全面互动。党的十四届三中全会这次的整体推进和重点突破结合近中期改革,表述全面,要求具体。在整体推进上,对计划、货币、财政的定位;在重点突破上特别强调了以财税改革为主,并明确了改革的具体内容。社会主义市场经济体制改革起步后,客观上要求以财税为整体性改革提供支持和保障,消除原有财税制度中不适应构建社会主义市场经济需要的内容,科学规范国家与企业、中央与地方、国家与个人之间的分配关系。

一、向社会主义市场经济的历史性跨越

1992年春,邓小平同志视察南方发表重要谈话,在计划与市场关系问题上的认识有了新的重大突破,提出了社会主义的本质论。他指出:"计划多一点还是市场多一点,不是社会主义与资本主义的本质区别。计划经济不等于社会主义,资本主义也有计划;市场经济不等于资本主义,社会主义也有市场。计划和市场都是经济手段。"[①]这一论述,为党的十四大确立社会主义市场经济的目标奠定了理论基础。

1992年10月12日,党的十四大胜利召开,标志着中国改革开放进入了一个新的历史发展阶段,开始向社会主义市场经济的历史性跨越。江泽民同志在党的十四大报告中明确提出,中国经济体制改革的目标是建立社会主义市场经济体制,以利于进一步解放和发展生产力。建立的社会主义市场经济体制,就是要使市场在社会主义国家宏观调控下对资源配置起基础性作用,使经济活动遵循价值规律的要求,适应供求关系的变化;通过价格杠杆和竞争机制的功能,把资源配置到效益较好的环节中去,并给企业以压力和动力,实现优胜劣汰;运用市场对各种经济信号反应比较灵敏的优点,促进生产和需求的及时协调。

1993年11月,党的十四届三中全会通过《中共中央关于建立社会主义市场经济体制若干问题的决定》,搭建了社会主义市场经济体制的基本框架,成为新一轮改革开放的纲领性文件。该决定把党的十四大确定的经济体制改革的目标和基本原则加以系统化、具体化,是中国建立社会主义市场经济体制的总体规划,提出在财税、金融、投资和计划体制的改革方面迈出重大步伐,并部署了多领域整体性改革任务。

建立社会主义市场经济体制战略目标的提出,为我国经济改革与发展指明了方向,既对我国的财税体制提出了新的要求,也为全面推行财税改革提供了极好的机遇。在总结1978—1992年财政改革的经验与教训的基础上,我国确立了分税制财政体制改革的目标与方向,成为

---

① 《邓小平文选》第三卷,人民出版社1993年版,第373页。

经济体制整体性改革的中心环节,为构建社会主义市场经济体制奠定了基础。

二、原有财税体制不适应构建社会主义市场经济的需要

社会主义市场经济体制的特点和运行规则对税制建设提出了新的更高的要求,然而原有财税体制采取多种形式的包干办法,明显不能适应社会主义市场经济的要求。

包干制财政体制是在特定历史条件下,在各方面条件还不够成熟的情况下的产物,包干制财政体制虽然存在种种弊端,但是一种基于当时环境下现实的、过渡的选择。包干制财政体制成功地打破了旧体制财权、财力高度集中的状况,在当时的一段时期内稳定了政府间的财政关系,地方财政从以前的被动地接受安排变为根据各地区的情况,统筹安排财力,主动发展各地区的各项事业,调动了地方发展的积极性,促进我国财政收入和财政支出逐年增加,保证国民经济发展的基本需要。包干制财政体制打开了传统体制的突破口,对当时的社会发展、经济建设和人民生活的改善都起到积极的作用,为后续改革提供了空间。但是随着市场经济因素的不断增加,包干制的非规范性特征与市场经济要求的法制性和规范性的内在要求相矛盾,这样的情况也是经济发展到一定阶段的客观表现。包干制财政体制已成为阻碍市场经济发展的重要因素,主要表现在以下几个方面:

在中央与地方关系方面,包干制财政体制种类繁多,分配不规范、不稳定、不科学、计算复杂。包干制财政体制很多是中央与地方政府一对一谈判决定的,其中包含的讨价还价因素很多,对各省、自治区、直辖市没有一个统一的政策,体制不规范,各地区间的包干条件不一样,不能体现公平与效率原则。在当时,全国 39 个省、自治区、直辖市和计划单列市,除广州、西安两市财政关系仍分别与广东、陕西两省联系外,对其余 37 个地方分别实行不同形式的包干办法,10 个地区实行收入递增包干办法,即以 1987 年的决算收入和地方应得预算支出作为基数,参照各地区的收入增长情况,确定各地区收入递增率和地方留成、上解比例在递增率以内的

收入,按确定的留成、上解比例,实行中央与地方分成,超过递增率的收入,全部留给地方,收入达不到递增率而影响上解中央部分,由地方的自有财力补足。3个地区实行总额分成办法,即根据各地区前两年的预算收支情况,核定收支基数,以地方支出占全部收入的比重,确定地方留成、上解中央的比例。3个地区实行总额分成加增长分成办法,这种包干办法是以上年实际收入作为基数,基数以内部分按总额分成比例分成实际收入比上年增长部分,除按总额分成比例分成以外,另外按增长分成比例。2个地区实行上解额递增包干办法,这种包干办法是以年上解中央的收入为基数,每年按一定的比例递增上缴。3个地区实行定额上解办法,即按原来核定的收支基数的收大于支部分,确定固定上解数额。16个地区实行定额补助办法,即按原来核定的收支基数的支大于收部分,实行固定数额补助。政策不统一,各省、自治区、直辖市获得的利益也不统一。体制基数的核定方法不科学,造成苦乐不均,竞争不公平,致使财政体制固有的调节地区间财力差异、实现公共服务均等化的功能无法发挥出来。这既不利于区域经济的均衡协调发展,也不利于在公平竞争基础上形成与市场经济要求相符合的经济效率机制。还需指出,这种包干办法对地方政府加强税收、征管、规范财政管理,形成负激励机制。增量上解地区,多收多上解,既使定额上解或定额补助地区,也考虑到下一轮核定基数,也无规范征集税收的动力。

在税制方面,税种税率是按不同所有制和不同税率设置的,不利于企业的公平竞争,市场经济体制要求政府营造良好的有利于企业在市场经济公平竞争的经济氛围,通过市场实现良好的资源配置,提高社会的经济效益。但包干制财政体制造成地方保护与市场分割,阻碍统一市场的形成,市场主体的活力不足。包干制财政体制依企业隶属关系而定,按属地原则划分流转税,地方财政收入与工商企业的税收紧密联系。一方面,在包干制财政体制下,形成了许多利益集团,每个地方都有相对独立的经济利益。许多地区阻止本地区的人才和资源的外流,对本地区优质原料向其他地区进行封锁,阻止其他地区的优质产品进入本地市场。同时,各地为了增加财政收入,保护本地区落后产业,不进行技术的更新换代,还是进行低水平的重复建设,在本地区内强行销售本地区质量欠佳、价格高昂的产品,分割了市场,造成市场封锁和地方保护主义,阻碍全国统一市场的形成,不利于市场在资源配置中发挥作用,全国范围内的资源配置发生扭曲,与统一市场、规范竞争的趋势相违背,不符合市场经济体制的要求。另一方面,各地以本地区利益最大化为目标,同时受到扭曲价格信号的影响,发展短期内见效快、税高利大的项目,以达到扩大本地区财源的目的。国家为了限制烟酒产品的生产消费,实行了高税率。但在包干制财政体制下,烟酒产品的高税率形成了逆向调节的机制,刺激了地方政府多办小烟厂和小酒厂,达到增加地方财政收入的目的,但造成经济结构失调,下游产业和低技术含量产业比重大,不利于产业结构的优化,造成产业结构趋同和资源的浪费。

在宏观调控方面,国家对经济的调控在市场经济下的方式发生了转变,以计划手段为主的直接管理转变为以经济杠杆为手段的间接调控为主。财政调控是间接调控的重要政策工具。包干制财政体制本身缺乏建立间接调控机制的基本条件,很难建立有效的政府对企业和中央对地方的协调机制。政府对企业仍按照行政隶属关系实施控制和组织财政收入,很多国有企业的经营情况欠佳,而政府仍补偿经营亏损的企业,缺乏优胜劣汰的机制,无法调动和激发企业的活力,难以实现自主经营;中央调控手段单一,对上解地区基本上只是控制一个上解比例,这导致了财政收入不能与国民经济同步增长,不能保证中央政府在财力分配中处于主导地位。对收不抵支的地区基本上只是运用无条件补助的形式,抑制了受补助地区发展的积极性。同时,增加了中央财政的收支矛盾,进一步弱化中央的宏观调控能力。在社会主义市场经济体制下,中央应具有较强的调控能力,而较强的调控能力又是建立在一定的财力和财权的条件上的。在包干制财政体制下,各级政府职责尚未划清,财权和事权没能很好地明确,进而造成收入和支出的不对称。再加上包干制财政体制的主要特点是包干上缴基数,超收多留。因此,一般情况下,随着整体财政收入的增长,地方财政从增量中获取的份额就越大,而中央财政获取的份额越来越小,内含着顺周期,特别是引发通胀的机制。同样的道理,企业与政府之间的税利包干制也含有顺周期机制。包干制更不利的激励机制是诱导地方政府扩大预算外收入。包干制造成了"两个比重"的下降,中央财政收入不能满足支出的需要,必须依靠在体制外,要求地方额外上解来组织国家的财政收入。由于预算外收入主要表现在地方,如果预算内外加总计算,中央的实际比重更低。国家财力分散,中央缺乏必要的宏观调控主动权,处于被动的局面。对地方而言,地方政府财权较大,但却没有税收选择权,税率调整权和建立健全地方税种的权利,在地区存在差异的情况下,不利于地方政府因地制宜进行调控。

总之,新的改革任务的提出,必然要求进行相应的新的财税体制改革。原有的包干制财税体制已经不适应构建社会主义市场经济的需要,中央和地方分配关系不规范助长了各个地区间的经济封锁和重复建设,既不利于产业结构的优化,也不利于全国统一市场的形成,更不利于国家宏观调控,新的财税体制呼之欲出。

三、中央财政"站在悬崖边上"

实行新的财税体制还有一个紧迫的国家治理的现实诉求:改变中央财政收入占比急剧下降的窘境,提升中央政府的财政能力。

在包干制财政体制下,中央权力下放地方,放权让利的结构使地方获得较高的自主权和财力分配权的同时,中央财政可支配财力变小,财政收入增量分配向地方倾斜,中央财政从中得到的份额却越来越小,导致了"两个比重"的下降,按预算内口径计算,到 1993 年财政收入占国内生产总值的比重下降至 12.19%,中央财政占全国财政收入的比重下降为 22.08%,全国预算外收入大于预算内,比重为 1.1:1,预算外收入中央比重很小,如果合理收入,则中央财政占比更低①。20 世纪 80 年代末和 90 年代初,中央财政陷入了危机,全国生产增长速度很高,而中央财政却十分紧张,中央政府缺乏必要的财力,中央财政难以为继。

---

① 当时的预算外收入是混合的概念,大部分属于本应作为财政收入的部分税收和行政性收费,也包括了在今后企业改革中应转为企业自主支配的资金。因此,不能简单地把预算外收入全部归于预算内。

当时的中央财政困难和"分灶吃饭"财政体制的实施有很大关系，中央给地方政府放权让利，增加了地方政府的积极性，但也直接导致了中央财政收入的减少。中央在与各个地方政府商定财政包干基数和收入留交比例的时候，给了地方几十亿元的照顾，财政支出再次扩大，中央财力更加薄弱。可以说，改革带来了经济的快速发展，而财政特别是中央财政却因此作出了巨大的牺牲。一系列放权让利改革的直接结果就是财政收入的减少，而各项经济建设和财政补贴政策使得财政支出不减反涨，导致财政赤字的快速累积。体制机制性因素促使预算外资金的膨胀，1992 年预算外资金达到 3854.92 亿元，占当年全国财政收入的 110.67%。中央财政收入比重逐年下降，甚至到了靠向地方借款弥补资金缺口的境地。名为借款，是因为超出中央政府与地方政府签订的包干合同，实际是地方作贡献。此外，国家与企业关系的转变及一系列的企业改革虽然扩大了企业的财权和经营自主权，但并没有真正实现"政企分开"，由于政府对企业还承担着无限的责任，无形中增加了财政的隐性风险。

中央日子过不下去，削弱了中央进行收入再分配和提供公共服务等能力，1979 年起，中央财政连续几年发生赤字。为了解决中央财政的困难，不得不向地方财政借钱，中央政府应尽的职责需要依靠地方政府的财力支持才能得以履行，这种情况使得中央政府的权威被淡化。1981 年，中央向地方借款 68.41 亿元。1982 年，中央向地方借款 40.20 亿元。1983 年，通过改进"划分收支，分级包干"的财政体制，将中央财政向地方财政借款数改为调减地方财政的支出包干基数，并相应调整地方财政收入的分成比例和补助数额。因此从 1983 年起，中央财政名义上不再向地方财政借款。随着 1983 年地区财政收入的增长，当年中央取得借款 36.18 亿元。1983 年，借款进基数以后，中央取得的借款数额随着地方财政收入的增加也逐年增加，1984 年为 38.37 亿元、1985 年为 42.97 亿元、1986 年为 45.14 亿元、1987 年为 48.31 亿元、1988 年为 50.22 亿元、1989 年为 52.36 亿元。中央通过 1981 年和 1982 年向地方财政借款以及 1983 年以后的借款进基数，总共从地方取得财力

422.16 亿元。①

中央政府缺乏必要的财力，中央财政难以为继，会引发一系列经济、社会和政治的问题，削弱了中央进行收入再分配和提供公共服务等能力，危及国家长治久安。在当时处于经济转型期时，削弱中央政府预期的政策目标。这样的情况使得财政体制改革开始调整方向，要使中央重新掌握财权，只有拥有充足的财力作为基础，中央才能在宏观调控中处于主动地位。正如 1993 年 9 月朱镕基同志在广东省就实施分税制问题进行调查研究时指出："这次实行分税制的目的，是为了解决中央财政的困难。目前中央财政十分困难，已经到了难以为继的地步。如果不适当地集中中央财政收入、加强中央财力，日子就过不下去，最终全国都要受害，都搞不下去。"②

第二节　初步构建社会主义市场经济的税收制度

税制改革是分税制财税体制改革的基础。1994 年工商税制改革初步构建了适合社会主义市场经济体制需要的税收制度框架，否定了承包制的做法，是对两步"利改税"的肯定与重大改进，为正确处理国家与企业、中央与地方的关系创造科学、规范的环境条件，为建立社会主义市场经济体制开辟了道路。

一、税制替代承包制

虽然社会主义市场经济的目标模式已经确定，但整个经济体制尚处在计划经济与市场经济并存、交叉运行的特定时期。因此，税制改革的首要任务就是建立有利于统一市场形成和市场经济成长的总体框架。之前，无论流转税还是所得税，均表现出明显的"所有制"特征，外商投资企业、集体企业和国有企业分别适应不同的税收制度。对个人征收的所得

---

① 王丙乾：《中国财政 60 年回顾与思考》，中国财政经济出版社 2009 年版，第 310—311 页。

② 《朱镕基讲话实录》第一卷，人民出版社 2011 年版，第 360 页。

税,也是如此,存在个人所得税、个人收入调节税和城乡个体工商业户所得税等税种,既烦琐又不利于公平,而且各类收入都与当地政府财政紧密相连。凡此种种,都与统一全国市场,维护公平竞争的社会主义市场经济体制改革目标相违背。税制不统一、不公平,也是推行企业承包制的重大理由。

为此,这次改革仅仅抓住影响市场经济体制建立的根本性问题,集中解决基础性和主干性问题,放弃了局部的一些细节问题。这次改革重点在于调整税制结构,构建适应社会主义市场经济需要的税制框架和体系。税收负担在全国的范围内总体上没有变化,但税收负担在地区之间、行业之间、产品之间进行了调整,有增有降。这是合理税收政策的体现,也是实行公平税负、鼓励竞争的需要。

这次税制改革的指导思想是:统一税法,公平税负,简化税制,合理分权,理顺分配关系,规范分配方式,保障财政收入,建立符合社会主义市场经济要求的税制体系。在这一思想指导之下,全面实施了以公平税负和简化税制为核心的重大税制改革,建立了以增值税为主,营业税、消费税为辅的流转税体系,并对所得税进行了归并整合,这一改革为分税制改革奠定了基础。这次税制改革的内容包括以下几个方面。

(一)构建新的流转税体系

作为此次改革的第一顺序,流转税进行了全面改革。1994 年税制改革将流转税改革作为第一顺序有若干考虑,主要是基于当时绝大部分价格已决定于市场的条件,抓住时机,改变"以税代价"的做法,实现税制"中性化",同时保证财政收入。流转税税基较宽,改革流转税税制可以使财政收入稳定可靠,之后二十余年财政收入的健康快速增长已有力证明了这一点。此外,市场定价要求中性、一致化的流转税,而当时产品税十分复杂,是与计划经济固定价格配套设立的,已不能适应价格放开的需要。[①] 改革前我国流转税主要是四个税种:内资企业适用产品税、增值

---

① 楼继伟:《中国政府间财政关系再思考》,中国财政经济出版社 2013 年版,第 71—72 页。

税、营业税,外商投资企业和外国企业适用工商统一税,并且这些税的税率是在以计划价格为主的条件下调节经济而设计的,税率档次过多,高低差距很大。这次税制改革将两套流转税税制改为统一的流转税税制,以增值税替代产品税,并在此基础上开征消费税,建立以增值税为核心、辅之以消费税和营业税的新流转税税制,其主旨是在搭建统一流转税税制基础上,消费税对部分产品和行业进行调节,主要体现环境政策和收入分配政策,实现总体上税负公平和有重点地调节的有机结合,为市场微观主体的生产经营搭建制度环境。

对于增值税,这次改革按照充分体现公平、中性、透明、普遍的原则,在保持总体税负不变的情况下,参照国际上一般做法,原产品税彻底改造,大部分并入增值税,少部分改为消费税;确立了在生产和流通环节普遍征收增值税,并实现价外计税的办法。原增值税是按"加法"计征,即按本企业增加值加总计征,改为按"减法"计征,即按销项税减进项税的差额计征。1993 年 12 月,国务院发布了《中华人民共和国增值税暂行条例》,改革的要点:一是对商品的生产、批发、零售和进口全面实行增值税,对绝大部分劳务和销售不动产暂不实行增值税。二是采取基本税率、低税率和零税率三档税率。基本税率为 17%;低税率为 13%,适用于基本食品和农业生产资料等;出口商品一般适用零税率。三是实行价外计征的办法,即按照不含增值税税金的商品价格和规定的税率计算征收增值税。四是实行根据发票注明税金抵扣税款的制度。零售以前各环节销售商品时,必须在发票上分别注明不含增值税的价格和增值税税金。为了适应中国消费者的习惯,在商品零售环节实行价内税,不在发票上单独注明税金。五是对于年销售额较小、会计核算不健全的小规模纳税人,实行按照销售收入金额和规定的征收率计征增值税的简便办法。六是改革增值税纳税制度。对增值税的纳税人进行专门的税务登记,使用增值税专用发票,建立对购销双方交叉审计的稽查体系和防止偷漏税、减免税的内在机制。

对于消费税,是在普遍实行增值税的基础上,对部分产品征收消费税。考虑到原征收产品税的产品全部改为征收增值税后,将有不少产品的税负大幅度下降,为了保证财政收入,体现基本保持原税负的原则,同时考虑对于一些消费品进行特殊调节,选择少数消费品在征收增值税的基础上再征收一道消费税。消费税的征收范围仅限于生产、委托加工和有关规定允许进口的消费品,共设有 11 个税目,主要包括烟、酒、化妆品、贵重首饰、摩托车、小汽车、汽油、柴油等。消费税采用从价定率征收和从量定额征收两种办法。从价定率征收的,按照不含增值税税金而包含消费税税金在内的价格和规定的税率计算征收消费税,纳税环节确定在生产环节。

新的税收体系对提供劳务、转让无形资产和销售不动产保留征收营业税。1993 年 12 月,国务院发布了《中华人民共和国营业税暂行条例》。重新规定了营业税的征收范围和纳税人,就原营业税改征增值税以后的剩余项目征收,共设置 9 个征税项目和 3 档税率。改革以后的营业税的征税范围包括提供劳务、转让无形资产和销售不动产。交通运输业、建筑业、邮电通信业、文化体育业等的税率为 3%;金融保险业、服务业、转让无形资产、销售不动产等的税率为 5%;娱乐业的税率为 5%—20%。从事上述营业、转让、销售活动的单位和个人,应当按照其营业额和规定的税率计算缴纳营业税。

改革后的新流转税制度,统一适用于内资企业和外商投资企业,取消了对外商企业征收的工商统一税。

(二)所得税的改革

所得税在这次税制改革中也有较大的调整,其核心是建立一个刚性统一的内资企业所得税制来规范国家与企业的分配关系,促进企业在公平竞争环境下,转换机制,增强活力,真正走向市场。

1993 年 12 月 13 日,国务院发布了《中华人民共和国企业所得税暂行条例》,将过去对国营企业、集体企业和私营企业分别征收的多种所得税合并为统一的内资企业所得税,相应取消了国有企业调节税,规范了税前扣除项目和列支标准,在同一税基的前提下,实行 33% 的比例税率,并统一实行由纳税人就地向主管税务机关缴纳的办法。实行统一的内资企业所得税后,国有企业不再执行承包上缴所得税的办法。此次改革同时还取消了在国有企业所得税前归还贷款本金的规定,取消了国有企业上缴国家能源交通重点建设基金和国家预算调节基金的规定。

中外合资企业、中外合作企业和外商独资企业仍按1991年先行合并制定的《中华人民共和国外商投资企业和外国企业所得税法》及其有关规定,征收企业所得税。这次企业所得税改革的目的是理顺国家和企业的分配关系,为各类不同经济性质的企业创造平等竞争的环境。当时没有所得税内外资合并的条件,主要是因外资企业实现超国民待遇,为减少改革阻力,两税合并先放一放,直到2008年才真正实现。

1993年10月,国务院发布了修改后的《中华人民共和国个人所得税法》,个人所得税合并内外两套个人所得征税制度,将过去对外国人征收的个人所得税、对中国人征收的个人收入调节税和个体工商业户所得税合并为统一的个人所得税。新的个人所得税法适用于有纳税义务的中国公民和从中国境内取得收入的外籍人员,改革后的个人应纳税所得在原税法规定的六项基础上新增加了五项,即个体工商户的生产、经营所得、个人承包经营、承租经营所得、稿酬所得、财产转让所得和偶然所得。税率采用国际通行的超额累进制即工资、薪金所得采用5%—45%的九级超额累进制税。个体工商户的生产经营所得采用5%—35%的五级超额累进税率,同时参考对纳税人基本生活费不征税的国际惯例,合理确定了综合扣除水平。在计税方法上,从本国实际出发,采取了分项征收的方法,并在对原个人所得税法规定的免税项目进行调整的基础上形成了规范的减免税规定,对外籍人员采用了加计扣除额的照顾办法。

(三)调整、撤并和开征其他一些税种

改革资源税,改革后的资源税的征税范围包括所有矿产资源,征税品目有煤炭、原油、天然气、黑色金属矿原矿、有色金属矿原矿、其他非金属矿原矿和盐,同时配合增值税税率的简并,适当调整了税负。资源税实行从量定额征收的办法,为调节级差收入,同类资源产品开采条件不同的,税额也不同。

开征土地增值税。土地增值税在房地产的交易环节,对交易收入的增值部分征收,对房地产交易中过高利润进行调节,房地产增值额为纳税

人转让房地产所取得的收入减去其支出后的余额,实行四档累进税率,从 30%—60%。

改征农业特产税。把原征收产品税的 10 个农林水产品税目与原农林特产农业税加以合并,重新规定应征税收入的项目、税率、征收办法,改称农业特产农业税。

取消和简并一些税种。取消了调控作用日益削弱、已无存在必要的国营企业奖金税、集体企业奖金税、事业单位奖金税、国营企业工资调节税 4 个税种;把特别消费税、烧油特别税并入具有特殊调节作用的消费税;为了简化和规范税制,推进分税制改革,把屠宰税和筵席税开停征的管理权下放给地方。

(四)改革和完善关税制度

为适应改革开放和对外经济贸易发展的需要,自 2013 年以后,我国不断改革和完善关税制度。例如,从 1993 年 12 月 31 日起,实施关税第二步自主降税,将关税总水平由 39.6% 下降到 36.4%,降税幅度为 8.8%,涉及 2898 个税目商品;1994 年,又调整了部分小轿车、录像带、烟、酒的关税税率,使我国关税总水平进一步下调到 35.6%;从 1996 年 4 月起,实施第三步自主降税,降税后关税总水平由 35.6% 调整为 23%,降税幅度 35.9%,涉及降税的有 4964 个税目,占 1996 年税目总数的 75.8%;从 1997 年 10 月 1 日起,实施第四步自主降税,调整后的关税总水平为 17%,平均降幅为 26%,有 4890 个税目商品的税率有了不同程度的降低。

此外,还有其他一些零星的税种也进行了调整,简化和规范税制结构,为实行分税制财政体制创造条件。税种设置由原来的 32 个减为 25 个,初步实现了税制的简化、规范和高效的统一。与税制改革相配合,1993 年财政部发布了《关于制止和纠正擅自征收各种基金的通知》,要求地方停止越权征收并清退各种基金。同时,按照符合国际惯例和国际通行做法,对进口税收优惠政策进行了系统的清理,进口税收优惠政策从以地区优惠为主全面转向以产业优惠为主,并日益走向法制化和规范化。

与此同时,这次税制改革还根据社会主义市场经济体制的需要,建立了新的税收征管制度。例如,普遍建立纳税申报制度,积极推行税务代理制度;加速推进税收征管计算机化进程,建立严格的税收稽查制度,确立适应社会主义市场经济需要的税收基本规范;组建中央与地方两套税务机构等。

1994年税制改革,是新中国成立以来规模最大、范围最广泛、内容最深刻的一次税制改革,初步构建了社会主义市场经济的税制总体框架。此后,根据形势的发展,对这一框架进行了不断完善,保证了经济体制的平稳转型和社会主义市场经济的快速发展。

二、基于多方考虑实行生产型增值税

这次税制改革实行了生产型增值税,没有推行消费型增值税,一个考虑是尽可能简化,确保改革成功,另外的考虑与我国宏观经济形势有关,是抑制投资过热、防止通货膨胀的需要。

生产型增值税存在着一些负面效应,首先是在税收公平方面有所欠缺,生产型增值税仍保留部分阶梯式流转税的重复征税的缺点,导致了新的税负不公平的现象。资本性货物价值不允许从增值额中剔除,相当于在购入时和价值转移时均被征税,产生了不仅对增值部分征税的现象,因而企业资本有机构成不同,税收负担也会因此而不同。另外,由于出口退税很难充分实现,同类的产品在国际市场的竞争力相对不足,而且进口货物与国内同类货物由于在税基上存在差异,无法展开公平竞争。消费型增值税则能消除重复增税从而避免以上问题。其次是存在税收效率低下的问题,生产型增值税无论是在经济效率方面,或是在行政效率方面都低于消费型增值税。在经济效率方面,生产型增值税由于扣除不充分,背离了增值税的中性原则。同时扣除不充分提高了投资成本,影响技术的创新,削弱企业产品的竞争力。而且生产型增值税使得资本性货物税上加税,企业为了减轻税负,将会选择自制资本货物,专业化生产受到影响。与生产型增值税不同,增值税的中性原则在消费型增值税中得到很好的体现,达到促进投资、经济增长等积极效果。当然,在行政效率方面,消费型增值税与生产型增值税相比征税比较复杂。

其实,在讨论改革方案时,对生产型增值税上述存在的种种负面效应进行了充分考虑和分析,也曾考虑实行消费型增值税,但因为我国当时经济形式和经济运行情况,最终决定采取生产型增值税。可以说,选择生产型增值税,是基于当时我国经济社会发展的较好选择,其原因主要包括以下几方面。

首先,为了确保改革的成功,需要尽可能地简化。消费型增值税税款抵扣业务相当复杂,我国当时的征管水平还无法达到征收消费型增值税的要求。1994年税制改革前的很长一段时间内,我国税收征管模式落后,征管效率低下,采用政治动员的方法,辅之以专管员管护的模式。尽管我国对税收征管体制进行过改革,提高了税务人员的素质,购置了一批较先进的征管设备,征管水平达到了一定的提高,但是改革不充分,相关配套措施依然达不到要求,征管模式和征管水平依然难以符合消费型增值税征管的要求。而且当时中国企业小规模化运营同样造成了征税效率低下,很多企业会计核算不健全,纳税意识淡薄,更增加了征管难度,使税务机关难以应付众多的经济核算主体。基于当时的税收征管模式和征管能力,实行生产型增值税是确保改革顺利实施的正确选择。

其次,实行生产型增值税也是基于宏观经济形势的考虑。当时我国出现了投资过热和通货膨胀的问题。在投资领域,我国当时存在普遍的软预算约束,出现了与此相伴而生的非理性投资,常常又会造成投资规模的恶性膨胀,伴随着重复投资,产业结构失调。同时这种投资规模的膨胀又会带来通货膨胀,构成所谓的需求拉上型通货膨胀。20世纪90年代初,我国基本建设投资项目上得过猛、摊子铺得过大。1992年我国新办开发区是前4年总和的15倍,达到1951个,"开发区热""房地产热"导致固定资产投资超高速增长。1991年和1992年国内生产总值(GDP)分别增长9.2%和14.2%,1993年第1季度GDP增长14.3%,6月份工业总产值增幅达30.2%。由于投资需求过度扩张,生产资料价格迅速攀升,经济运行出现严重的过热态势和通货膨胀。在1994年税制改革前,针对这种经济过热,往往采用"一刀切"的行政管制办法,通货膨胀在短期内迅速实现"硬着陆",造成国民经济的损失。在这种情况下,实行生产型增值税、投资不进抵扣项,既可以建立初步适应社会主义市场经济需要的现代税制,又可以抑制投资需求过度扩张和通货膨胀,为改革和发展提供稳定的环境。与生产型增值税较强的稳定功能相比,消费型增值税在这方面稍微欠缺,在经济繁荣时,抵扣额随着投资的增加而增加,税收增长减弱,需求过旺得不到很好的抑制。事实证明,实施生产型增值税是正确的。1995年、1996年和1997年全社会固定资产投资增速分别是17.5%、14.8%和8.8%,远低于1993年50.6%的增长速度;GDP的增速由1993年的14%降至1996年的10%和1997年的9.3%;全国居民消费价格指数涨幅由1994年的24.1%逐年下降到1996年的8.3%和1997年的2.8%。国民经济运行成功实现"软着陆",这也是新中国成立以来第一次避免了"大起大落",这是综合配套改革的总体成果,其中生产型增值税功不可没。

再次,生产型增值税有利于保证财政收入,增强宏观调控能力。因为不允许抵扣外购固定资产已纳增值税,各种耐用的资本货物和用于消费的货物都包括在课征基数内。因此生产型增值税具有抵扣额小、税基宽等特点。在相同税率条件下,与消费型增值税相比,可以取得较多的税收收入。自改革开放以来,我国财政收入占GDP的比重不断下降,中央财政收入占全国财政收入的比重也在不断下降,中央财力有限,相伴而来的是中央财政赤字的增加,中央依靠向地方借款维持其职能,宏观调控能力弱化。提高"两个比重",增强中央的宏观调控能力,是当时财税体制改革的重要目标。生产型增值税比消费型增值税更能适应当时的情况。

三、税制改革"一石三鸟"

这是新中国成立以来规模最大、范围最广泛、内容最深刻的一次税制改革。推行后从总体上看取得了很大的成功,各方面普遍评价很高。总体而言,这次税制改革收到"一石三鸟"的功效:

一是为市场公平竞争创造税制条件。初步统一税法,实现公平税负,有利于市场主体的公平竞争和统一市场的形成,有力促进了市场经济的发展。新税制由过去的依据所有制区别对待不同纳税人的政策，变为横向上对相同的纳税人课征同样的税收和税种，营造了公平合理竞争的环境，适应了市场经济体制的要求。统一内外资企业的流转税，确立以增值税为主的流转税体制。增值税的特点是很明显的。首先，增值税避免了重复征税的问题，只就销售额中由生产经营单位新创造的、尚未征过税的增值部分征税，消除原产品税和工商统一税重复征税、不利于专业化分工和社会化大生产发展的弊端，实现了税制的中性化，促进企业生产的专业化发展，提升效率和竞争力。其次，一个商品的最后销售额等于该商品各个生产、流通环节的增值额之和，所以按照一个商品的最后销售额乘以增值税税率，计算出来的增值税税额与该商品在各个生产、流通环节缴纳的增值税税额是相等的，商品的规定税率与该商品的实际整体税负相一致。统一内资企业所得税，改革前，内资企业所得税有国营企业所得税、集体企业所得税和私营企业所得税三种，经过这次税制改革后，内资企业所得税将三税合一，定名为企业所得税。改变过去按企业所有制性质设置所得税的做法，体现税负公平的原则；清理过渡性税收优惠政策和税利承包，在税制改革前，存在减税免税过多和过滥的现象，甚至名目繁多的包税行为，缺乏规范统一的标准，造成税收收入的大量流失，影响财政收入的筹集，削弱了税收的严肃性。因此，这次税制改革实施方案规定除税法、税收条例所列的减免税项目外，在执行中不准随意减税、免税。同时为了不使当时的利益格局发生过大的变化，促使改革的顺利推进，国务院采取了必要的过渡性措施，对要取消的政策性减税、免税，包括省级政府制定的某些政策，以及税收包干基数，在一定时期内采取先征税后返还的办法。规范政策性减免税，取消困难性、临时性减免税，扭转了此前包税和临时减免税呈逐渐扩大的趋势，过多、过乱的随意性减免税、越权减免税的现象得到有效遏制，有利于市场公平竞争。

二是为中央与地方分税提供前提，并规范地方竞争，实现经济发展与税收增长双赢。税制改革是分税制的前提和基础，税制体系是否健全合理会直接影响分税制财政管理体制。正是由于流转税、所得税等税制体系的重建,才为改变大包干中"包税"的做法打下基础,使按税种划分中央与地方收入有了可能。这次税制改革大范围内克服了由企业所有制归属决定税收的弊端,引导地方政府改变不良竞争方式,使他们着眼于搞好经济发展规划,加快基础设施建设,改善公共服务,支持企业加快发展。同时,新税制较好地处理了国家与企业、个人之间的分配关系和中央与地方之间的分配关系,为实行分税制改革打下基础。通过统一税法、简并税种,初步实现了税制的简化和规范化,税制要素的设计更为科学、合理、规范,适应了经济发展和税制建设的需要,为市场经济的发展创造了良好的税收环境,也是分税制改革的前提条件。在经济增长、理顺分配关系和加强管理的基础上,实现了税收收入的持续、快速增长,逐步扭转了税收占国内生产总值比重逐年下降的局面,且总体上没有增加纳税人的负担。税制改革后,工商税收连续几年保持快速增长,1994 年为 4620.6 亿元、1995 年为 5425.0 亿元、1996 年为 6024.4 亿元。同时,中央收入和地方收入都实现了增长,如 1996 年的中央和地方的工商税收分别比上年增长了 17.5%和 22.4%。

三是为宏观经济调控提供间接的经济手段。这次税制改革搭建了适应社会主义市场经济体制的宏观调控的框架,结束了之前因包干制财政体制带来的顺周期调节经济运行不稳定机制。税制改革后,中央收入占整个工商税收的比重有所提高,1995 年达到 52.68%和 1996 年达到 53.87%。不仅增强了中央政府实施宏观调控的财力基础,提升其宏观调控能力,而且通过税制建设,完善间接调控手段,税收调控作用得到较好发挥,为综合平衡转向宏观调控提供了条件。在这次税制改革中,随着价格放开决定于市场,矫正价格扭曲作用的产品税已无必要,被果断取消,代之以普遍征收的增值税和特殊征收的消费税,有利于我国产业结构的合理化和出口贸易的发展。对某些消费品征收消费税,在筹集财政收入的同时,引导公众消费偏好,以增值税为主体的增值税、消费税、营业税三税并立,双层次调节的新流转税税制调节模式使税收的宏观调控能力得到加强。此外,一些其他税种的改革也对经济社会发展产生了较好的引导作用。税制改革后,价格有效发挥配置资源的基础作用,再加上必要的税收调节,产业结构得到合理调整,收入分配明显改善。

第三节　分税制财政体制重塑
中央与地方财政关系

分税制从根本上消除了财政体制不稳定的弊端,结束了政府间按照企业隶属关系划分收入的历史,在国家与企业、中央与地方之间建立起稳定规范的分配关系,形成了合理预期,调动了地方的积极性。

一、分税制改革是整体性改革的中心环节

从 1993 年下半年开始,我国根据建设社会主义市场经济的目标和任务,深入开展了财税体制、投融资体制、金融体制、外汇体制、外贸体制等领域的改革。尤其是党的十四届三中全会通过了《中共中央关于建立社会主义市场经济体制若干问题的决定》,搭建了社会主义市场经济体制的基本框架,提出在财税、金融、投资和计划体制的改革方面迈出重大步伐,并部署了多领域整体性改革任务,我国进入了整体性推进社会主义市场经济建设的阶段。

由于分税制改革涉及政府职能的调整以及国家与企业、中央与地方两大基本经济关系,关系复杂、难度最大,国家领导同志倾注的心血也最多。正如朱镕基同志曾指出:"这一次实行的分税制改革,或者叫以分税制为中心的财税体制改革,是这次财税、金融、投资、外贸、企业五大改革的中心环节。为什么呢? 因为这五大改革真正触及地方利益的就是财税体制改革,它一改过去几十年实行的制度。我们不要去批判过去的制度,那个制度是符合当时的历史条件的,也是一步一步前进的。但是现在要搞社会主义市场经济,就要有社会主义市场经济的东西,如果还是以前那一套就要吃大亏,最后就要崩溃。这个改革触及地方的切身利益,但是要是不搞这个改革,就像一台发动机没有动力,经济就没法搞下去。所以去年以来,特别是近两个月以来,我花的时间最多、下的功夫最大的就是财

税体制改革。"①在1993年12月的全国经济工作会议上,朱镕基同志强调财税改革的重要性。他曾指出:"明年改革方案的中心环节是分税制和税制改革。这项改革的牵动面确实很大,有利益冲突。我们抓明年的改革,首先要把分税制和税制改革认真抓好。这项改革只能成功,不能失败,如果失败了,我们整个改革就有失败的危险。"②

财税改革不仅是建设社会主义市场经济体制的一项重要改革,而且给其他领域的改革提供了支撑和保障,因而成为整体性改革的中心环节。实践证明,作为经济体制整体性改革的中心环节,使原包干制财政体制带来的种种不适应经济社会发展的现象得到解决,为同时期进行的各项改革提供良好的基础,其他各项改革也有序开展,实现了预期的目标。

二、初步提出了中央与地方的事权框架

事权划分是国家治理的重大事项,是确定各级政府支出责任的前提和基础。1993年,《国务院关于实行分税制财政管理体制的决定》提出了中央与地方事权和支出划分的框架,中央财政主要承担国家安全、外交和中央国家机关运转所需经费,调整国家经济结构、协调地区发展、实施宏观调控所必需的支出以及由中央直接管理的事业发展支出。具体包括:国防费、武警经费、外交和援外支出、中央级行政管理费、中央统管的基本建设投资、中央直属企业技改和新产品试制费、地质勘探费、由中央财政安排的支农支出、国内外债务的还本付息支出,以及中央本级负担的公检法支出和文化、教育、卫生、科学等各项事业费支出。

地方财政主要承担本地区政权机关运转所需支出以及本地区经济、事业发展所需支出。具体包括:地方行政管理费、公检法支出、部分武警经费、民兵事业费、地方统筹的基本建设投资、地方企业技改和新产品试制费、城市维护建设支出、地方文化、教育、卫生等各项事业费支出、价格

---

① 《朱镕基讲话实录》第一卷,人民出版社2011年版,第401—402页。
② 《朱镕基讲话实录》第一卷,人民出版社2011年版,第417页。

补贴支出以及其他支出。

表6-1 1994年中央与地方支出划分表

中央财政支出	地方财政支出
1. 国防费 2. 武警经费 3. 外交和援外支出 4. 中央级行政管理费 5. 中央统管的基本建设投资 6. 中央直属企业技改和新产品试制费 7. 地质勘探费支出 8. 由中央财政安排的支农支出 9. 国内外债务的还本付息支出 10. 中央本级负担的公检法支出 11. 中央本级负担的文化支出 12. 中央本级负担的教育支出 13. 中央本级负担的卫生支出 14. 中央本级负担的科学支出	1. 地方行政管理费 2. 公检法支出 3. 部分武警经费 4. 民兵事业费 5. 地方统筹的基本建设投资 6. 地方企业技改和新产品试制费 7. 城市维护建设支出 8. 地方文化支出 9. 地方教育支出 10. 地方卫生支出 11. 价格补贴支出 12. 其他支出

总体来看,中央与地方政府的事权基本上延续过去《宪法》及其他法律之规定。由于当时没有条件启动这一重大工程,采取事权基本不变,留待长远解决的办法。当然,综合配套改革部分打破了原来行政性分权的事权划分,将宏观调控事权收归中央,如两个税务局分设,加强中央管控;再如,金融资源的配置与监管权力上移,相应的货币政策权集中于中央;等等。

三、收入按企业隶属关系划分改为按税种划分

分税制最大的特征就是"分税"定收入,这次税改没有条件建立如房地产税等标准的地方税种,采取了实事求是的办法,按照税种性质划分为中央财政收入和地方财政收入。将维护国家权益、实施宏观调控所必须的税种划分为中央税;将同经济发展直接相关的主要税种划分为中央与地方共享税;将适合地方征管的税种划分为地方税,并充实地方税税种,增加地方税收入。

按照这些原则和思路,在具体划分税种时,也是经过了一些细致的考量,尽量兼顾各方利益、各种情况。例如,虽然按照资源国有的原则,应当

将资源税划归中央,但考虑到资源大部分集中在中西部地区,资源大省一般都是财政穷省,因此将资源税划为共享税,除海洋石油资源税划归中央外,其他资源税全部划给地方,以体现对中西部地区的政策照顾;将同经济发展直接相关、对统一市场伤害不严重的税种划分为中央占大比例的共享税。对于这次划分税种,刘仲藜等同志曾回忆:"如何分税,是面临的一个重大课题。1993年设计分税制改革方案时,恰逢我国经济过热,固定资产投资失控,金融秩序混乱,通货膨胀严重。在经济环境并不宽松的情况下,既要达到提高'两个比重'的目标,又要致力于改善宏观环境。因此,在划分税种时是费了一些心思的:明确将维护国家权益和实施宏观调控所必需的税种划分为中央税;为鼓励地方发展第三产业、农业和效益型经济,将主要来源于这些领域的税收,例如营业税等划为地方税;为淡化地方片面追求GDP,防止地区封锁,减少重复建设和盲目建设,将国家控制发展的一些消费品,比如烟、酒、高级化妆品实行消费税,而消费税100%归中央;当时最红火的加工制造业的流转税,改革前主要属于地方税源的产品税,改为增值税以后实行共享,中央拿大头;同时,为体现资源国有,国家要保留对资源税的分享权,考虑到大部分资源集中在中西部地区,资源大省一般都是财政穷省,大部分资源税全部留给地方,个别品种如海洋石油资源税划归中央。"①

由于增值税是税制改革后最大和最稳定的税种,占整个税收比重的43.7%,占流转税的75%,综合各方考虑,决定将其作为中央和地方共享税。但增值税共享的比例,又有"高、中、低"三个方案,经中央政治局最终拍板确定分成比例为75:25。对于其他税种,依据其性质,也作了明确划分。其中,关税、海关代征的消费税和增值税、消费税、中央企业所得税等8个税种作为中央税;营业税、地方企业所得税、地方企业上缴利润、个人所得税等18个税种作为地方税;增值税、资源税、证券交易税等作为中央与地方共享税。

---

① 刘仲藜等:《1994年财税体制改革回顾》,载欧阳淞、高永中主编:《改革开放口述史》,中国人民大学出版社2018年版,第477页。

表 6-2　1994 年中央与地方税收划分表

中央固定收入	地方固定收入	中央与地方共享收入
1. 关税 2. 海关代征的消费税和增值税 3. 消费税 4. 中央企业所得税 5. 地方银行和外资银行及非银行金融企业所得税 6. 铁道部门、各银行总行、各保险总公司等集中缴纳的营业税、所得税、利润和城市维护建设税 7. 中央企业上缴的利润 8. 外贸企业的出口退税	1. 营业税(不含铁道部门、各银行总行、各保险公司集中缴纳的营业税) 2. 地方企业所得税(不含地方银行和外资银行及非银行金融企业的所得税) 3. 地方企业上缴利润 4. 个人所得税 5. 城镇土地使用税 6. 固定资产投资方向调节税 7. 城市维护建设税(不含铁道部门、各银行总行、各保险总公司集中交纳的部分) 8. 房产税 9. 车船使用税 10. 印花税 11. 屠宰税 12. 农牧业税 13. 农业特产税 14. 耕地占用税 15. 契税 16. 遗产和赠与税 17. 土地增值税 18. 国有土地有偿使用收入	1. 增值税 　中央分享 75% 　地方分享 25% 2. 资源税 　海洋石油资源税归中央其他资源税归地方 3. 证券交易税 　中央分享 50% 　地方分享 50%

四、实行有利于激励地方的税收返还制度

　　税收返还制度是实行分税制得以顺利实施的重要一步,是保证地方利益及获取地方支持的重要举措。实行按税种划分收入的办法后,原属地方支柱财源的"两税"收入(增值税收入的 75%和消费税)上划到中央,成为中央级收入,如果中央不采取相应补偿措施,必然影响地方财政的收支平衡,不利于新旧体制的平稳转换。为此,分税制采取了税收返还的办法。

　　通过税收返还的形式,保留原体制的利益,通过"增量"的重新分配,减少改革的阻力,是分税制成功的一条重要经验。中央通过划分税种拿大头,地方日子怎么过? 地方对此存有很大疑虑。为了照顾地方利益,打消地方疑虑,采取了税收返还的形式。国务院决定,不仅税收返还基数全

额返还地方,1994 年以后还要给予一定的增长。增长办法是:从 1994 年开始,税收返还与消费税和增值税(75%部分)的增长率挂钩,每年递增返还。关于税收返还的递增率,按当年全国增值税和消费税平均增长率的 1∶0.3 系数确定。1994 年 8 月,根据各方面的意见和要求,为了更充分地调动各地区组织中央收入的积极性,将税收返还的递增率改为按各地区分别缴入中央金库的"两税"增长率的 1∶0.3 系数确定。即各地区"两税"每增长 1%,中央财政对该地区的税收返还增长 0.3%。

1993 年,《国务院关于实行分税制财政管理体制的决定》规定,按照 1993 年地方实际收入以及税制改革和中央与地方收入划分情况,核定 1993 年中央从地方净上划的收入数额(即消费税+75%的增值税-中央下划收入)。1993 年中央净上划收入全额返还地方,保证现有地方既得财力,并以此作为以后中央对地方税收返还基数。1994 年以后,税收返还额在 1993 年基数上逐年递增。

总之,适应分税制体制的需要而建立的税收返还制度,采用"增量"分配方法来调动地方的积极性,即"增值税和消费税比上年增长的部分,以 1∶0.3 的系数给地方返回",兼顾中央与地方两方面的利益,成为一个两全其美的方案。

五、建立转移支付制度调节地区财力差距

建立转移支付制度是确保分税制改革成功的重要保障措施。我国是一个发展很不平衡的大国,由于自然、历史、基础条件等原因,导致区域经济发展不平衡。中央通过分税制集中财力,加大对落后地区的转移支付,推进基本公共服务能力均等化,缓解区域经济社会发展的不均衡,是实现国家长治久安的重要基础。可以说,逐步建立规范化财政转移支付制度是深化分税制改革的一项重要内容或题中应有之义,是逐步实现各地区公共服务水平均衡化的紧迫需要,同时也是缩小我国日益扩大的区域经济发展差距的重要措施。

作为 1994 年分税制改革的配套措施,中央财政在深入研究并借鉴国际经验的基础上,引入了旨在均衡地区间财力差异的过渡期转移支付,经

国务院批准后于 1995 年开始实施。其指导思想是：不调整地方既得利益，中央财政从收入增量中拿出一部分资金，逐步调整地区利益分配格局；兼顾公平和效率，转移支付力求公正、合理、规范，同时，适当考虑各地的收入努力程度；转移支付有所侧重，重点缓解地方财政运行中的突出矛盾，体现对民族地区的适度倾斜。

过渡期转移支付按照规范的办法，均衡拨款应参照各地方政府的"标准收入"和"标准支出"确定。但是，由于各税种税基的基本数据难以取得，大部分收入项目的"标准收入"测算比较困难。因此，过渡期转移支付按照"财力"低于"标准支出"的差距作为确定转移支付的基础，同时适当考虑各地的收入努力程度。收入努力不足的地区，其"财力"低于"标准支出"的差距，应通过强化征管、合理利用税基等途径增加收入予以弥补，仍有缺口的，其财力不足额则作为计算转移支付的依据。"标准支出"确定的基本思路是：选择对地方财政支出影响较为直接的客观因素，根据经验数据，运用多元回归的方法，建立标准支出模型。

转移支付制度除了对全国 30 个地区按统一因素、统一公式计算转移支付外，还针对民族地区的财力状况，建立了对民族地区的政策性转移支付，以解决民族地区当时突出的矛盾。少数民族地区财源基础薄弱，人均财政收入水平低，加之主要分布在西部边远地带，自然条件较为艰苦，不仅财政支出成本高，而且财政收入自给率低。为贯彻《中华人民共和国民族区域自治法》，切实帮助解决民族地区的困难，将 8 个民族省区和民族省区之外的民族自治州纳入政策性转移支付的范围，选用"财政供养人口人均财力""财政供养人口""1979 年以来的财力递增率"三项综合性指标，增加对民族地区的政策性转移支付。

此后，转移支付制度又做了进一步改进，减少了财政资源分配的随意性，使之向规范、公平、有效和透明的方向前进了一大步。这项制度对于调节地区差异、推进基本公共服务能力均等化、保障地方政府运转财力发挥了极为重要的作用。不仅各级地方政府非常赞同，而且老百姓也十分满意。

第四节　税制与分税制改革"怎么评价都不过分"

税制与分税制改革是我国改革开放进程中具有里程碑意义的一项重大改革,又是一项"牵一发而动全身"的系统性改革,保证了社会主义市场经济的快速健康发展。

一、社会主义市场经济制度建设中的里程碑

站在中华民族伟大复兴的历史高度,回顾改革开放以来我国四十年发展的历程,分税制改革非常成功,是社会主义市场经济制度建设的里程碑。1993 年 12 月,时任国务院总理李鹏同志在全国经济工作会议上指出,分税制改革是建立社会主义市场经济体制的重要内容,是关系整个经济体制改革的重大措施。朱镕基同志也曾经指出,对财税体制改革取得的成功"怎么评价都不过分"。"这次改革取得了很大成功,初步规范了国家、企业、个人以及中央与地方的分配关系,调动了中央和地方两个积极性,建立了财政收入稳定增长的机制。"[1]

分税制为规范中央与地方的分配关系开拓了新路径,开创了新中国财政发展史上的新纪元。从新中国成立到改革开放之前,我国曾经分别实行过以统收统支、分类分成和总额分成为代表的三种类型的财政管理体制,这三种财政管理体制存在许多的共同点,中央与地方之间"一灶吃饭",财权和财力没有区分开,过于集中,普遍存在上级财政代编下级财政的预算,下级财政的收入几乎完全依赖于上级财政的拨款,地方财政没有实际的资金支配权的情况,不利于激发地方的积极性。包干制财政体制是我国改革开放前期阶段很难替代的选择,打开了传统财政体制的突破口,给后续的改革提供了空间。包干制财政体制通过中央放权让利,扩大地方的财力,同时增强地方财政自主权,调动地方生产和发展当地经济的积极性。但包干制财政体制并不是一种良好的,能够长期的适应我国

---

[1]　《朱镕基讲话实录》第四卷,人民出版社 2011 年版,第 457 页。

经济社会发展的财政体制。虽然在开始实行的一段时间内促进了地方经济的发展，推动国民经济的发展，但随着市场经济的发展，这种体制具有的一些弊端开始逐渐出现，对经济转轨的负面影响越来越大。由于在中央与地方没有形成合理、稳定、规范的分配关系，中央对地方的放权不规范，中央与地方政府以承包合同的方式来维持相互的经济关系，其结果是诱发了地方的种种短期行为。可以说，分税制改革之前，财政体制一直在中央和地方的利益博弈中寻找平衡点。模仿国有企业大包干而实行的财税大包干，并没有解决中央与地方的利益均衡问题，也没有为处理中央与地方的分配关系提供一个规范、科学的制度，过度强化了地方利益，造成地区间的市场分割。分税制吸取了以往制度的优点，规避了其缺陷，明确了中央与地方的利益界限和基数，中央与地方都有自己的税收范围，在此基础上各自发展自己的税源，从而促使各级政府的理财思路从短期的博弈谈判转向长期的增收节支。

分税制规范了国家与企业之间的收入分配关系，并初步建立了市场经济下的政府与市场关系框架。实行分税制后，规范了国家与企业之间的收入分配关系，并纳入社会主义市场经济法治化的轨道，使企业不分经济性质与规模大小，不论行政级别，依法纳税，有利于企业平等竞争。

在政府与市场关系上，突出了市场在资源配置中的功能，为各种所有制企业共同发展奠定了制度基础。以产品税为主的流转税体系阻碍产业分工，鼓励大而全、小而全的企业，不利于专业化分工协作的企业。以所有制成分设计的所得税制阻碍不同所有制经济共同发展，也不利于各种所有制经济之间的合作与融合。在包干制下，不少企业甚至行业整个不缴税，企业承包的办法是一户一率，企业之间苦乐不均，公平竞争也无从谈起。而1994年分税制和税制改革，打造了有利于公平竞争的财税制度，使市场微观主体在市场规则和体系下公平竞争提供了制度基础。这次财税改革，削弱了企业的隶属关系，为国企改革创造了条件。两个所得税取代了包利、各项基金、奖金税等，规范了企业投资消费行为。税制改革以及政企分开等方面的改革，企业市场准入便利程度大幅提升，社会资本进入不同行业，促进了对外贸易等发展。同时，由于税种划分打破了长期以来的"条块分割"的行政隶属关系控制体系,使包干制下出现的地方保护主义、经济封锁、市场分割等现象受到明显遏制和纠正,全国性的统一市场逐步形成,促进了社会主义市场经济的发展。此外,财税改革促进了政府职能的转变,清晰界定了政府作为出资人和社会公共管理者两种不同的身份,尤其是对政府介入市场进行了规范,明确了政府的职责,对规范其他各种经济关系奠定了基础。

二、社会主义市场经济建设初战告捷

分税制对社会主义市场经济体制初步建立发挥了重要作用,为国家的长治久安奠定了坚实基础。分税制提升了财政能力,尤其是中央财政的能力,不仅促进了财政收入与经济的同步增长,解决了两个比重过低的问题,而且推动了经济社会快速、健康发展。

其一,提升了财政的汲取能力,促进了财政收入的快速增长。自实行分税制改革之后,我国财政收入保持了二十多年的高速增长。财政收入由1994年的5218亿元增长到2018年的183352亿元;中央财政收入由1994年的2906亿元增长到2018年的85447亿元。财政收入的高速增长为经济社会发展和保障民生提供了坚实的财力基础,并且其占GDP的比重基本稳定,经济和财政步入良性发展轨道。

其二,中央财政能力的提升,增强了我国调节地区差异、促进基本公共服务均等化的能力。我国幅员辽阔,各地的资源禀赋、发展条件差异很大,经济发展水平参差不齐。市场机制不仅不能消除这些差距,而且有可能产生"马太效应",拉大贫富差距,使穷的越穷、富的越富。分税制使中央财政能力得到较大提升,增强了中央政府调节地方财力差距的能力,通过有效的转移支付,为缩小区域差异、实施基本公共服务均等化提供了条件和基础。这对维护国家统一,实现长治久安,具有决定性的作用。

其三,分税制改革为宏观经济调控和各项财政政策目标的实现奠定了坚实的财力基础。分税制与税制改革不仅为市场经济所需要的现代意义上的宏观调控提供了市场基础,而且打造了财税工具。从1993年起,具有现代意义的宏观调控开始"启航"。根据经济形势的发展变化,我国及时调整财政政策取向,进行逆周期操作,熨平经济大波动,促进了经济社会稳定发展。

其四,分税制充分发挥了两个积极性,为国家进一步的发展夯实了基础。发展中国,中央与地方两个积极性不可或缺,这已经被我国的实践所充分证明。分税制改革使两个积极性得到了较好的结合,正是有了两个积极性,我国的发展才有了充足的动力。

第七章　基于市场化改革的 公共财政框架构建

　　我国 1992 年提出的建立社会主义市场经济体制目标要求建立与之相适应的财政管理框架,传统财政"越位"和"缺位"的状况亟待改变。1998 年,时任国务院副总理李岚清同志在全国财政工作会议上明确提出"积极创造条件,逐步建立公共财政基本框架",公共财政便成为基于市场化的预算改革目标模式。公共财政框架构建是按照中央政府统一部署,中央财政率先、全国各级财政梯次推进方式展开的,并在部门预算、国库集中支付、收支两条线、政府采购、财政监督、税费改革等领域全面推进转型。

第一节　着手解决政府财政"越位"和"缺位"问题

　　建立公共财政框架包括理顺规范政府职能、理顺收入分配关系、加强支出管理等方面内容。我国从 1994 年开始的分税制财政体制改革为中央和地方、政府和企业的收入分配关系重构起到了很好的调节作用,财政管理的重点随后从收入管理转向支出管理,后者要着手解决支出"越位"和"缺位"问题。

一、改变传统财政大包大揽模式

　　我国传统财政管理模式脱胎于计划经济体制,财政基于制度性的需要大包大揽,例如全面管理国有企业收支。在转型过程中,我国政府仍然包办了一些应当由企业和市场从事的活动,财政资金供给范围过大、包揽过多的问题还未得到有效解决。典型的例子就是直接用于经济建设的财政投资支出占财政总支出的比重过高,这一点通过与其他国家比较可以明显看出(见表7-1)。

表7-1　部分国家经济建设的财政支出占财政总支出的比重(1993年)

比重	国　　　　家
5%以下	法国
5%—10%	美国、德国、英国、加拿大、西班牙、澳大利亚
11%—15%	肯尼亚、智利、新加坡、比利时
16%—20%	印度、加纳、马来西亚、土耳其、韩国、瑞典
21%—30%	印度尼西亚、菲律宾、泰国
31%—35%	赞比亚、墨西哥
36%—40%	中国

资料来源:《世界发展报告》1995年和1996年。

按照市场经济国家的通行做法,我国政府要逐步退出竞争性领域,凡是市场机制能够较好解决的问题,政府不要介入。相应地,建立公共财政框架要着力解决过去长期存在的支出"越位"问题,压缩乃至取消不必要的支出。

建立公共财政框架解决"越位"问题是为了保障和改善民生提供相应的物质基础,实现以人为本。从"越位"的领域退出后,政府便可集中力量履行那些必须由财政担负的职能,以保障和改善民生。

二、优化财政支出结构

在解决财政支出"越位"问题的同时,我国也要解决财政支出"缺位"问题。如表7-2所示,相对于经济建设支出而言,我国改革开放20年以来财政在科技、教育、文化、卫生等领域支出比重较低。

表7-2　财政功能性支出分类中各项支出占比情况①

年份	经济建设费	社会文教费	国防费	行政管理费	其他
1978	64.08%	13.10%	14.96%	4.71%	3.16%
1980	58.22%	16.20%	15.77%	6.15%	3.66%
1985	56.26%	20.38%	9.56%	8.53%	5.27%
1990	44.36%	23.92%	9.41%	13.44%	8.86%
1995	41.85%	25.74%	9.33%	14.60%	8.47%
1998	38.71%	27.14%	8.66%	14.82%	10.68%

资料来源:根据2000年《中国统计年鉴》整理计算得到。

公共财政职能"缺位"问题要求大力调整和优化财政支出结构,抓紧构建公共财政支出框架。在下一步改革中,财政要大力增加民生投入,补足公共设施服务、收入分配、低收入群体保障等"短板"。对于如何健全和完善公共财政,以转变政府职能"缺位",李岚清同志曾这样谈道:当前和今后一个时期,要大力推进教育、卫生、科技、文化等各项社会事业,尤其是农村社会事业的发展。把公共财政建立健全起来,是从体制上解决政府职能"缺位"的重大措施。②

优化财政支出结构以转变政府职能"缺位",让市场发挥更好的作用,政府提供公共服务、增加民生投入,有利于贯彻以人为本,使人民享受到改革和发展的红利,同时起到维护社会稳定、防范风险的作用。

第二节　推进预算管理制度改革

随着分税制财政体制改革的成功推进,财政支出管理的问题也逐步凸显,支出分配方法落后、管理不严、监督不力、资金使用分散、效益不高等问题要求政府改革预算管理制度。为增强预算管理的规范性和透明

---

① 财政支出按照功能类型划分,可分为经济建设费、社会文教费、国防费、行政管理费以及其他等。其中,社会文教费包括社会和文教领域公共需要必须支出的费用,主要包括文化、教育、科学、卫生、出版、通讯、体育等方面的人员经费、业务经费、专项经费等。

② 李岚清:《李岚清教育访谈录》,人民教育出版社2003年版。

度,也为了配合中纪委防范和治理腐败和推动廉政建设,我国 20 世纪 90 年代末开始推出一系列预算管理改革举措。

一、实施部门预算

随着市场经济发展,我国传统的功能预算暴露出了诸多问题,如指标没有细化到具体部门和单位,影响了人大有效监督;预算分配和使用的透明度不高;预算编制较粗,且执行过程中,追加追减的情况时有发生,弱化了预算约束等。改革预算编制管理模式迫在眉睫。

按照全国人大常委要求和国务院统一部署,1999 年财政部发布《关于改进 2000 年中央预算编制的通知》,要求中央各部门采用部门预算的编制方法,所有的开支都要在预算中加以反映,预算中没有列出的项目不得开支,同时要求将各种收入(包括规费收入、行政事业性收费和其他收入)都要纳入预算管理。将原来按功能划分的教育事业费、农林水气象等事业费、税务等部门事业费、外交外事支出、农业事业费、其他文教事业费、卫生事业费、行政管理费、行政事业单位离退休经费,以及基本建设支出、科学事业费、企业挖潜改造资金的大部分细化到部门。2000 年,经国务院批准,我国选择农业部、科技部、教育部、劳动和社会保障部四个部委作为报送部门预算的试点单位。

2000 年 6 月,财政部按部门预算管理要求调整了内设机构,理顺了财政部门内各司局与中央各部门之间的关系,以适应部门预算改革的需要。在部门预算改革过程中,一些中央部门也根据自身的工作性质和对象,相机调整了内设机构,有些部门还成立预算处,统一管理本部门的预算工作。没有设立预算处的部门也明确财务部门统一管理本部门的预算,并充实了财务部门的力量。机构的调整在人员、组织上为预算编制改革工作提供了保障。

2000 年以后,中央各部门在编制预算时都采用部门预算编制方法。2002 年财政部制定的《中央本级基本支出预算管理办法(试行)》和《中央本级项目支出预算管理办法》进一步规范了中央部门基本支出预算和项目支出预算。2003 年财政部制定了《中央本级项目库管理规定(试行)》和《关于在国家计委等十个部门进行基本支出预算和项目支出预算试点工作的通知》,部门预算得到了更广泛的实施。此后,部门预算在实践中得到了完善和发展。

实践证明了部门预算的生命力和优越性:一是细化了预算编制,提高了预算编制的透明度,便于人大对预算的审查和监督;二是缩短了预算批复时间,有效解决预算批复不及时的问题;三是将各部门规费收入等都纳入了部门预算收入,实行统一收支预算,既有利于集中财力、统筹安排,也有利于进一步推行综合财政预算管理;四是强化了执行中的预算约束,提高了预算管理水平。

二、建立国库集中收付制度

在改革开放后很长一段时间,我国一直实行国库分散收付制度。这种制度存在很多问题:支出过程脱离财政监督,挤占、挪用财政资金等问题非常严重;资金分散支付和储存,使用效率不高;收入过程同样脱离财政监督,财政收入通常进入过渡账户,未及时入库;人为调整财政收入进度,甚至转为预算外使用等行为屡禁不止;财政资金运行的信息反映滞后;等等。

为推进国库集中收付制度的建立,2000年6月财政部设立国库司,肖捷同志任首任司长。同年8月,财政部发布了《关于实行国库集中收付制度改革的报告》,决定对四川、湖北、山东、河南等省44个新建的中央直属粮库项目资金进行财政直接拨付改革。2001年2月,国务院总理办公会议召开决定国务院法制办、财政部、科技部、水利部、中国科学院、国家自然科学基金会六个试点单位,要求各项配套措施抓紧落实。2001年3月,国务院印发了《国务院办公厅关于财政国库管理制度改革方案有关问题的通知》,同年7月又发布了《中央单位财政国库管理制度改革试点资金支付管理办法》《财政国库管理制度改革试点会计核算暂行办法》《中央单位财政国库管理制度改革试点资金银行支付清算办法》以进一步明确国库改革的操作程序。

国库集中收付制度就是建立以国库单一账户体系为基础、资金缴拨以国库集中收付为主要形式的现代财政国库管理制度。在国库集中收付制度模式下,所有财政性资金都纳入国库统一账户管理,收入直接缴入国库,通过国库单一账户体系直接或通过当日结算的零余额账户拨付到商品和劳务的提供者。取消各部门实存账户,设立零余额账户。部门根据预算和实际支出进度申请资金,财政部门审核通过国库直接支付到零余额账户。

在国库集中收付制度改革全面推行的基础上,财政国库管理制度改革进一步向纵深发展。随着改革深入,原来滞留在预算单位账户上的闲置现金余额集中到国库单一账户,库款余额大幅度上升,为开展国库现金管理提供了条件。经国务院批准,2006 年我国开始实施中央国库现金管理。当年 6 月和 9 月,财政部、中国人民银行颁布了《中央国库现金管理暂行办法》和《中央国库现金管理商业银行定期存款业务操作规程》两个指导性文件,在确保国库现金支出需要的前提下,通过买回国债、商业银行定期存款和减少国债发行等方式,降低财政筹资成本、获得收益。至此,货币政策调控与国库资金管理相协调的国库现金管理制度框架初步建立。中央国库现金管理收益从制度初建的几十亿元不断提高,全部作为财政收入统一安排支出。而在分税支付体制下,这些收入分散到各部门,相当一部分未列入财政收入,留下腐败的口子。

国库现金管理制度在运行中存在许多问题,最突出的是年底突击支出,而其余月份有大量资金闲置于账户之中,财政资金支出在时间上分布极为不均,实施财政库底目标余额管理十分必要。2006 年的《中央国库现金管理暂行办法》中对国库现金余额管理的目标也有清晰的表述:"中央国库现金管理,是指在确保中央财政国库支付需要前提下,以实现国库现金余额最小化和投资收益最大化为目标的一系列财政管理活动"。2015 年,为更好地盘活财政资金存量,新《预算法》第五十九条第五款规定:"各级政府应当加强对本级国库的管理和监督,按照国务院的规定完善国库现金管理,合理调节国库资金余额。"此后,设定合理的国库库存目标,开展国库库存目标余额管理工作将成为各级国库的法定职责。

国库集中收付制度体现了科学理财、依法理财观念,增强了财政宏观调控能力,从根本上加强了事前和事中监督,增强了预算单位规范使用资金的意识,有效遏制了违法违纪行为。"确立了与时俱进的财政国库管理理念,建立了现代国库制度体系基本框架,健全了财政国库管理主体功能"。[①]

三、建立政府采购制度

在计划经济时期,政府所需物资通过国家计划配置。随着市场经济改革的推进,商品经济的发展,政府在采购时有了选择空间,但各支出单位分散采购的方式积累了越来越多的问题:单位采购粗放,财政资金使用效率不高;采购过程不透明,财政监督很难发挥作用;强化了地方保护主义,如地方政府常常强制各部门购置本地区产品,阻碍了市场竞争作用的发挥等。党的十六届五中全会明确提出,要加快公共财政体系建设,继续深化部门预算、国库集中收付、政府采购和"收支两条线"管理制度改革。政府采购制度等被中央纪委视为防范腐败的根本措施给予大力支持,财政部和监察部、审计署共同发文,监督落实。

为规范政府行为、促进市场经济发展,财政部于1995年开始研究财政支出改革问题,并把政府采购制度作为重大课题之一。我国政府采购试点工作是从地方开始的。1996年3月,上海市财政局率先作为试点启动了政府采购制度改革,节支效果显著,随后河北省、深圳市等地区陆续开展了政府采购的个案试点活动。试点省市在政府采购方式上主要是采用竞争性招标和邀请招标方式。到1998年年底,全国共有29个省、自治区、直辖市和计划单列市不同程度地开展了政府采购试点工作,取得了明显成效。

中央机关的试点工作从1998年年底开始启动,国务院机关事务管理局、民政部、卫生部、计生委进行了政府采购方面的个案试点工作。1998年,财政部在预算司设立了专门机构,负责履行政府采购管理职责。财政

---

① 肖捷:《我所经历的一场"财政革命"——财政国库管理制度改革出台前后》,载吴敬琏、樊纲、刘鹤等主编:《中国经济50人看三十年——回顾与分析》,中国经济出版社2008年版,第506—507页。

部于 1999 年连续发布了《政府采购管理暂行办法》《政府采购招标投标管理暂行办法》《政府采购合同监督暂行办法》,指导全国性的政府采购试点工作。地方层面也陆续制定发布了相关法规或行政规章。2000 年以后,财政部调整了内部机构,新组建国库司承担政府采购的管理职能,国库司内设政府采购处,负责全国政府采购的管理事务。为建立制衡关系,各级政府采购由集中采购部门和各部门直接操作,财政国库部门负责制度制定和监督管理工作。2003 年,以《政府采购法》的正式实施为标志,我国政府采购试点工作结束,进入了全面推行阶段。

我国政府采购制度改革,优化了财政资金的配置,经济和社会效益日益体现,总体上取得了突破性进展:一是相关法律法规逐步完善,增强了财政透明度,有效监督财政运行,起到了从源头上防治腐败的作用。二是政府采购规模不断上升,1998 年我国的政府采购规模只有 31 亿元,2007 年突破 4000 亿元。三是政府采购"节流"作用明显。以 2006 年为例,当年政府采购规模比上年增长 25.8%,占全国 GDP 的比重为 1.8%,节约资金 440.6 亿元。

四、"收支两条线"改革

在经济转轨时期,由于制度的不完善和监督缺失,一些地方和部门在利益驱动下通过乱收费、乱罚款和乱摊派等增加预算外支出,或者通过各种手段将预算内资金变为预算外资金,造成财政收入大量流失、预算外资金过度膨胀。为适应新的社会利益分配格局、加快行政管理体制改革,中央决定明确对行政事业性收费和罚没收入等财政性资金实行"收支两条线"管理的改革。

1990 年,中共中央、国务院发布《关于坚决制止乱收费、乱罚款和各种摊派的决定》,首次在文件中提出了"收支两条线"的概念。为进一步治理"三乱"工作,1993 年财政部《关于治理乱收费的规定》和《关于对行政性收费、罚没收入实行预算管理的规定》将收费资金实行"收支两条线"管理,对尚未纳入预算管理的行政性收费、专项收费及事业性收费实行财政专户储存。1993 年党的十四届三中全会召开,中央纪律检查委员会明确提出落实"收支两条线",并对此作出了重点部署,"收支两条线"管理制度改革全面推进。1996年《国务院关于加强预算外资金管理的决定》指出预算外资金要上缴财政专户,实行"收支两条线"管理。在2000年全国财政工作会议上,时任财政部部长项怀诚提出:"要进一步加强预算外资金管理,落实'收支两条线'的有关规定,实行预算内外资金统管,把各部门、各单位的所有财政性资金都置于财政部门的统一管理和监督之下。"[1]2001年,《国务院办公厅转发财政部关于深化收支两条线改革进一步加强财政管理意见的通知》明确了"收支两条线"的改革步骤和措施,成为新时期加强财政资金管理方面的纲领性文件。

"收支两条线"改革以来,在促进政府职能转变、增加财政透明度、提高财政资金使用效益和规范收入分配等方面都发挥着重要作用。

应当指出,税制改革、分税制改革,以部门预算、国库集中收付、政府采购为主要内容的预算制度改革,奠定了"收支两条线"管理的制度基础,以往对预算外资金屡禁不止,上述基础性改革后,才真正见效。此外,随着国有企业改革的进展,将原预算外资金中应由企业自主支配的部分,明确归位,财政预算外资金定义清晰、治理对象明确。到2011年完全清理,规范到位,全部列入预算,预算外收支的概念不再存在。"收支两条线"原来专门针对预算外资金的概念也发生了根本变化,转为各项收入必须入库,编入预算,得批准程序后才可支出,不得"坐收坐支"。

五、完善财政监督

改革开放以来,随着财政管理体制改革不断深入,财政监督体制也经历了不断改革完善的过程。1998年以后,围绕公共财政框架的构建,财政监督与财政管理更加紧密融合,旨在充分发挥财政监督在健全财政政策体系、深化财政体制改革、优化财政支出结构、推进税制改革、推进依法理财等方面的作用。

保障财政政策执行效果。重点关注支持经济增长方式转变的财税扶

---

[1] 项怀诚主编:《财政支出管理改革》,经济科学出版社2000年版,第28页。

持政策实施情况、中央财政重点支出情况、地方执行国家税收优惠政策情况；等等。通过财政监督，及时反映政策执行中存在的问题，督促政策落实到位，促进国民经济健康有序发展。

促进财政改革和管理。开展地方企业所得税核查，为所得税分享改革的顺利推进提供了充分依据；积极参与部门预算的审核，推进了部门预算改革的深化，有效地促进了支出改革的进展；对预算单位账户进行审批，从源头上把住资金监管的命脉，为实现部门预算奠定了基础；通过事前、事中与事后监督相结合，建立起了多层次、全过程的财政监督检查体制。

强化财政收支监督。在收入监督上，由以往单纯监督检查纳税人，转变为对征缴收入的各个部门、单位的征管质量进行监督检查；由片面重视税收收入、忽视非税收入，转变为税收收入、非税收入监督并重，对收入收缴、退付、留解、划分全过程监督；监管方式也由年度突击检查逐步转变为日常监督与专项检查相结合。在支出监督上，加大了对社保资金、财政支农资金、扶贫资金、教育资金等公共支出项目的监督检查力度，强调财政资金的使用效益。这表明，财政监督已与公众利益的保护切实结合起来，体现了公共财政为民理财的宗旨。

完善财政系统内部监督制约机制。财政内部监督是一种预防机制和自我纠正机制，旨在加强财政管理，完善规章制度，保障财政资金安全，促进反腐工作重点转到预防环节。从1999年起，各级财政部门在常规检查的基础上，开展对制度建设、内控机制和履行职责等内部管理水平情况的检查，发现内部管理深层次问题，提出的整改意见涉及财政管理和改革的许多方面，取得了很好效果。

深入开展会计监督和金融监管。1999年以来，各级财政监督机构广泛开展会计信息质量检查及会计师事务所执法质量检查。此后会计监督经历了一个稳步推进、不断深入发展的过程，从最初的决算审核、大检查到会计信息质量检查，从仅对国有企业实施的会计信息质量检查到对民营、股份企业会计信息质量的关注，进而到从会计师事务所入手延伸至企业进行检查，会计监督的范围、内容、程序和方法日益成熟。同时，配合部门预算，在原有金融监管职能的基础上，重点加强了对中国人民银行部分分行和"三会"派出机构预算编制、执行和财务收支情况开展检查。保证预算编制、执行的严肃性,提高了财政资金使用效益。围绕防范金融风险,加强对金融资产与财务的监管,监督金融企业在处置由管资产中防止国有资产流失,防范金融风险。

从 2013 年起,财政监督工作进一步转型,从事后检查监督为主转向预算编制和执行过程中的制衡监督,从事后监督领域退出,明晰了与审计部门的分工。

总的来说,这一时期的财政监督工作,紧紧围绕财政资金运行的全过程,全面开展收入、支出、金融、会计、内部监督检查,初步建立起了实时监控、综合稽查、整改反馈、跟踪问效的财政监督机制,实现了收支并举、内外并重。财政监督的这些转变,适应了公共财政体系的建立与完善,促进了财政管理规范化和科学化进程。

六、完善税费改革

在经济体制改革特别是财税体制改革过程中,随着财权下放,地方政府和部门财权的扩大,收费等非税收入项目越来越多、规模越来越大,存在着许多隐患,不仅增加了各经济主体负担,而且不利于监管,容易导致腐败。

1990 年,为了规范收费制度,减轻企业、农民和社会负担,中共中央、国务院发布了《关于坚决制止乱收费、乱罚款和各种摊派的决定》,在全国范围内开展了治理"三乱"工作。此后陆续发布了一系列文件,分批分期地清理了不少乱收费项目,降低了不合理的收费标准,纠正了自行扩大的收费项目。同时,为巩固税费改革的成果,防止出现新的乱收费,对拟保留的收费也加强了管理,使之规范化。主要措施有适当集中行政事业性收费的审批权限,改革收费、基金征管办法,加强"收支两条线"管理和收费票据管理,对村提留实行规范化管理,加强收费管理法制化建设等,多项措施并举落实收费的规范化管理。

农村税费改革是我国税费改革的重要内容。从 1995 年起,财政部在湖南省武冈市等地进行了农村费改税试点,将村级对农民收取的三项提留和乡镇的五项统筹收费等改为统一征收的"农村公益事业建设税"(非正式税收),其税负不得超过农民上年纯收入的5%。2000年以后,安徽省、江苏省也相继开展农村税费改革试点,2003年,农村税费改革已在全国铺开。各地政府在农民负担监督管理方面探索出了一些有效方法:统筹城乡发展,把减轻农民负担的重点逐渐转到增加政府对农民的扶持上来;取消农业特产税,降低特产税税率,为农民减轻负担;实施负担监督和重点监控制度,有效地防止负担反弹情况出现。

20世纪90年代以来,我国依照公共财政的原则,推进了税费改革,清理整顿了各项收费,用相应的税收取代一些具有税收特征的收费,有助于建立起适应于社会主义市场经济的以税收为主、少量必要收费为辅的政府收入体系,从而规范政府的收入分配行为,维护市场经济秩序,也减轻了相关主体的负担。如1998—2003年,共取消收费项目1805项,并降低了479个项目收费标准,减轻社会负担1417亿元。在农村税费改革方面,仅1999年,各地至少取消7831个不合理的涉农收费项目,减轻农民负担37.7亿元。2003年全面试点后,农村税费改革全国共减轻农民负担137亿元。

第三节　为市场化改革和加入世界贸易组织铺路

1993年党的十四届三中全会之后,我国确定了社会主义市场经济体制的基本框架。为了构建社会主义市场经济框架,必须对国有企业、国有银行、社会保障等方方面面进行改革和重建,从而达到市场经济的运行条件。

在这一阶段,我国基本实现了国有企业改革与脱困三年目标;社会保障制度建设迈出重大步伐,扩大了社会保障的覆盖面;国有银行改革不断推进;2001年12月正式加入世界贸易组织,标志着对外开放进入新阶段。2002年10月党的十六大宣告我国社会主义市场经济体制初步建立。

一、支持国有企业脱困

在建立社会主义市场经济体制过程中,许多国有企业不适应市场规则变化,纷纷陷入经营困境,国有企业摊子大、职工多、经营状况差等问题十分突出。1998年,全国国有企业盈亏相抵后利润只有213.7亿元,集体企业盈亏相抵更是净亏损。帮助国有企业脱困成为当时政府的一项重要任务。

1998年国有企业改革脱困工作全面展开,中央推出了政策性关闭破产、债转股、技改贴息、公司制改革等一系列政策措施,减轻企业负担,推动企业技术进步和产业升级,促进国有企业的优胜劣汰。1999年9月,党的十五届四中全会《中共中央关于国有企业改革和发展若干重大问题的决定》提出了从战略上调整国有经济布局的决定,坚持有进有退、有所为有所不为,着力解决国有经济分布过宽,整体素质不高,资源配置不尽合理的问题。从而掀起了一场全国性的转产权、转身份、转机制的"三转"改革,使得国有企业形成适应市场经济要求的管理体制和经营机制。①

(一)拿出部分国债资金支持企业技术改造

1999年,党中央、国务院决定从增发的国债中拿出90亿元用于企业技术改造贷款贴息,超出了前十年企业技术改造贴息的总额。四年来共安排国债技改贴息资金355.4亿元,安排项目2175个,总投资4354亿元,通过国债支持企业技术改造,使产品结构不合理的矛盾得到缓解,一批我国不能自行生产、严重依赖进口的重要工业品基本上可以立足国内解决。②

(二)债转股减轻国企债务负担

1999年,财政部核拨资金成立东方、信达、华融、长城四大资产管理公司,用于管理和处置国有银行不良贷款,对部分符合条件的重点困难企业实施债权转股权改革。到2000年,最后确定了对符合条件的580户国有大中型企业实施债权转股权,涉及债转股总金额4050亿元,已实施债转股的企业,资产负债率由原来的70%以上下降到50%以下,每年减少

---

①　中共中央文献研究室编:《改革开放三十年重要文献选编》(下),中央文献出版社2008年版,第1036页。

②　李荣融:《党的十三届四中全会以来的十三年间国企改革和发展取得重大成就》,《企业科协》2002年第12期。

利息支出 200 亿元。①

(三)"三条保障线"安顿大量国企下岗职工

1997 年,国家提出解决国有企业困难要走减员增效、下岗分流的路子,建立社会主义市场经济体制下的优胜劣汰机制。由于国企改革过程中出现了大量下岗职工,在非常困难的特殊时期,财政大幅增加社会保障和再就业方面的资金投入支持社保体系建立,与国有企业改革同步完善"三条保障线"。从 1998 年到 2002 年,各级财政共支出下岗职工基本生活保障资金 857 亿元。② 在 1998—2003 年,国有企业下岗职工达到 2700多万人,先后有 1800 多万人在财政的支持下通过多种渠道和方式实现了再就业。

在财政"真金白银"有力支撑下,国有企业经营困难的情况得到改善,使得国有企业走出了发展的困境,有效提高了国有企业的竞争力,壮大了国有经济布局,促进了国有企业改革逐步走向成功,初步建立起现代企业制度框架,同时,"三条保障线"制度妥善解决了当时大量下岗群体的就业和生活保障问题,维护了社会稳定。

二、支持建立社会保障制度

原有的国家负责、单位包办、全面保障、层次单一、板块结构、封闭运行、缺乏效率的社会保障制度随着计划经济体制的崩溃,特别是随着国有企业的改革被打破,企业职工身份从"单位人"转为可自由择业的"社会人",新的社会保障制度亟待建立。在公共财政框架下,新的社会保障制度不断建立健全。

(一)扩大各级财政对社会保障制度的投入力度

在谈及财政对社会保障支出的投入问题时,首先必须明确社会保障支出的口径问题。国际上对社会保障支出的判断存在两个口径:第一口径是一般公共预算的口径,即一般公共预算的社会保障支出;第二口径是

---

① 邹东涛主编:《中国经济发展和体制改革报告:中国改革开放 30 年(1978—2008)》,社会科学文献出版社 2008 年版。

② 谢旭人主编:《中国财政改革三十年》,中国财政经济出版社 2008 年版,第 249 页。

含社会保险的口径,即四本预算中社会保障支出,其计算方法是一般公共预算中社会保障支出与社会保险基金预算中社会保险基金支出之和扣除两者的重复项,即一般公共预算中社会保障支出对社会保险基金支出的补助。

在进行国际比较时,第二口径更具有可比性。因为社会保险缴费是一种强制性的、"类税收"属性的收费,其给付实际上也是隐含政府保底的、"类财政支出"的支出,采用第二口径更能表达政府对社会保障负担的规模和占比。另外,由于部分国家并没有社会保障收费,采用第一口径进行国际比较时难以说明实际情况,存在严重的低估情形。以美国为例,美国采用工薪税(payroll tax)的形式筹集社会保障资金,财政也只有一本预算,与我国缴费、四本预算的形式有很大的不同。

如表7-3所示,第二口径社会保障支出1998年为2211.0亿元,2002年达5590.4亿元,是1998年的2.53倍;财政对社会保障的支出不断增加。横向比较来看,第二口径社会保障支出几乎是第一口径社会保障支出的2—4倍,部分学者通过第一口径的社会保障支出就此判断我国对社会保障支出过少的说法有失偏颇。

表7-3 1998—2002年社会保障支出规模两种口径对照表

年份	(第一口径) 一般公共预算中 社会保障支出	社会保险 基金支出	财政对社会保障 基金的补助支出	(第二口径) 四本预算中 社会保障支出
1998	595.6	1636.9	21.6	2211.0
1999	1197.4	2108.1	169.7	3135.9
2000	1517.6	2385.6	298.7	3604.5
2001	1987.4	2748.0	343.0	4392.4
2002	2636.2	3471.5	517.3	5590.4

注:(第二口径)四本预算中社会保障支出=(第一口径)一般公共预算中社会保障支出+社会保险基金预算中社会保险基金支出——一般公共预算中社会保障支出对社会保险基金的补助支出。
资料来源:历年《中国财政年鉴》。

(二)各项社会保障制度的发展和完善

为了配合1998年国有企业改革的需要,当时社会保障体系建设的主要内容之一就是建立和完善下岗职工基本生活保障的三条保障线：第一条是以企业再就业服务中心为基础的下岗职工基本生活保障制度,对国有企业下岗职工在未实现就业的特定期间内的基本生活提供保障;第二条是失业保险制度,对劳动者在失业期间的基本生活提供保障;第三条是国家财政支持的城市居民最低生活保障制度,对因种种原因导致的家庭人均收入低于当地最低生活保障标准的城镇居民的基本生活提供保障。

在养老保险方面,财政支持养老保险制度个人账户改革试点工作。2000年下发《国务院关于印发完善城镇社会保障体系试点方案的通知》,从试点之日起,辽宁省参加企业基本养老保险职工的个人缴费比例由5%上调为8%,个人账户规模由11%下调为8%,中央财政与地方财政分别按照统筹资金缺口金额的75%和25%进行补助,着手解决当期补助对应的代际平衡问题。在医疗保险方面,1998年12月,国务院发布《关于建立城镇职工基本医疗保险制度的决定》,明确了医疗保险制度改革的目标任务、基本原则和政策框架,1999年该制度正式实施;在失业保险方面,自1999年1月《失业保险条例》发布以来,中国失业保险制度建设逐步走上了正轨。社会保障、社会救济等制度也逐步发展起来。

（三）各项社会保障均得到了一定程度的发展

各项社会保险的覆盖面不断扩大。1998年,我国城镇基本养老保险、城镇基本医疗保险、失业保险、工伤保险、生育保险的参保人数分别为11203.1万人、1877.6万人、7927.9万人、3781.3万人、2776.7万人,到2002年,参保人数分别上升至14737万人、9401.2万人、10181.6万人、4405.6万人、3488.2万人。

社会保险的基金管理水平得到了提高。企业职工基本养老保险基金、失业保险基金、城镇职工基本医疗保险基金等各项社会保险基金,以及国有企业下岗职工基本生活保障和再就业资金等,都必须存入财政部门在商业银行开设的社会保障基金财政专户,实行"收支两条线"管理,由财政部门依法监督管理。1999年8月,财政部为规范社会保障基金财政专户管理,保证专户内社会保障资金安全与完整,制定了《社

（单位：万人）

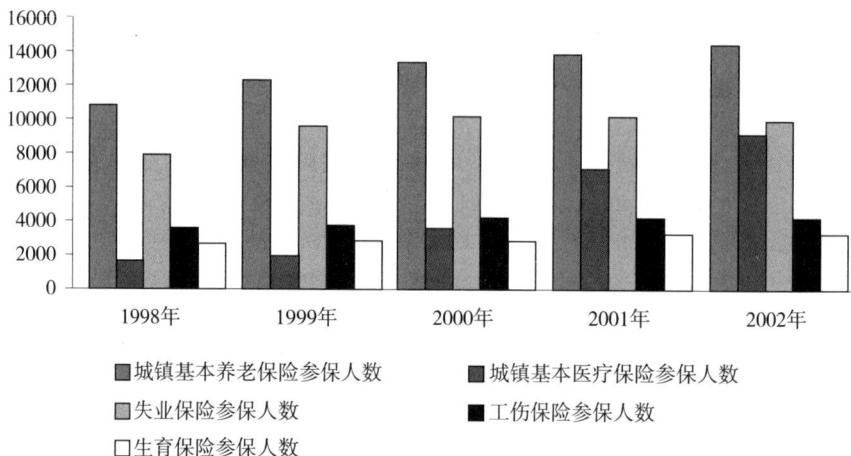

图 7-1　1998—2002 年各项社会保险参保人数

会保障基金财政专户管理暂行办法》（财社字〔1999〕117 号），对各项基金的缴存、拨付和结余管理作出明确规定。另外，还要求财政部门建立健全财政专户内部管理制度，与经办机构、开户银行等建立经常性对账制度，确保资金无挤占、挪用等情况发生。在各级财政部门的努力下，社保专户管理不断完善和规范，制定了会计核算、财务管理、工作规程等一整套规章制度，保证了各项社会保障资金安全运行和国家各项社会保障制度的落实。

社会保障的保障水平不断提高。1998 年财政支出中财政对社会保险基金的补助支出为 21.55 亿元，占财政总支出比重的 0.19%；2002 年财政支出中财政对社会保险基金的补助支出为 517.29 亿元，占财政总支出比重的 2.35%，有力支持了社会保障事业的可持续发展，确保了及时足额支付各项社会保险待遇，人均待遇水平有了明显的提高。

社会保障的抗风险能力得到了提高。2000 年我国成立了全国社会保障基金，本金来自各种形式的中央财政资金，专门用于人口老龄化高峰时期的养老保险等各类社会保障支出的补充和调剂，它是国家社会保障储备基金。2001 年年底，全国社保基金的规模为 805.09 亿元，财政累计拨入全国社保基金 795.26 亿元；2002 年财政拨入资金净增加 415.76 亿元,全国社会保障基金总额达到 1241.86 亿元。① 社会保障基金的成立和运行,为养老保险等各类社会保障提供了重要财力储备,提高了我国社会保障制度的抗风险能力。

社会保障制度的建立健全,保障了国有企业改革的顺利推进,发挥了"内在稳定器"作用,保障低收入群体能够满足基本的生存及生活条件,稳定了社会秩序。

三、支撑国有银行市场化改革

在向市场化转型过程中,国有商业银行存在着各级政府过度行政干预、高度集中的间接融资结构、单一的国家所有权结构的问题,导致我国国有商业银行难以自主经营、资本充足率不足、贷款风险较高等方面的问题,亚洲金融危机爆发后,国有企业大面积陷入经营困境,导致国有商业银行不良资产剧增,银行脆弱的资产质量甚至影响国家经济和金融体系的安全。

各级政府形成提升金融风险防范能力、提高国有商业银行自身抵御风险能力的共识,国有银行的全面改革迫在眉睫。时任总理朱镕基同志在 1997 年中央经济工作会议上曾一针见血地指出:在亚洲金融危机中,问题普遍出在银行上,都是从银行开始垮的。商业银行本身资本金、准备金也不足,大量的投资形成不良贷款,最后一垮台就不得了。

为支撑国有商业银行市场化改革,国家主要进行了四个方面的改革措施。一是成立金融工作委员会。对全国性金融组织关系实行垂直领导,改革四大国有银行干部任免制度,解决地方政府干预银行业务问题。二是补充资本金,剥离不良资产,提高国有独资商业银行抵御风险能力。1998 年 8 月 17 日财政部发布《关于 1998 年特别国债的有关事宜公告》,发行总额 2700 亿元的记账式附息国债,面向四大国有商业银行定向发行,所筹资金专项用于拨补资本金,使四大国有银行的资本充足率达到"巴塞尔协议"和国家商业银行法规定的 8% 的水平,这也是国家首次为

---

① 数据来源于全国社会保障基金理事会网站,见 http://www.ssf.gov.cn/cwsj/ndbg/。

国有银行补充资金。1999 年 4 月 20 日,经国务院批准,中国信达资产管理公司正式挂牌,处理中国建设银行高达 2000 亿元的不良资产。此后,长城、东方、华融相继成立,累计剥离四大国有银行 1.4 万亿元不良资产。自此之后,若出现新的问题贷款和资本金侵蚀,再与国家无关,由国有银行自己负责。三是全面推进资产质量五级分类制度取代原来的"一逾两呆"的分类方法,并要求商业银行按照审慎会计原则提取贷款损失准备金。四是国务院向四大国有银行派驻监事会,强化监督制约机制。①

上述措施充实了国有商业银行的资本实力,改善财务状况,减轻了四家银行的历史负担。为国有商业银行建立现代公司治理结构、引进战略投资者、进行股份制改革奠定了坚实基础。

四、加入世界贸易组织全面融入世界经济

中国为加入世界贸易组织,作出了大量的经济体制改革工作,完善了社会主义市场经济的经济体制。在加入世界贸易组织之后,我国积极履行对世界贸易组织的承诺,但中国的对外开放不会止步于此,中国不断创造更全面、深入、多元的对外开放格局,实现更广泛的互利共赢。

(一)加入世界贸易组织前做好经济体制改革工作

从 1986 年 7 月 10 日中国政府申请恢复中国在关贸总协定(GATT)中的缔约方地位,到 1995 年世界贸易组织(WTO)正式成立取代 GATT 负责管理世界经济和贸易秩序,中国由复关谈判转为加入世界贸易组织谈判,再到 2001 年中国正式成为世界贸易组织的一员,成为第 143 个成员,我国付出了长达十几年的努力。

在这十几年内,我国以建立并完善社会主义市场经济为目标进行经济体制改革,对财政、税收、投资、银行、外汇、外贸等相关领域进行了全面改革。② 一是改革国有企业制度。国有企业已经按照产权清晰、权责明确、政企分开和管理科学的要求进行改革,国有企业逐步踏上自主经营、

---

① 吴敬琏等主编:《中国经济50人看三十年:回顾与分析》,中国经济出版社 2008 年版,第 513 页。

② 《中国入世工作组报告(英文)中文对照》,《领导决策信息》2001 年第 Z2 期。

自负盈亏的发展轨道。二是改革财税体制。利用间接手段和市场机制的更完善的宏观调控体制在经济管理和资源配置上发挥关键作用,新的财税体制正有效运转。三是改善了金融环境。对四大国有银行进行了市场化改革;中央银行同商业运转分离,前者重点放在货币政策和金融监管上;人民币汇率统一且稳定,在经常项目下可以自由兑换。四是形成全国范围的统一开放的市场体制。进一步放开的物价政策已经使绝大多数的消费品和产品按照市场定价;通过四步降税,关税率平均水平由 1992 年的 42%减至 2001 年的 15.3%。①

(二)积极履行对世界贸易组织的承诺

2001 年 12 月中国加入世界贸易组织,是中国深度参与经济全球化的里程碑,标志着中国改革开放进入历史新阶段。加入世界贸易组织以来,中国积极践行自由贸易理念,全面履行加入世界贸易组织时所作出的广泛而深入的开放承诺,大幅开放市场,实现更广互利共赢,在对外开放中展现大国担当。

一是完善了社会主义市场经济体制和法律体系。我国始终坚持社会主义市场经济改革方向,加快完善市场体系,理顺政府和市场关系,使市场在资源配置中起决定性作用,更好发挥政府作用;不断健全社会主义市场经济法律体系,大规模开展法律法规清理修订工作。

二是履行贸易领域开放承诺。平均关税水平从 2001 年的 15.3%下降至 2010 年的 9.8%;显著削减非关税壁垒。2005 年 1 月,中国已按承诺全部取消进口配额、进口许可证和特定招标等非关税措施;广泛开放市场,不断扩大允许外资从事服务领域的业务范围。截至 2007 年,中国服务贸易领域开放承诺已全部履行完毕。

三是履行知识产权保护义务。修订《商标法》《反不正当竞争法》等,完善知识产权保护法律体系并加强执法力度。自 2001 年起,中国对外知识产权费年均增长 17%,2017 年达到 286 亿美元。

四是履行透明度义务。政府预算、工作等透明度不断提高。另外,中

---

① 《中国财政年鉴(2007)》,中国财政杂志社 2007 年版。

国按照要求定期向世界贸易组织通报国内法律、法规和具体措施的修订调整和实施情况。截至 2018 年 1 月,中国提交的通报已达上千份。[①]

(三)全面融入世界经济

中国的改革和发展也有力地促进了世界经济贸易发展、增加全球民众福祉。自 2002 年以来,中国对世界经济增长的平均贡献率接近 30%,是世界经济复苏和增长的重要引擎;中国新型工业化、信息化、城镇化、农业现代化的快速推进,形成巨大的消费和投资空间。截至 2017 年,中国已成为世界第二大货物贸易进口国和服务贸易进口国。

中国积极推动更高水平的对外开放,近年来中国又多次以暂定税率方式大幅自主降低进口关税税率,根据世界贸易组织统计,2015 年中国的贸易加权平均关税已降至 4.4%,促进贸易的平衡发展;实施《贸易便利化协定》,显著提升贸易便利化水平;2016 年 9 月修订《外资企业法》等 4 部法律,2018 年上半年完成修订外商投资负面清单工作,进一步大幅放宽市场准入、推进各行各业开放;继续推进简政、降税、降费改革,加强与国际贸易规则对接等,创造更有吸引力的投资环境。截至 2018 年 5 月,中国已与 24 个国家和地区签署 16 个自贸协定,不断维护多边贸易体制、推动自由贸易区建设。

通过不断对外开放,积极参与经济全球化进程,抓住国际产业转移的历史性机遇,加入世界贸易组织后中国对外贸易赢得了历史上最好最快发展时期,我国对外贸易连续跨上几个台阶,服务贸易稳步发展,利用外资水平明显提高,高新技术产业、基础设施和服务业吸收外资明显增加,对外投资、工程承包和劳务合作不断扩大,同时也为日后经济的高速增长提供了基础,不仅提升了综合国力,也树立了良好的国际形象。[②]

第四节　实施真正意义上的财政政策

在市场经济体制下,利用财政政策进行宏观管理,是基于市场经济要

---

① 国务院新闻办公室:《中国与世界贸易组织》白皮书,2018 年。
② 国务院新闻办公室:《中国与世界贸易组织》白皮书,2018 年。

求,与计划经济体制下的"综合平衡"具有本质性差别。1998 年实施的积极财政政策,充分显示出财政政策的积极作用。使得我国经济持续较快发展,国家税收和外汇储备大幅度增加、基础设施建设成就显著,城市规划和公用设施建设明显加强。

一、实施以增发国债为标志的积极财政政策

1997 年 7 月,泰国首先爆发的金融危机迅速波及东南亚国家和中国香港,我国内地也受到这场危机的冲击。1998 年年初,宏观经济下行压力引发了对财政政策取向的讨论。1998 年 8 月 29 日九届全国人大四次会议审议通过了国务院提交的《全国人民代表大会常务委员会关于批判国务院增发今年国债和调整中央财政预算方案的决议》,同意财政部增发 1000 亿元国债用于加快基础设施建设。增发国债是扩张性财政政策,从预算原理上是增加赤字、发债弥补。但是按照 1995 年颁布实施的《预算法》第二十八条规定:地方各级预算按照量入为出、收支平衡的原则编制,不列赤字。除法律和国务院另有规定外,地方政府不得发行地方政府债券。由于预算法对地方政府发债的限制,当时采取了适应性变通举措:1000 亿元统一计入中央财政增发国债,其中 500 亿元用于弥补中央财政增加的赤字,另 500 亿元由中央财政转贷给地方使用,通过在地方预算平衡表下列示的办法顺应《预算法》的监管要求。以增发国债实为扩大财政赤字为标志,我国正式启动了积极财政政策。

时任财政部部长项怀诚在接受采访时说道:"在中国,完全讲'扩张'老百姓一下子接受不了,以为经济政策一讲扩张的话,就不得了了。所以,我们用了这个中性的、中国人特别熟悉的词,'扩张的财政政策'变成了'积极财政政策'。""这个名字是中央定的。因为扩张要扩大赤字,扩张要增加国债。中国人从民族心理上对于赤字扩大都有点害怕,对于债务增加得太快也有点担心。这些都是中央领导的良苦用心。"[1]

---

① 中国青年报:《"积极财政政策"是怎么来的?》,2003 年 3 月 6 日,见 http://news.sohu.com/23/66/news206876623.shtml。

从内容上看,积极财政政策主要包括三个方面。首先,国家财政向国有商业银行增发 1000 亿元长期建设国债,同时配套增加 1000 亿元银行贷款,全部用于高速公路、铁路、机场、粮库、农村电网、水利设施等基础设施建设;其次,向四大原国有独资商业银行发行 30 年期的 2700 亿元特别国债,用于充实四大国有商业银行资本金,以达到《巴塞尔协议》对商业银行 8% 的资本金比率要求;第三,提高部分商品出口退税率,使出口商品综合退税率达到 15% 以上。

从 1998 年到 2003 年实施的积极财政政策,是我国为应对经济下行压力首次主动采取的逆周期调节。截至 2003 年,累计发行 6600 亿元长期建设国债,带动银行贷款和社会资金形成 3.28 万亿元的投资规模。扣除价格变动因素,五年间全国水利建设投资 3562 亿元,相当于 1950 年至 1997 年全国水利建设投资的总和;五年间全国公路建设投资 12343 亿元,环境保护和生态建设投入 5800 亿元,都达到 1950 年到 1997 年全国公路建设投资总和、环境保护和生态建设投入总和的 1.7 倍;五年间高速公路由 4771 公里增加到 2.52 万公里,从居世界第三十九位跃升到第二位。青藏铁路、西气东输、西电东送等重大国计民生建设项目相继开工建设。

此次积极财政政策通过市场经济规律进行了一次成功的逆周期调节。通过调控,不仅成功的应对了亚洲金融危机的冲击,改善了宏观经济运行环境,刺激了经济增长,也推动了经济结构优化,提高了经济增长的质量和效益。

二、财政宏观调控兼顾改革、发展与稳定

作为首次实行的财政宏观调控政策——积极财政政策登上了历史的舞台。在中国特殊的发展阶段,宏观调控不仅发挥了总量控制的作用,而且更加注重结构调整,兼顾改革、发展与稳定的各种不同的关系。

(一)财政宏观调控兼顾改革

在我国由计划经济转向市场经济的经济体制转轨中,各行业、各制度都亟待改革,从而满足市场经济和加入世界贸易组织扩大对外开放的需

要,财政宏观调控在其中发挥着促进改革的作用。

一是通过扩大支出、转变支出内容的方式推进了我国支出管理改革,包括支农支出改革、科教文卫改革、公共卫生改革、社会保障改革、国有企业改革等各方面,有效地加快了我国在这些领域的改革进程。二是通过发行长期建设国债的方式,促进了国内债务管理改革和财政投融资体制改革。其中向国有商业银行发行的长期特别国债推进了国有银行改革进程,提高了银行的资本充足率、降低了金融风险。用于加强基础设施建设的长期建设国债缓解了我国长期以来经济发展的"瓶颈"制约,推进了我国经济体制改革进程。三是通过清理不合理收费、财政贴息等手段,支持了国有企业改革,为建立现代企业制度创造了条件。

(二)财政宏观调控兼顾发展

由于我国社会主义仍然处于初级阶段,我国的发展仍存在诸多不协调、不充分的问题。政府通过宏观调控手段进一步地解决了发展中存在的不协调、不充分的问题。

一方面,财政宏观调控着力解决发展不平衡问题。自构建公共财政框架以来,我国财政资金逐步退出经营性、竞争性领域,着力解决群体间、城乡间、区域间、经济与社会等发展不协调问题,以转向提供给基本公共服务均等化。1999年以来,我国及时调整、不断丰富和完善了积极财政政策的调控方式,充分发挥政府投资、税收、收入分配、财政贴息、转移支付等多种手段的政策组合优势,缩小了群体间的贫富差距、促进科教文卫、环保、社会保障等各项事业的发展,将政策更多倾向农村、中西部等落后地区,促进了各类群体、各项事业、各个区域、城市与农村的协调发展。

另一方面,财政宏观调控着力解决发展不充分问题。一是通过提高出口退税率、降低关税率,对从事能源、交通、港口建设的外商投资企业采用优惠税率等手段扩大对外开放,扩大出口从而促进经济发展。二是通过恢复对居民储蓄利息征税、降低消费税、营业税、土地增值税等方式,鼓励商品流通和消费,刺激内需。三是调整收入分配政策。通过提高机关单位人员基本工资标准并相应增加离退休人员离退休费、不断完善社会保障体系等,增强居民消费能力,有效拉动内需。四是通过治理乱收费,减轻企业和居民的非税负担,增强企业自主投资和居民消费的能力。五是通过增发长期建设国债,大搞农林水利、交通通信、城市基础设施、环境保护、城乡电网建设和改造等方面的基础设施及重点项目建设,优化了产业结构、改善了生态环境、提高了技术水平,为经济的长期可持续发展打下了扎实的基础。

(三)财政宏观调控兼顾稳定

一方面,通过财政宏观调控稳定了经济环境。我国采取增发长期国债、扩大财政赤字、国有银行改革等方式,遏制了通货紧缩的趋势,避免了出现金融危机时普遍出现的经济普遍低落、社会骚乱、政治动荡现象。1998 年,我国的 GDP 增长率为 7.8%、1999 年为 7.7%。[①] 在国民经济实现较为稳定增长的同时,发展质量也在提高,经济结构有所调整,经济效益明显改善,为社会主义市场经济的攻坚创造了相对平稳的经济环境。另一方面,通过财政宏观调控稳定了社会环境。由于市场经济改革、国企下岗分流等导致区域、城乡、群体间贫富差距拉大,群众对生存安全和财产安全的可信度降低,严重影响了我国社会环境的稳定。在这样的背景下,我国通过改革和健全社会保障体系,保障了低收入群体的基本生存和生活需要,有力地维护了社会稳定。

---

① 资料来源于《中国统计年鉴》2013 年。

第八章　完善公共财政体制
促进科学发展

科学发展观是发展中国特色社会主义的重大战略构想,落实科学发展观是基于我国国情和经济社会发展客观实际作出的必然选择,对实现全面建成小康社会宏伟目标具有重大而深远的意义。2002—2012年,国家综合实力和国际影响力显著提升。我国国内生产总值(GDP)从2002年的12.17万亿元增长到2012年的58.36万亿元,年均增长16.97%,经济总量在世界排名从第六位跃升至第二位,人均GDP从2002年的9500元增长到2012年的3.99万元,年均增长15.43%。综合国力的增强显著提升了国家财政实力。全国一般公共预算收入从2002年的1.89万亿元增长到2012年的11.72万亿元,年均增长20.02%。财政实力的不断壮大为促进科学发展、全面建成小康社会提供了强有力的财力保障。

第一节　健全公共财政预算体系

健全政府预算体系是实施科学发展的必然要求,是完善公共财政、建立现代财政制度的重要组成部分。党的十六大以后,财政部门加快推进政府预算体系建设,围绕健全政府预算体系,公共财政着力建立了以一般公共预算、政府性基金预算、国有资本经营预算和社会保险基金预算组成的有机衔接的政府预算体系,全面反映政府收支总量和结构。以此为基础,建立完善了以公正、公开、规范、透明为主要特点的现代预算管理制度。

一、一般公共预算实施政府收支分类改革

针对收支分类体系中不适应预算管理的问题,财政部门从 1999 年年底就开始启动对政府收支分类改革的研究工作。在认真研究了国际上政府收支分类经验的基础上,结合公共财政、部门预算、国库集中收付等财政改革对科目体系的要求,按照科学规范、清晰透明、便于操作的原则,形成了《政府收支分类改革方案》。2005 年 12 月 27 日,经国务院批准,新的政府收支分类正式出台,政府收支分类改革正式进入实施阶段。政府收支分类改革是继 2000 年部门预算改革以来我国预算管理制度的再一次重大改革。新的政府收支分类,主要包括三方面的内容。

第一,对政府收入进行统一分类。首先,在原来一般预算收入、政府性基金预算收入、债务预算收入的基础上,扩大了政府收入的覆盖范围,将预算外收入和社会保险基金收入纳入政府收支分类范畴。其次,按照科学标准和国际通行做法,将政府收入统一划分为税收收入、社会保险基金收入、非税收入、贷款转贷回收本金收入、债务收入以及转移收入等。最后,细化完善收入科目层次,把一些部门行政性收费纳入新的收入科目体系。

第二,建立新的政府支出功能分类体系。按功能分类确立的新的支出体系不再按经费性质设置科目,而是按政府的职能和活动设置科目,政府各项职能活动和具体工作,可直接从预算科目上反映出来。按照政府支出功能需要具体设置了类、款、项三级支出科目。类级科目反映的是政府职能层面的支出;款级科目反映的是履行政府职能开展的某一方面的支出;项级科目反映的是构成支出的各项具体活动。如保障教育支出是政府职能所在,所以教育支出属于类级科目,普通教育支出是类级科目下的款级科目,普通教育下的小学教育支出就是项级科目。

第三,建立新型支出经济分类体系。支出经济分类是从具体的经济构成进行财政支出分类。比如,政府用于医疗卫生支出,是支持医院盖了病房楼、购买了大型医疗设备,还是发放了公共卫生机构的人员工资,通过经济分类就可以清晰地反映财政支出的具体资金流向。如果说政府支

出的功能分类是反映政府支出"做了什么事",那么政府支出的经济分类则是反映"怎么去做"的问题。新的政府收支分类改革结合财政信息系统的建设,就可以实现对任何一项财政收支进行"多维"精准定位,清楚反映政府的每一笔收入是从何处来的,每一笔支出是哪个部门花的,做了什么事,是如何去做的。这充分体现了公共财政框架下政府预算公正、公开、规范、透明的基本要求。

二、完善政府性基金预算

政府性基金预算是对依照法律、行政法规的规定,在一定期限内向特定对象征收、收取或者以其他方式筹集的资金,专项用于特定公共事业发展的收支预算。政府性基金预算应当根据基金项目收入情况和实际支出需要,按基金项目编制,做到以收定支。目前,政府性基金预算主要是通过出让土地、发行彩票、行政性收费等方式取得收入,专项用于支持基础设施建设和社会事业发展。

从收入管理的角度看,我国政府性基金预算基本经历了清理、规范基金收入和强化土地出让管理两个阶段。我国的政府性基金始于20世纪80年代,当时还只是少量设立政府性基金,随后十余年政府性基金的种类和规模快速增长,到20世纪90年代政府性基金设置已经显现过多过乱的问题。经过大力治理整顿,一大批不合法、不合理的基金被取消,一些重复设立的政府基金被减并。2009年以后,为了全面推进预算制度改革,财政部门持续清理规范政府性基金项目。例如,取消到期或不适应管理体制要求的福建省铁路建设附加费、山西省电源基地建设基金和水资源补偿费、江苏省地方教育基金等项目。在清理、规范基金项目的同时,细化基金收支预算科目,清晰反映各项基金的支出结构与方向,完善相关基金的分配和使用办法。21世纪初,随着国有土地出让市场不断成熟,土地出让收入规模持续走高,逐渐成为政府性基金预算收入的重心。政府性基金预算相继改革,完善了土地出让收入的预算管理制度,基金预算管理对象从早期按扣除征地补偿等成本性开支后的土地净收益,改为按土地出让价款全额纳入基金预算管理,全面加强了土地出让收支管理。

三、编制国有资本经营预算

国有资本经营预算是国家以所有者身份依法取得国有资本经营收益,并对国有资本收益作出支出安排的收支预算。建立国有资本经营预算制度是规范国家与国有企业分配关系的重要举措,是合理划分政府作为社会管理者和资本所有者对不同身份的必然要求。改革开放早期"两步利改税",当时政府公权力和对国有资本出资人权利是不分的,也没有区分的条件。第一步利改税"税利分流"纠正"税收无用论",第二步利改税"以税代利"又走向另一极端。其中"利"中哪些是基于出资人权利,应由政府收取并不明确,市场不能出清,没有公平竞争,也没有区分的量化依据。商品市场、资本市场建立起来,税收转向中性化,不再参与税后利润分配,特别是国有企业改革的发展,出资人责任有条件,也必须明晰。但2007年以前,我国一直没有对国有资本经营情况编制单独的预算,相关的收支行为只是在一般公共预算中反映。随着社会主义市场经济体制的建立和不断完善,政府与市场的边界日益清晰,客观上要求建立有效的预算管理制度来反映国有资本经营收支状况。2007年9月8日,国务院出台了《关于试行国有资本经营预算的意见》,对国有资本经营预算的编制原则、收支范围、审批事项等作出了明确规定,标志着我国国有资本经营预算制度正式建立。2007年12月11日,财政部和国资委联合印发了《中央企业国有资本收益收取管理暂行办法》(财企〔2007〕309号),明确国有资本收益具体包括五部分:国有独资企业按规定应当上交国家的利润;国有控股、参股企业国有股权(股份)获得的股利、股息收入;转让国有产权、股权(股份)获得的收入;国有独资企业清算收入(扣除清算费用),国有控股、参股企业国有股权(股份)分享的公司清算收入(扣除清算费用);其他国有资本收益。

国有资本经营预算编制初期收入来源是试行范围内的中央企业上缴的税后利润。随后,纳入国有资本经营收益收取范围逐步扩大。2007年试行范围为国资委监管的中央企业,2008年增加了中国烟草总公司,2009年增加了中国邮政集团公司,2011年增加教育部、原文化部、原农业部、原广电总局、贸促会等中央部门所属企业。

预算设立之初，采取区别不同行业适用不同比例的方式，将纳入试行范围的中央企业划分为四类。第一类为具有资源性特征行业企业，包括烟草、石油石化、电力、电信、煤炭等垄断行业，国有资本收益收取比例为净利润的10%；第二类为一般竞争性行业企业，国有资本收益收取比例为净利润的5%；第三类为国家政策性企业，包括军工企业、转制科研院所，三年内暂缓收取；第四类为政策性企业，包括中国储备粮管理总公司和中国储备棉管理总公司，免收国有资本经营收益。

国有资本经营预算设立之后，在继续实行差别化收取比例的基础上，自2010年后收取比例逐步提高。率先提高的是第三类企业，从2010年起按企业税后利润的5%收取。2011年起，第一类企业收取比例由10%提高到15%；第二类企业收取比例由5%提高到10%；第三类企业收取比例为5%。2019年纳入中央国有资本经营预算实施范围的中央企业税后利润的收取比例分为五类执行：第一类为烟草企业，收取比例为25%；第二类为石油石化、电力、电信、煤炭等资源型企业，收取比例为20%；第三类为钢铁、运输、电子、贸易、施工等一般竞争型企业，收取比例为15%；第四类为军工企业、转制科研院所、中国邮政集团公司、中国铁路总公司、中央文化企业、中央部门所属企业，收取比例为10%；第五类为政策性企业，免交当年应交利润。

虽然国有资本经营预算是"四本预算"中体量最小的，2018年全国国有资本经营预算收入只有2900亿元，支出只有2159亿元。但这本预算自设立以来为落实国家发展战略、解决国有企业历史遗留问题、推动国有经济优化布局和结构调整，以及调入一般公共预算用于保障和改善民生都起到了重要推动作用。

四、编制社会保险基金预算

社会保险基金预算是对社会保险缴款、一般公共预算安排和其他方式筹集的资金，专项用于社会保险的收支预算。编制社会保险基金预算是为了全面反映社会保障资金收支规模和结构，规范社会保险基金收支行为,确保基金运行平稳有序。有别于其他三本预算,社会保险基金的收入不全是财政收入,除了来自一般公共预算的补助收入外,还包括参保主体的社会保险缴费。社会保险缴费虽然不是财政资金,但预算管理属于公共资金范畴。

近年来,社会保险基金预算从试编到险种全覆盖再到向人大报送,预算编制方法逐步完善、执行管理不断强化、编制效率不断提升、预算透明度不断提高。2010年1月,国务院下发了《关于试行社会保险基金预算的意见》,决定在全国范围内建立社会保险基金预算制度。2012年,社会保险基金预算编报范围实现了全面覆盖。将企业职工基本养老保险、失业保险、城镇职工基本医疗保险、工伤保险、生育保险、城镇居民社会养老保险、新型农村社会养老保险、城镇居民医疗保险和新型农村合作医疗保险等所有社会保险基金全部纳入了试编范围。2013年,财政部第一次向全国人大正式报送了全国社会保险基金预算,社会保险基金预算迈入制度化、规范化、科学化管理的新阶段。同年,一般公共预算、政府性基金预算、国有资本经营预算和社会保险基金预算一并提交全国人大审议,第一次实现了"四本预算"的全口径预算公开。

第二节　推进基本公共服务均等化

2003年7月28日,胡锦涛同志在全国防治"非典"工作会议上的讲话中提出"坚持以人为本,树立全面、协调、可持续的发展观,促进经济社会和人的全面发展",按照"统筹城乡发展、统筹区域发展、统筹经济社会发展、统筹人与自然和谐发展、统筹国内发展和对外开放"的要求推进各项事业的改革和发展。[①] 公共服务均等化是贯彻落实科学发展观和实现"五个统筹"的一项具体任务,对于促进社会公平正义、维护社会和谐稳定具有极其重要的意义。一个国家的公民无论居住在哪个地区,都有平等享受国家标准的基本公共服务的权利。这种标准由一个社会的集体良

---

① 《胡锦涛文选》第二卷,人民出版社2016年版,第143页。

心决定,是一个社会成员普遍认同的价值观念。任何社会都有不同程度的不平等,但如果不公平超过一定限度,就会带来社会风险。由市场决定的个人分配不公平是如此,由政府提供的公共产品分配不均等更是如此。

国际经验表明,如果忽视不同群体、不同区域之间基本公共服务差异,政府没有进行必要调节,任其扩大,将会影响到社会稳定。我国改革开放以来,沿海地区凭借独特的地理区位优势和政策优惠,社会经济高速发展,地区间发展差距逐步显现。为了确保国家长治久安,通过完善财政体制推进地区间公共服务能力均等化是十分必要的。

一、基本公共服务均等化目标的提出与确立

基本公共服务是由政府主导、保障全体公民生存和发展基本需要、与经济社会发展水平相适应的公共服务,是公共服务中最基础、最核心的部分。基本公共服务是最基本的民生需求,也是政府公共服务职能的"底线"。基本公共服务范围,一般包括保障基本民生需求的教育、就业、社会保障、医疗卫生、住房保障、文化体育等领域的公共服务,广义上还包括与人民生活环境紧密关联的交通、通信、公用设施、环境保护等领域的公共服务,以及保障安全需要的公共安全、消费安全和国防安全等领域的公共服务。

2001 年,我国人均 GDP 突破 1000 美元大关。国际经验表明,这一时期既是"黄金机遇期"又是"矛盾凸显期",是走向富强文明或贫困动荡的分水岭。这就要求我们在把握机遇加快发展的同时,重视各种容易诱发社会矛盾的不和谐因素,促进人与自然、经济社会的协调发展。公共服务均等化作为缓解因发展不平衡所引发的地区间矛盾、实现地区间和谐均衡发展的重要途径,体现的是一种公平正义的发展理念,与社会主义的本质要求以及和谐社会的发展目标是完全一致的。随着综合国力的稳步提升,公共财政实力也得到前所未有的增强,公共财政有能力以保障和改善民生为重要任务,支持基本公共服务均等化,增强基层政府公共服务能力。

2005 年 10 月 11 日,党的十六届五中全会在通过的《中共中央关于制定国民经济和社会发展第十一个五年规划的建议》首次提出:"按照公共服务均等化原则,加大国家对欠发达地区的支持力度,加快革命老区、

民族地区、边疆地区和贫困地区经济社会发展"①。

2006年10月,党的十六届六中全会通过的《中共中央关于构建社会主义和谐社会若干重大问题的决定》明确提出:"完善公共财政制度,逐步实现基本公共服务均等化。健全公共财政体制,调整财政收支结构,把更多财政资金投向公共服务领域,加大财政在教育、卫生、文化、就业再就业服务、社会保障、生态环境、公共基础设施、社会治安等方面的投入"②,"尽快使中西部地区基础设施和教育、卫生、文化等公共服务设施得到改善,逐步缩小地区间基本公共服务差距"。③

2007年10月,党的十七大明确提出:"缩小区域发展差距,必须注重实现基本公共服务均等化,引导生产要素跨区域合理流动"④;要"围绕推进基本公共服务均等化和主体功能区建设,完善公共财政体系"⑤。

党的一系列重要会议、重要文件提出并不断丰富和发展了基本公共服务均等化目标,进一步明确了在全面建设社会主义现代化国家的伟大征程中实现基本公共服务均等化的重要意义。

二、增强基层政府提供公共服务能力

1994年分税制财政管理体制改革后,显著提高了中央宏观调控能力,初步规范和理顺了中央和地方财政分配关系。我国的综合国力和财政实力不断提升,相继建立和规范了中央对地方和省以下转移支付制度。但是,由于改革不彻底,我国基层政府提供公共服务的能力出现了弱化的趋势。20世纪末,我国中西部欠发达地区不少地方出现了基层财政困难

---

① 《中共中央关于制定十一五规划的建议》(全文),人民网,http://politics.people.com.cn/GB/1026/3780782.html。

② 《中共中央关于构建社会主义和谐社会若干重大问题的决定》,人民出版社2006年版,第18—19页。

③ 《中共中央关于构建社会主义和谐社会若干重大问题的决定》,人民出版社2006年版,第10页。

④ 《高举中国特色社会主义伟大旗帜 为夺取全面建设小康社会新胜利而奋斗——在中国共产党第十七次全国代表大会上的报告》,人民出版社2007年版,第24页。

⑤ 《高举中国特色社会主义伟大旗帜 为夺取全面建设小康社会新胜利而奋斗——在中国共产党第十七次全国代表大会上的报告》,人民出版社2007年版,第26页。

问题,突出表现为县、乡欠发机关公务员和事业单位人员工资现象不同程度存在,基层预算单位公用经费保障水平偏低、日常运转困难,行政事业单位机构臃肿、人浮于事,财政供养人员增长过快。这是我国在财力稳步增长、政府间财政关系初步理顺过程中出现的阶段性问题。如何解决东、中、西部之间的发展差距、省以下政府间纵向和横向财力差距等问题,国家出台了一系列改革举措,增强基层政府公共服务供给能力。

2002 年 12 月,国务院批转印发了财政部《关于完善省以下财政管理体制有关问题意见的通知》(国发〔2002〕26 号)明确提出:凡属省、市(指地级市、州、盟,以下简称"市级")政府承担的财政支出,省、市级财政应积极筹措资金加以保障,不得以任何形式转嫁给县、乡财政。省、市级政府委托县、乡政府承办的事务,要足额安排对县、乡财政的专项拨款,不留资金缺口,不得要求县、乡财政安排配套资金。属于共同事务,应根据各方受益程度,并考虑县、乡财政的承受能力,确定合理的负担比例,积极探索共同事务的经费负担办法。《关于完善省以下财政管理体制有关问题意见的通知》要求要进一步规范省以下转移支付制度。省级财政要按照有关客观因素和开支标准,合理测算所属市级、县级机关事业单位工作人员工资和政权正常运转等基本财政支出需求。对县、乡财政收入不能满足基本财政支出需求部分,省、市级财政要通过增加一般性转移支付的方式逐步加以解决。2002 年我国实施了所得税收入分享改革,在此基础上提出完善省以下财政管理体制改革。2005 年开始实施"省直管县"和"乡财县管"改革试点。这反映出 1994 年实施的分税制改革从理顺、规范政府间收入分配关系逐步向财政管理体制领域延伸扩展。

经国务院批准,2005 年中央财政出台了以缓解县、乡财政困难为目标的"三奖一补"政策。"三奖"是指:对财政困难县政府增加税收收入和省市级政府增加对财政困难县财力性转移支付给予奖励;对县乡政府精简机构和人员给予奖励;对产粮大县给予奖励。"一补"是指:对以前缓解县、乡财政困难工作做得好的地区给予补助。"三奖一补"政策是在转移支付分配体系中嵌入激励机制,通过财力性转移支付的奖励作用,调动财政困难县摆脱困境的积极性和主动性,用较少的中央转移支付激励困难地区走上良性、可持续发展的道路。同时,引导省级财政资金向困难地区倾斜,形成基层解困合力。2005—2008年,中央财政累计安排"三奖一补"资金1163亿元。"三奖一补"政策用三年时间基本缓解了中、西部地区的县、乡财政困难,基本公共服务财力保障能力有了明显提升。

2010年,财政部出台了《关于建立和完善县级基本财力保障机制的意见》(财预〔2010〕443号),提出建立和完善以"保工资、保运转、保民生"为目标的县级基本财力保障机制。按照"明确责任、以奖代补、动态调整"的原则,对县级基本财力保障范围、保障标准以及财力缺口给出了具体的认定标准和计算口径。近年来,中央财政逐年加大资金支持力度,奖补资金规模从2010年机制设立之初的682.53亿元增长到2018年的2462.79亿元,增长了2.61倍,年均增长17.4%。中央财政奖补资金也带动了省级财政对区域内财政困难地区基层财政的财力倾斜,有效增强了中、西部欠发达地区县、乡财政基本公共服务的保障能力。

三、公共财政的阳光照耀农村

进入21世纪后,党中央先后提出"建设社会主义新农村"、"五个统筹"、落实"科学发展观"等目标,着力破解"三农"发展的深层次体制机制桎梏。加大"三农"投入,优化公共支出结构,促进农村基本公共服务均等化就是在此背景下实施的。

2003年政府将解决"三农"问题提升到统筹城乡发展的高度加以重视,财政部门提出"公共财政的阳光照耀农村"的理念。① 2004年,出台《中共中央、国务院关于促进农民增加收入若干政策的意见》的"中央一号文件"。文件提出:要清醒地看到,当前农业和农村发展中还存在着许多矛盾和问题,突出的是农民增收困难。全国农民人均纯收入连续多年增长缓慢,粮食主产区农民收入增长幅度低于全国平均水平,许多纯农户

---

① 中共中央党校主办的《学习时报》(2005年11月24日(第312期))刊发题为《贯彻落实十六届五中全会精神扎实推进财政改革与发展——财政部部长金人庆答本报记者问》,在文章中时任财政部部长金人庆表示:本届财政部党组始终把支持解决"三农"问题作为工作的重心,提出了"让公共财政的阳光照耀农村"的新理念。

的收入持续徘徊甚至下降,城乡居民收入差距仍在不断扩大。

基于上述判断,中共中央、国务院对做好"三农"工作的总体要求是:按照统筹城乡经济社会发展的要求,坚持"多予、少取、放活"的方针,深化农村改革,增加农业投入,强化对农业支持保护,尽快扭转城乡居民收入差距不断扩大的趋势。这个"中央一号文件"为21世纪初公共财政支持"三农"指明了方向。21世纪以来,党中央、国务院相继推出了农村税费改革、农村义务教育经费保障、新型农村合作医疗保险、农村最低生活保障制度、农村社会养老保险等一系列重要涉农改革举措。这些改革重新调整了国家与农民的初次分配与再次分配关系,通过公共财政的支出、补助等方式反哺农业、增收农民、建设农村。

(一)实施农村税费改革

20世纪末,我国"三农"发展面临着较为严峻的形势,农村税费改革是党中央、国务院为减轻农民负担、保护农民利益、维护农村稳定作出的重大决策。2000年3月,下发了《中共中央、国务院关于进行农村税费改革试点工作的通知》。该通知指出:推进农村税费改革,事关9亿农民的切身利益,是规范农村分配制度,遏制面向农民的乱收费、乱集资、乱罚款和各种摊派,从根本上解决农民负担问题的一项重大措施。农村税费改革是农村分配关系的一次重大调整。农村税费改革试点的主要内容是:取消乡统筹费、农村教育集资等专门面向农民征收的行政事业性收费和政府性基金、集资;取消屠宰税;取消统一规定的劳动积累工和义务工;调整农业税政策和农业特产税政策;改革村提留征收使用办法。

20世纪90年代,农村税费改革是以县为单位探索不同的改革模式,涌现出不少具有地方特色的改革经验。在改革取得阶段性成效后,2000年国家选择安徽省开展农村税费改革探索。2002年农村税费改革范围扩大到20个省份,2003年在全国全面铺开。农村税费改革历程包括以下三个阶段。

首先,正税清费。调整农业税和农业特产税政策,农业税税率为7%,农业税附加为1.4%,除此之外农民不再承担其他任何费用。全面取消屠宰税、五项乡统筹、三项村提留,从此取消专门面向农民征收的行政事业性收费和政府性基金、集资。

其次,取消农业税。2004 年,按照"多予、少取、放活"的方针,中央决定"五年内取消农业税"。当年在黑龙江、吉林两个粮食主产省份实施免征农业税改革试点,在全国 11 个粮食主产省(区)试点农业税税率降低 3 个百分点,其余省份农业税税率降低 1 个百分点。2005 年,中央决定进一步扩大农业税免征范围,在 592 个国家扶贫开发重点县实行免征农业税试点。当年,全国有 28 个省份实现了免征农业税。2005 年 12 月 29 日,十届全国人大常委会第十九次会议审议决定,自 2006 年 1 月 1 日起废止《农业税条例》,标志着具有 2600 年历史的农业税正式退出历史舞台,原计划五年取消农业税的目标提前两年实现。与农村税费改革前的 1999 年相比,改革后每年为农民减少税收负担超过 1335 亿元,为农民人均减轻负担 140 多元。为了维持农村基层政府运转以及农村基本公共服务的正常提供,原以农民税费负担形式筹资改由公共财政向基层实施转移支付,用以弥补农民负担减轻后基层收支缺口。

最后,深化农村综合改革。全面废止农业税后,为巩固农村税费改革成果,彻底跳出历史上农民负担循环往复、不断加重的"黄宗羲定律",中央及时推进农村综合改革,以此带动农村治理体系的变革和进步。农村综合改革围绕三项重点展开:乡镇机构改革、农村义务教育改革和县乡财政体制改革。乡镇机构改革立足转变基层政府职能,理顺乡镇事业单位管理体制,精简乡镇机构人员,巩固基层政权。农村义务教育改革围绕义务教育均等化发展目标,将农村义务教育全面纳入公共财政保障范围,在体制机制上彻底结束了农村教育农民办的历史,真正实现了农村免费义务教育。县、乡财政体制改革以完善省以下财政体制改革为重点,相继实施了"省直管县"财政管理体制和"乡财县管"财政管理方式两项改革。截至 2011 年,全国共有 27 个省份对 1080 个县实施了"省直管县"改革,对 2.93 万个乡镇实行了"乡财县管"改革。

(二)实施农村义务教育经费保障

2006 年,国家按照"明确各级责任、中央地方共担、加大财政投入、提高保障水平、分步组织实施"的总体思路,提出将农村义务教育全面纳入公共财政保障范围,逐步建立中央和地方分项目、按比例分担经费的农村义务教育长效经费保障机制。农村义务教育经费保障机制改革自西向东依次推开。从 2006 年春季开学起,西部的 12 个省份、新疆生产建设兵团和中部地区享受西部政策的部分县市全面建立了农村义务教育经费保障机制,西部农村地区义务教育阶段学生免除学杂费,还补助学校公用经费、免费提供教科书、补助寄宿生生活费,建立了改造维修校舍经费保障长效机制。2006 年秋季中部各省(区)相继建立经费保障机制,2007 年把"免杂费、免书本费、逐步补助寄宿生生活费"的惠民政策全面推广到中、东部省份 40 万所农村中小学的近 1.5 亿名学生,实现了覆盖全国的农村义务教育经费保障机制。2006—2011 年中央财政共安排农村义务教育改革资金 3300 亿元,为大约 1.3 亿名农村义务教育阶段学生全部享受免学杂费和免费教科书政策。同时,不断提高农村义务教育阶段学校生均公用经费基准定额,到 2011 年中、西部地区已经达到年生均小学 500 元、初中 700 元的补助标准。2011 年 10 月,国务院又启动了农村义务教育学生营养改善计划,中央财政每年安排 160 多亿元专项资金,为 680 个国家试点县的 2600 多万名农村义务教育学生提供每天 3 元的营养膳食补助。就此各级财政在教师工资、学校公用经费、学生营养等多个方面,为促进农村义务教育均衡发展逐步建立完善了全方位的经费保障机制。

(三)建立新型农村合作医疗制度

新型农村合作医疗是指由政府组织、引导、支持,农民自愿参加,个人、集体和政府多方筹资,以大病统筹为主的农民医疗互助共济制度。长期以来,农村合作医疗制度一直在部分地区运行,但是受多方面因素的影响,筹资主要来自农民互助,没有政府的参与。许多地方没能有效坚持下来,时断时续,保障的效果不尽理想,农民对参与这一制度的积极性也不高。在市场化改革的冲击下,原有的农村三级医疗卫生网络难以有效承担起农村基础医疗保障职责。2003 年新型农村合作医疗制度开始试点,着力解决农民"看病难""看病贵"问题,实现"病有所医"。初期新型农村合作医疗筹资水平为人均 30 元,其中个人负担 10 元,财政补助 20 元

（地方财政负担 10 元,中央财政负担 10 元）。新型农村合作医疗资金来源中财政补助占比逐年提高,2003 年启动之初人均筹资 30 元标准中各级财政人均补助 20 元,到 2011 年人均筹资 246.2 元中各级财政人均补助 200 元,补助占比提高了 15 个百分点。据统计,自 2003 年新型农村合作医疗制度实施到 2011 年,各级政府对参保农民的人均补助标准增长了 9 倍,中央财政累计安排新型农村合作医疗补助资金 1891 亿元。截至 2011 年,新型农村合作医疗制度覆盖全国 2637 个县（区、市）,参加合作医疗保险的农村人口达到 8.32 亿人,新农合筹资总额达到 2047.6 亿元,人均筹资 246.2 元,补偿受益 13.15 亿人次。

（四）建立完善以低保、养老、救助为重点的农村社会保障制度

农村社会保障一直是我国基本公共服务体系中的短板。随着公共财政保障基本公共服务均等化能力不断加大,作为增进人民福祉、化解个体风险的社会保障制度逐步向农村延伸。自 2007 年开始,我国逐步构建了以农村低保、养老、救助为重点的农村社会保障制度。

2007—2011 年,全国财政共安排资金 1813.5 亿元,支持建立健全农村最低生活保障制度。农村最低生活保障制度设立 5 个年度后,2011 年我国农村最低生活保障制度覆盖了 5313.5 万人和 2662.6 万农户,比 2007 年制度建立之初分别增长 53.9% 和 69.3%;月人均最低生活保障平均标准和月人均支出水平分别为 143.2 元和 96.4 元,比 2007 年分别增长 1 倍和 1.6 倍。

探索建立新型农村社会养老保险制度,促进农民养老方式实现重大转变,实现"老有所养"。2009 年我国开始推行新型农村社会养老保险制度的试点,当年推出时覆盖面占 15%,到 2011 年全国有 27 个省、自治区的 1914 个县（市、区、旗）和 4 个直辖市部分区县开展国家新型农村社会养老保险试点,新型农村社会养老保险试点覆盖 60% 的县（市）。2009—2011 年,全国各级财政共安排城乡居民社会养老保险补助资金 1047 亿元。

在新型农村合作医疗平台上,我国逐步构建农村贫困居民医疗救助制度,实现"难有所助"。2003—2011 年,全国财政共安排农村医疗救助

补助资金 434 亿元,建立了农村医疗救助制度。2011 年全年累计救助贫困农村居民 6297.1 万人次,其中:民政部门资助参加新型农村合作医疗 4825.3 万人次,人均资助参合水平 45.6 元;民政部门直接救助农村居民 1471.8 万人次,人均救助规模达到 635.8 元。

第三节　合理运用财政政策推动科学发展

进入 21 世纪,我国经济增长基本摆脱了通货紧缩、有效需求不足的困扰,但经济发展方式粗放、结构性问题、体制性问题等日益突显。按照完善社会主义市场经济体制的总体要求,财政政策着力在稳定经济增长、优化经济结构、促进协调发展、调节收入分配等方面强化职能作用。财政政策取向从起初积极的财政政策逐步调整为稳健的财政政策,受 2008 年以来全球金融危机的影响,财政宏观调控再次重启积极政策。财政宏观调控方式从被动调控向主动调控转变,从直接调控向间接调控转变,从单一手段调控向运用综合工具调控转变。财政政策取向与时俱进,有力地推动了经济结构调整和发展方式转变,增强了经济社会发展的后劲。

一、积极财政政策退出受阻

进入 21 世纪,得益于总需求中的投资和出口的快速增长,我国经济已基本走出低谷。全社会固定资产投资同比增长 26.7%,其中,国有及其他经济类型投资增长 28.2%,基建投资增长 28.7%,更新改造投资增长 25.1%。从建设资金的来源看,国家财政资金下降 10.8%,国内贷款增长 33.5%,自筹资金增长 43%。积极财政政策通过扩大投资已经带动民间投资的快速增长。2003 年年末金融机构各类贷款余额同比增长 21.4%,广义货币 M2 增幅达到 18%。2003 年,受益于我国加入世界贸易组织后贸易自由度的提高,出口企业的比较优势进一步显现,我国出口增长迅猛,同比增长率高达 34.6%。投资和出口的快速增长使得 2003 年 GDP 同比增长 9.1%,是同期经济增长较快的年份之一。

我国经济基本摆脱通货紧缩、有效需求不足的困扰,在宏观调控政策组合中相对宽松的货币政策为积极财政政策的"淡出"创造了条件。与此同时,已经实施超过5个年头的积极财政政策也在一定程度上带来了经济发展方式粗放和结构性、体制性等问题。鉴于此,财政政策取向调整被提上日程。在2001年编制2002年预算时就准备压缩赤字规模,积极财政政策计划逐步退出。2003年全国财政工作会议明确提出财政政策既要治"冷"又要治"热",向社会传递调整财政政策取向的信号——财政政策要从积极向稳健过渡。在当时经济发展情况下,中国不但存在着局部地区个别行业投资过大、经济过热的问题,也存在着农业、高科技产业、消费服务业等一些领域投资不足的现象。财政政策在性质上属于中期性的,特别是艰难断崖式退出,要在保持财政收支本身和经济社会全局平稳运行的前提下,通过"渐进"性调整,逐步降低赤字规模,把财政政策的"积极"属性进行必要调整。

二、实施稳健财政政策

2005年,时任国务院总理温家宝在《政府工作报告》中指出:"近两年我国经济运行中出现了一些新问题,主要是粮食供求关系趋紧,固定资产投资膨胀,货币信贷投放过快,煤电油运紧张。如果任其发展下去,局部性问题就会演变为全局性问题。"[①]这反映出决策层已经意识到实施了多年的积极财政政策已有固定资产投资过快增长的隐患,经济运行中不稳定、不健康因素正在积累,宏观经济大起大落仍有可能。《政府工作报告》对2005年经济工作总体部署的首要方面就是要坚持加强和改善宏观调控,其重要内涵就是提出了"实施稳健的财政政策"。这标志着对财政政策作出新的调整,从此进入为期三年的稳健财政政策实施阶段。

稳健的财政政策并非是对原有积极财政政策的彻底转向,而是在保留原有政策惯性基础上适当地减少财政赤字。中央财政赤字从2004年积极财政政策的3192亿元减少到2005年稳健财政政策的3000亿元,并

---

① 温家宝:《政府工作报告——2005年3月5日在第十届全国人民代表大会第三次会议上》,人民出版社2005年版,第1—2页。

没有做大幅度削减。主要还是担心国家投资项目投资立即停下来，会对经济增长造成负面冲击。当年国家投资领域进一步集中到"三农"、生态建设和环境保护，以及支持西部大开发、东北老工业基地振兴，支持"老、少、边、穷"地区加快发展，还有一部分在建项目的后续支持等。尽管国家在公共投资领域有一定程度的收缩，在控制固定资产投资规模过快增长、从严管控土地审批和信贷投放两个闸门，但积极财政政策的退出力度是不够的，这也直接导致 2006 年宏观经济出现过热苗头。2006 年，固定资产投资总规模仍然偏大、银行资金流动性过剩问题突出，引发当年投资增长过快、信贷投放过多。此外，投资规模过大也带来了经济发展方式粗放的问题，突出表现在能源消耗高、环境污染重，这与科学发展的要求明显不相符。2006 年年初确定的单位国内生产总值能耗降低 4%、主要污染物排放总量减少 2% 的目标在当年并没有实现。

三、重启积极财政政策

经济过热持续时间不长，2007 年下半年受国际经济影响，我国经济开始出现不稳迹象，2008 年全球金融危机爆发拖累全球经济增长，中国也未能独善其身。在世界经济增长放缓的情况下，我国沿海地区率先出现出口和经济增速下滑苗头。2008 年 9 月，国际经济形势急转直下，对我国经济的不利影响明显加重。中央又果断地把宏观调控的着力点转到防止经济增速过快下滑上，原本要退出的积极财政政策不得不转向更加积极。2008 年 11 月 5 日，时任国务院总理温家宝公布了扩大内需、加快基建投资等十项政策举措，并提出到 2010 年前将实施 4 万亿政府公共投资计划，其中中央政府新增公共投资 1.18 万亿元。为弥补实施积极财政形成的收支缺口，当年安排中央财政赤字 7500 亿元，比 2007 年增加 5700 亿元，增幅高达 316.7%。同时国务院同意地方发行 2000 亿元地方政府债券，列入省级预算管理。2008 年全国财政赤字合计 9500 亿元，占国内生产总值的比重为 3%，累计国债余额占国内生产总值的比重为 20%。由此开启了新一轮更为积极的财政政策周期，财政赤字率从 2008 年的 0.11% 逐步提升到 2017 年的 3%。

　　我国基于市场经济的财政政策实践先后经历了多次转变。这些转变一方面反映出市场经济下宏观经济运行环境日益复杂多变,对财政政策施策提出了更高的要求;另一方面也反映出财政政策作为宏观调控的重要组成部分,只有在市场经济基础上正确理解政府与市场的边界,才能够在实施财政政策中做到政府"到位"、不"缺位"、不"越位"。1998年首次实施的积极财政政策为2008年后实施力度更大、时间更长的积极财政政策积累了丰富的实践经验。

第九章　建立现代财政制度
推动全面深化改革

党的十八大之后,我国进入全面深化改革的新时代。过去,财税改革围绕市场解决缺位和越位问题,任务较为单纯;现在,则需要综合考虑各方面,统筹推进经济建设、政治建设、文化建设、社会建设、生态文明建设,协调推进全面建成小康社会、全面深化改革、全面依法治国、全面从严治党,财税改革面临的形势更复杂、任务更艰巨。

第一节　财税改革成为全面深化改革的重点

党的十八届三中全会要求,到二〇二〇年,在重要领域和关键环节改革上取得决定性成果,形成系统完备、科学规范、运行有效的制度体系,使各方面制度更加成熟、更加定型。财税改革成为全面深化改革的重点,也成为开创新时代的突破口。

一、国家治理的现代化要求财政发挥基础性和支柱性作用

改革开放 40 年来,我国坚持以经济建设为中心,不断解放和发展社会生产力,已经实现"四个现代化"的目标,在富起来、强起来的征程上迈出了决定性的步伐。生产力层面的现代化,对经济、政治、文化、社会、生态文明、国防军队和党的建设等各个领域的治理能力的提升提出了客观上的要求。党的十八届三中全会提出实现国家治理体系和治理能力现代化的总目标,并以前所未有的高度对财政进行新定位,赋予财政"国家治

理的基础和重要支柱"的地位和作用。

国家治理体系和治理能力是一个国家制度和制度执行能力的集中体现。我国今天的国家治理体系,是在我国历史传承、文化传统、经济社会发展的基础上长期发展、渐进改进、内生性演化的结果。国家治理体系和治理能力现代化是我党全面审视国际国内新的形势,通过总结实践、展望未来提出的全新理念。现代财政制度与国家治理现代化有着密切关系,国家治理现代化必然要求和决定着财政现代化。推进国家治理现代化,就必须以建立现代财政制度为基础和重要支柱。这是财税体制及其运行机制的客观规律。

财政作为纽带,紧密联系起政府与市场、政府与社会、中央政府与地方政府。在任何经济形态和社会发展阶段,经济政策或公共政策,都需要相应的财力支撑。财政收入筹措、支出拨付及政策实施,是最具综合性的基本政府职能,是实现国家治理的重要物质基础。财税体制内嵌于市场经济体制,触及国家治理体系的方方面面,国家治理体系格局的任何变化都要求财税体制的同步变化。"财政制度安排体现政府与市场、政府与社会、中央政府与地方政府关系,涉及政治、经济、社会、文化和生态文明等各个方面。"[1]所有国家治理事务所涉及的利益关系最终也都要落实到政府与市场、政府与社会、中央政府与地方政府等关系的调整上。各项政府职能得以顺利履行、国家治理相关活动得以顺畅运行,依赖于清晰界定、科学划分与妥当配置事权、支出责任及财力。以财税体制改革作为突破口,加快转变政府职能,遇到的阻力和难度相对较小。通过政府预算,可以形成对政府支出规模和国家治理活动成本的有效控制。税制、预算及财政体制构成了国家治理体系的重要支柱。

二、市场在资源配置中起决定性作用要求财政主动改革和更好发挥政府作用

改革开放以来,从承认、引入市场作用,到"使市场在国家宏观调控

---

① 本书编写组编著:《〈中共中央关于全面深化改革若干重大问题的决定〉辅导读本》,人民出版社 2013 年版,第 169 页。

下对资源配置起基础性作用"①,到"在更大程度上发挥市场在资源配置中的基础性作用"②,到"从制度上更好发挥市场在资源配置中的基础性作用"③,再到"更大程度更广范围发挥市场在资源配置中的基础性作用"④,政府职能的越位、缺位问题逐步得到解决。基于此,党的十八届三中全会提出"使市场在资源配置中起决定性作用和更好发挥政府的作用"。

经济社会发展所面临的问题,不都是财政能够解决的,但或多或少都与财政有关联。坚持社会主义市场经济改革方向,使市场在资源配置中起决定性作用和更好发挥政府的作用,是解决现实经济问题的根本途径。国家治理和宏观调控首要的是运用财政工具,通过财政资源配置,使政府履行基本职能。财政改革主动带头,有助于加快要素市场改革,让市场机制在土地、资源、能源等要素市场上真正发挥决定性作用;有助于加快转变政府职能,减少政府对企业投资活动的行政性干预,落实企业投资的自主权;有助于让政府肩负起市场经济体制下应有的职责和更好发挥自身作用,保持宏观经济稳定,加强和优化公共服务,保障公平竞争,加强市场监管,维护市场秩序,弥补市场失灵。

三、新常态背景下我国经济转向高质量发展要求财政全面推进供给侧结构性改革

2011 年 2 月 14 日,日本内阁府公布的初步数据显示 2010 年中国经济首次超越日本,成为世界第二大经济体。我国消费结构升级向行业产业结构转型升级提出新要求,国际经济格局深刻调整,经济发展的条件和

---

① 江泽民:《加快改革开放和现代化建设步伐　夺取有中国特色社会主义事业的更大胜利》,《江泽民文选》第一卷,人民出版社 2006 年版,第 226 页。

② 江泽民:《全面建设小康社会　开创中国特色社会主义事业新局面——在中国共产党第十六次全国代表大会上的报告》,人民出版社 2002 年版,第 27 页。

③ 胡锦涛:《高举中国特色社会主义伟大旗帜　为夺取全面建设小康社会新胜利而奋斗——在中国共产党第十七次全国代表大会上的报告》,人民出版社 2007 年版,第 21 页。

④ 习近平:《坚定不移沿着中国特色社会主义道路前进　为全面建成小康社会而奋斗——在中国共产党第十八次全国代表大会上的报告》,人民出版社 2012 年版,第 18 页。

环境发生诸多重大转变。2014 年 5 月，习近平总书记在河南考察工作时首次提出经济新常态。同年 11 月，习近平主席在 APEC 工商领导人峰会开幕式上首次公开系统阐述了"新常态"。他指出："中国经济呈现出新常态，有几个主要特点。一是从高速增长转为中高速增长。二是经济结构不断优化升级，第三产业、消费需求逐步成为主体，城乡区域差距逐步缩小，居民收入占比上升，发展成果惠及更广大民众。三是从要素驱动、投资驱动转向创新驱动。"①

为适应新常态，2015 年中央提出推进供给侧结构性改革。当年 11 月，在中央财经领导小组第十一次会议上，习近平总书记提出："推进经济结构性改革，是贯彻落实党的十八届五中全会精神的一个重要举措。要牢固树立和贯彻落实创新、协调、绿色、开放、共享的发展理念，适应经济发展新常态，坚持稳中求进，坚持改革开放，实行宏观政策要稳、产业政策要准、微观政策要活、改革政策要实、社会政策要托底的政策，战略上坚持持久战，战术上打好歼灭战，在适度扩大总需求的同时，着力加强供给侧结构性改革，着力提高供给体系质量和效率，增强经济持续增长动力，推动我国社会生产力水平实现整体跃升。"②

财税改革的实施离不开中国经济和社会的大环境，不同阶段的财税改革重点有着明显的时代烙印。在新常态背景下，经济从高速增长转向中高速增长，要求保持财税体系运转稳定，提高财税政策对经济社会的调控能力；经济发展从粗放型转向高效型模式，要求建立健全促进增长方式转变和产业结构升级的财税制度和政策；经济发展动力从传统增长点转向新模式、新业态、新动力，要求深化财税制度改革，推动实施创新驱动发展战略。妥善应对收支压力增长等现实困难，通过减税和增加财政支出，更多的是采取改革的办法推进供给侧结构性改革。

---

① 《习近平在亚太经合组织工商领导人峰会开幕式上的演讲》，《人民日报》2014 年 11 月 10 日。

② 《习近平主持召开中央财经领导小组第十一次会议》，新华网，2015 年 11 月 10 日，http://www.xinhuanet.com/politics/2015-11/10/c_1117099915.htm。

第二节　加快建立现代财政制度

2014年6月,中共中央政治局审议通过《深化财税体制改革总体方案》,为新一轮财税体制改革确立了时间表和路线图。党的十九大进一步提出加快建立现代财政制度,重点推进三大重点改革,打造国家治理现代化的基础和重要支柱。

一、以"营改增"为重点完善税收制度

2002年企业所得税分享政策,彻底取消了按隶属关系分享所得税。2008年内外并轨以及一些小税种的内外一致,终于实现了各类型企业税收一致性,完成了1994年改革的未尽事业。党的十八大之后,我国税收制度改革进入以"营改增"为重点的新时期。此外,还推行了消费税、个人所得税、资源税、环境保护税等改革。

(一)增值税改革

"营改增"是此轮税制改革的重点。为消除增值税重复征税等问题,2004—2009年逐步推进生产型增值税向消费型转变的改革试点。2004年7月1日,先从东北三省的装备制造业等6个行业和军品、高新技术产品开始扩大进项税额抵扣范围。到2009年,全国普遍推行增值税转型改革。

为实现增值税全覆盖、抵扣链条完整及减轻税负,从2012年1月1日起开始推行"营改增"。先是在上海,为使试点行业总体税负不增加,按照试点行业营业税实际税负测算结果,选择了11%和6%两档税率,分别适用于交通运输业和部分现代服务业,开展试点。2013年8月1日后扩大到全国,并将广播影视服务业纳入试点范围。2014年试点范围继续扩大到全国的铁路运输、邮政业和电信业,进一步延伸了增值税链条。2016年5月1日后,营业税走下历史舞台。从2017年7月1日起,将增值税税率由四档减至三档。2018年3月21日,增值税税率再做调整,原适用16%税率的,税率调整为13%;原适用10%税率的,税率调整为9%。

纳税人取得不动产或者不动产在建工程的进项税额不再分两年抵扣。"营改增"对深化财税体制改革、推动构建统一简洁税制和消除重复征税、有效减轻企业和群众负担、拉长产业链条扩大税基、促进专业化分工、落实创新驱动发展战略、促进新动能成长和产业升级、带动增加就业,起到了一举多得的作用,既为当前发展提供了有力支撑,也为经济保持中高速增长、迈向中高端水平增添了强劲动力,是我国税制走向完善的关键一步。

(二)消费税

我国消费税的雏形始于《特种消费行为税暂行条例》的出台。1994年,《中华人民共和国消费税暂行条例》颁布,自此奠定了我国消费税法律制度的基础。2006年,我国对消费税税制进行改革。2008年、2009年对汽车和成品油进行相关调整。

为适应新形势发展的要求,党的十八届三中全会对消费税改革作出总体部署,《中共中央关于全面深化改革若干重大问题的决定》提出:"调整消费税征收范围、环节、税率,把高能耗、高污染产品及部分高档消费品纳入征收范围。"按照这一部署,2014年取消了对气缸容量在250毫升(不含)以下的小排量摩托车、汽车轮胎、车用含铅汽油及酒精4种产品征收消费税。汽油税目不再划分二级子目,统一按照无铅汽油税率征收消费税。取消了酒精消费税,"酒及酒精"品目相应改为"酒",并继续按现行消费税政策执行。2015年开始将电池、涂料纳入消费税征收范围,在生产(进口)环节征收,适用税率均为4%。从2016年10月1日起,取消对普通美容、修饰类化妆品征收消费税,消费税征收目录中的"化妆品"税目名称调整为"高档化妆品",降低高档化妆品税率,税率调整为15%。先后3次提高成品油消费税单位税额,汽油、柴油消费税单位税额分别累计提高0.52元/升和0.4元/升。将卷烟批发环节从价税率由5%提高至11%,并按0.005元/支加征从量税。对零售价格在130万元及以上的乘用车和中轻型商务客用车在零售环节加征消费税,税率为10%。这些改革举措的实施,进一步增强了消费税对高档消费和环境保护的调节功能,对转方式、调结构、促发展起到了重要作用。

（三）个人所得税

我国个人所得税自 1980 年开征，2008 年起征点调整至 2000 元。2011 年 6 月 30 日，《全国人民代表大会常务委员会关于修改〈中华人民共和国个人所得税法〉的决定》表决通过。首次调整税率结构，提高低阶层的支配收入，同时扩大了税率级距。总的来说，2011 年的个税改革在可支配收入的增长方面发挥了积极的作用。2017 年 5 月 23 日，中央全面深化改革领导小组第三十五次会议审议通过了《个人收入和财产信息系统建设总体方案》，为个税改革铺垫。从 2017 年 7 月 1 日起，我国开始将商业健康保险个人所得税税前扣除试点政策推至全国。2018 年我国开始了第四次重大个税改革，将个税起征点调升至 5000 元/月；扩大 3%、10%、20% 三档低税率的级距，缩小 25% 税率的级距；工资薪金、劳务报酬、稿酬和特许权使用费四项劳动性所得首次实行综合征税，将分类征收过渡为"小综合"所得征收，此项政策被认为是我国个税改革现代化进程的一大突破。2018 年 12 月 13 日，国务院印发《个人所得税专项附加扣除暂行办法》，增加了专项附加扣除项目，包括子女教育、继续教育、大病医疗、住房贷款利息、住房租金和赡养老人六项，多管齐下减轻中等收入国民的税收负担。个税朝着逐步建立综合与分类相结合的个人所得税制的改革方向迈出了关键一步。

（四）资源税

资源税改革立法是绿色税制建设的"重头戏"。为促进资源合理开发利用，遏制资源乱挖滥采，从 1984 年起，我国开始采用普遍征收、从量定额计征的方式征收资源税。1994 年，我国对资源税进行了改革，国务院重新颁布了《资源税暂行条例》，进一步扩大征收范围。为适应经济发展和构建资源节约型社会的要求，2010 年 6 月 1 日，我国率先在新疆开展原油、天然气资源税从价计征改革，拉开了新一轮资源税制度改革的序幕。清费立税，原本由中央和地方分享的资源收费合并到资源税中，全部作为地方收入，是资源税改革的一个重要内容。虽然减少了中央的财政收入，对中央层面调配财政收入的能力有所影响，但实行资源税的分享，有助于实现财政收入分配的公平性，保持资源的可持续利用，实现国家可持续发展的目标。2011 年 11 月 1 日,油气资源税改革推广至全国范围,同时,统一内外资企业的油气资源税收制度,取消对中外合作油气田和海上自营油气田征收的矿区使用费,统一征收资源税。从 2014 年 12 月 1 日起,在全国范围实施煤炭资源税从价计征改革。从 2015 年 5 月 1 日起,比照煤炭资源税改革原则和方法,在全国范围实施稀土、钨、钼 3 个矿产资源税从价计征改革。从 2016 年 7 月 1 日起,全面推开矿产资源税从价计征方式,清理规范涉及矿产资源的收费基金。2018 年 3 月 30 日,国家税务总局研究制定《资源税征收管理规程》,进一步规范资源税征收管理,优化纳税服务,防范涉税风险。资源税改革将资源税与资源价格直接挂钩,建立了税收自动调节机制,通过清费立税厘清了资源税费关系,解决了税费重叠、以费挤税问题,资源税费负担总体下降,也促进了资源节约和合理利用。

(五)环境保护税

经过 10 年酝酿,两次审议及多次修改,2016 年 12 月 25 日,《环境保护税法》经十二届全国人大常委会第二十五次会议审议通过,于 2018 年 1 月 1 日起开始实行。其总体思路是由费改税,即按照"税负平移"原则,实现排污费制度向环保税制度的平稳转移。2017 年 12 月 25 日,国务院发布《环境保护税法实施条例》。2018 年 10 月 25 日,财政部、国家税务总局、生态环境部印发《关于明确环境保护税应税污染物适用等有关问题的通知》。《环境保护税法》是党的十八届三中全会提出"落实税收法定原则"要求后,我国制定的第一部单行税法,也是一部体现"绿色税制"、推进生态文明建设的单行税法。它的实施使环保税实现了有法可依,不仅填补了"排污费"地方灵活性大、执法力度小的弊病,而且从政策层面上发挥了引导绿色发展的杠杆作用,促使企业和机构主动自发升级污染治理、强化治污减排责任,充分发挥税收对生态环境保护的促进作用,为推进我国生态文明建设提供了全新动力。

(六)地方税

党的十八届三中全会发布《中共中央关于全面深化改革若干重大问题的决定》,在"完善税收制度"中首先提出:深化税收制度改革,完善地方税体系。《中华人民共和国国民经济和社会发展第十三个五年规划纲要》明确将完善地方税体系作为深化财税体制改革、建立健全现代财税制度的关键性问题之一,并要求进一步深化税制改革。党的十九大报告明确指出:"深化税收制度改革,健全地方税体系"①。地方税改革的方向是,调整税制结构,培育地方税源,加强地方税权,理顺税费关系,逐步建立稳定、可持续的地方税体系。

"结合财政事权和支出责任划分、税收制度改革和税收政策调整,考虑税种属性,在保持中央和地方财力格局总体稳定的前提下,科学确定共享税中央和地方分享方式及比例,适当增加地方税种,形成以共享税为主、专享税为辅,共享税分享合理、专享税划分科学的具有中国特色的中央和地方收入划分体系。因地制宜、合理规范划分省以下政府间收入。"②积极稳妥推进健全地方税体系改革。一是完善地方税种。根据税基弱流动性、收入成长性、征管便利性等原则,合理确定地方税税种。在目前已实施的城镇土地使用税、房产税、车船税、耕地占用税、契税、烟叶税、土地增值税等地方税的基础上,继续拓展地方税的范围,同时逐步扩大水资源费改税改革试点,改革完善城市维护建设税。按照党的十八届三中全会的要求,房地产税立法已经提上日程,进入 2019 年全国人大立法程序,统一立法,授权实施,房地产税将成为地方税重要税种。二是扩大地方税权。在中央统一立法和税种开征权的前提下,根据税种特点,通过立法授权,适当扩大地方税收管理权限,地方税收管理权限主要集中在省级。三是统筹推进政府非税收入改革。加快非税收入立法进程。深化清理税费改革,继续推进费改税。在规范管理、严格监督的前提下,适当下放部分非税收入管理权限。

(七)税收征管

2015 年 1 月,国务院法制办公室发布了关于《中华人民共和国税

---

①　习近平:《决胜全面建成小康社会　夺取新时代中国特色社会主义伟大胜利——在中国共产党第十九次全国代表大会上的报告》,人民出版社 2017 年版,第 34 页。

②　《财政部部长肖捷:推进房地产税立法和实施》,新华网,2017 年 12 月 20 日,http://www.xinhuanet.com/politics/2017-12/20/c_1122137601.htm。

收征收管理法修订草案(征求意见稿)》公开征求意见的通知。2015 年 10 月,中央全面深化改革领导小组第十七次会议审议通过《深化国税、地税征管体制改革方案》,提出 6 大类 31 项具体举措,要求理顺征管责任划分,创新纳税服务机制,转变征收管理方式。该方案拉开了税收管理领域既有重大现实意义又有深远历史意义的改革大幕,为发挥国税、地税各自优势,不断推进税收征管体制和征管能力现代化,进一步增强税收在国家治理中的基础性、支柱性、保障性作用指明了努力方向。同年 12 月,国家税务总局发布了《关于加强国家税务局、地方税务局互相委托代征税收的通知》,对国税、地税如何委托代征税收进行了规范。通过税收征管改革,以期到 2020 年建成与国家治理现代化相匹配的现代税收征管体制。

2019 年机构改革,两个税务局合并,以中央管理为主,并将多项政府收费和社保缴费由税务征管。分税制改革时,税局分设是必须的,当时地方对税收征管干预普遍,企业承包也严重冲击税收征管。分税制刚确定,必须保证分级足额征收。当前这些问题已不是主要问题。政府收费由税务部门征收,乱收费或征收不足,社保缴费制度不统一,再因社保体制本身诸多缺陷,致使保费征收效率低下,影响社会保险体系的可持续性。中央财政对各方面包括对地方保障程度不断提高,统一征管体系,加强中央管理的必要性,是与时俱进,不是对分税制改革措施的否定。

(八)全面落实税收法定原则

税收法定原则是税收立法和税收法律制度的一项基本原则,也是我国宪法所确立的一项重要原则。十二届全国人大三次会议通过了修改《立法法》的决定,明确规定"税种的设立、税率的确定和税收征收管理等税收基本制度"只能由法律规定。"落实税收法定原则"是党的十八届三中全会决定提出的一项重要改革任务。

根据党的十八大和党的十八届三中、四中全会精神,为全面落实依法治国基本方略,加快建设社会主义法治国家,党中央审议通过了《贯彻落实税收法定原则的实施意见》。实施意见对现行 15 个税收条例修改上升为法律或者废止的时间作出了安排。力争在 2019 年完成全部立法程序,

2020 年完成"落实税收法定原则"的改革任务。将这个实施意见落实好，将有利于推动我国《宪法》确立的税收法定原则的贯彻落实，进一步规范政府行为，推动完善我国税收法律制度，使其在国家治理中发挥更加积极、有效的作用，为实现国家治理体系和治理能力现代化提供更坚实的制度保障。

二、修订《预算法》现代预算制度起步

预算始终是财政体制的核心。我国首部《预算法》于 1994 年 3 月 22 日在八届全国人大二次会议上通过，1995 年 1 月 1 日正式实施。尽管在加强预算制度建设方面取得长足进展，但离现代预算制度还有一定差距。在实施两年后，1997 年全国人大即动议修改，但直到 2004 年修法才正式启动。2006 年，全国人大预算工委牵头起草预算法修正案第一稿。2012 年 6 月，迎来二审。2013 年 8 月，原定三审的预算法修正案草案"缺席"十二届全国人大常委会第四次会议。党的十八届三中全会后，四审稿于 2014 年 8 月经十二届全国人大常委会第十次会议顺利审议并表决通过。历经三届人大、四易其稿、征求 30 余万条意见后，跨越十年的修法终于尘埃落定。

表 9-1　《预算法》修改历程

年份	《预算法》修改历程
1994	3 月，第八届全国人大第二次会议上通过首部《预算法》，自 1995 年 1 月 1 日正式实施
1997	全国人大动议修改
2004	第十届全国人大常委会将修改预算法列入立法规划，正式启动修订
2006	全国人大预算工委牵头起草预算法修正案第一稿
2009	第十一届全国人大常委会将修改预算法列入立法规划，重启修法；由全国人大常委会预工委和财政部共同组织起草
2011	11 月，国务院第 181 次常务会议讨论通过了预算法修正案草案；12 月，第十一届全国人大常委会第二十七次会议对草案进行初审
2012	6 月，二审；7 月，草案通过中国人大网向社会公开征求意见，收到相关意见建议共计 330960 条

续表

年份	《预算法》修改历程
2014	4月,三审;8月11日,全国人大常委会法工委举办预算法立法前评估会议,邀请全国人大代表、中央部门、地方人大及财政部门以及有关专家学者就预算法实施后的影响进行评估;8月26日,第十二届全国人大常委会第十次会议对四审稿进行分组审议;8月31日,四审稿表决通过
2015	自1月1日起,新《预算法》正式施行

(一)健全政府预算体系

《预算法》(2014年修订)将一般公共预算、政府性基金预算、国有资本经营预算、社会保险基金预算均纳入预算范畴。2014年11月,发布《财政部关于完善政府预算体系有关问题的通知》,进一步提出要加大政府性基金预算、国有资本经营预算与一般公共预算的统筹力度,加强一般公共预算各项资金的统筹使用,真正实现财政收支等于政府收支,彻底解决由于部分收支游离于预算管理的范围而造成大量的财政资源配置低效率,甚至腐败等问题,以消除预算监管财政性资金的死角,提高预算管理的统一性和刚性,完善政府预算体系。

(二)全面推进预算公开

为加强预算公开制度建设,2007年1月17日,国务院第165次常务会议通过《中华人民共和国政府信息公开条例》。2014年10月,国务院印发《关于深化预算管理制度改革的决定》。2016年2月,中央办公厅、国务院办公厅联合印发《关于进一步推进预算公开工作的意见》。至此,初步形成以新《预算法》《中华人民共和国政府信息公开条例》为统领,以《关于深化预算管理制度改革的决定》和《关于进一步推进预算公开工作的意见》等重要文件为指南的预算公开制度体系。扩大预算公开的内容,除涉及国防安全的事项外,所有政府预算都要向社会公开,实现政府预算体系公开全覆盖、公开内容更加细化。

(三)建立跨年度预算平衡机制

《预算法》第十二条规定:"各级政府应当建立跨年度预算平衡机制。"厘清了对赤字的性质和规模的认识。2015年1月21日,发布《国务院办公厅关于进一步做好盘活财政存量资金工作的通知》进一步提出，要"编制三年滚动预算"。完善收入预算管理，预算审核重点由平衡状态、赤字规模向支出预算和政策拓展，将收入预算从约束性转为预期性。强化根据政策和实际需求编制支出预算的政策导向，各级政府不得向预算收入征收部门和单位下达收入指标，避免为完成收入预算而征收过头税费、虚收空转等行为，同时严格规范超收收入使用管理。"税收任务""时间过半，任务过半"等提法退出历史舞台。充分发挥预算稳定调节基金的调控作用，中央和地方政府相继建立预算稳定调节基金，视预算平衡情况，在安排下年度预算时调入使用，或用于弥补短收年份预算执行收支缺口。推进中期财政规划管理，分析预测重大财政收支周期情况，研究规划期内一些重大改革、重要政策和重大项目的政策目标、运行机制和评价办法，并做好收支测算；凡涉及财政政策和资金支持的部门及行业规划，与中期财政规划相衔接。这一系列举措确保了财政的可持续性，促进了经济和社会的健康持续发展。

（四）规范地方政府债务

建立科学、规范的地方政府债务管理体系，是现代预算制度改革的一项重要内容。2014年3月，财政部印发《地方财政管理绩效综合评价方案》。此次方案的一大亮点是加强债务管理。2014年9月，出台《国务院关于加强地方政府性债务管理的意见》，在解决了"怎么借""怎么管""怎么还"问题的同时，明确提出妥善处理存量债务的一系列举措，加强地方债务管理，清理规范融资平台，逐步建立起规范的举债制度和置换债制度。2015年新预算法施行之后，国务院开始以债务置换的方式处理2014年年底的14.34万亿元，包括地方融资平台等在内的地方政府负有偿还责任的存量债务，化解地方债务潜在风险。2016年，财政部印发了《地方政府一般债务预算管理办法》和《地方政府专项债务预算管理办法》，对一般债务和专项债务进行管理。2017年以来又根据新的形势，制定了《地方政府土地储备专项债券管理办法（试行）》，发布《关于坚决制止地方以政府购买服务名义违法违规融资的通知》，防控地方债风险。同时，地方政府融资模式也开始向市场化、规范化和透明化方向转变。

(五)完善财政转移支付制度

完善转移支付制度改革以整合转移支付资金为突破口。2013 年 8 月,国务院批准在黑龙江"两大平原"启动涉农资金整合试点,将中央财政安排的 3 大类 77 项涉农资金全部纳入整合范围,涉及 20 多个中央部门。整合后中央各部门的资金审批权下放到地方。在财政资金体量日益庞大的背景下,这一改革试点意义深远,传递出国家大力清理归并专项转移支付的改革信号。《预算法》(2014 年修订)出台后,国务院发布《关于深化预算管理制度改革的决定》,对完善转移支付制度改革作出了详细部署。随后又先后发布了国务院《关于改革和完善中央对地方转移支付制度的意见》《革命老区转移支付资金管理办法》等文件。

(六)推进全过程预算绩效管理

实施预算绩效管理是现代预算制度改革的根本目标。绩效管理的探索和试点始于 21 世纪初。党的十六届三中全会明确提出了"建立预算绩效评价体系"。自 2003 年起财政部陆续印发《中央级行政经费项目支出绩效考评管理办法(试行)》等多项规章。2013 年,财政部出台了"预算绩效评价共性指标体系框架",标志着中国预算绩效管理制度的进一步完善。新《预算法》突出了"绩效原则""绩效评价结果"和"绩效目标管理"等内容。为了进一步贯彻新《预算法》,加强预算绩效管理,财政部发布了《财政部关于贯彻实施修改后的预算法的通知》。2015 年 1 月 30 日,国务院办公厅发布《关于进一步做好盘活财政存量资金工作的通知》。这是国务院首次全面部署唤醒财政存量资金,标志着盘活财政存量资金改革进入实质性操作阶段。在过去十多年开展财政资金绩效评价的基础上,各级财政部门加快建立健全预算绩效管理机制,全面推进预算绩效管理工作,强化支出责任和绩效意识,加强绩效评价结果应用,将评价结果作为编制年度预算草案、调整支出结构、完善财政政策和科学安排预算的重要依据。2018 年 9 月 1 日,《中共中央国务院关于全面实施预算绩效管理的意见》颁布,明确了全面实施预算绩效管理的指导思想和基本原则,并为构建和完善全方位、全过程、全覆盖的预算管理体系指明了未来现代预算制度建设的方向。预算绩效管理改革进入新的更高的发展阶段。

三、启动事权与支出责任划分改革

1993 年,党的十四届三中全会通过的《中共中央关于建立社会主义市场经济体制若干问题的决定》第一次提出"事权"的概念,提出"把现行地方财政包干制改为在合理划分中央与地方事权基础上的分税制",并提出分税制要坚持"财权与事权相匹配"的原则。但受当时条件限制,最终未能推行。对于事权与支出责任划分改革的思考,却并没有停止,从"事权和财权相一致",到"事权和财力相一致",再到"事权和支出责任相匹配",事权与支出责任划分改革正式启动。

党的十八届三中全会《中共中央关于全面深化改革若干重大问题的决定》中指出:"适度加强中央事权和支出责任,国防、外交、国家安全、关系全国统一市场规则和管理等作为中央事权;部分社会保障、跨区域重大项目建设维护等作为中央和地方共同事权,逐步理顺事权关系;区域性公共服务作为地方事权。中央和地方按照事权划分相应承担和分担支出责任。中央可通过安排转移支付将部分事权支出责任委托地方承担。对于跨区域且对其他地区影响较大的公共服务,中央通过转移支付承担一部分地方事权支出责任。""保持现有中央和地方财力格局总体稳定,结合税制改革,考虑税制属性,进一步理顺中央和地方收入划分"。[1] 党的十九大报告进一步提出,要"建立权责清晰、财力协调、区域均衡的中央和地方财政关系",[2]不仅将完善中央和地方财政关系提升为加快建立现代财政制度的首要任务,而且在改革目标方面更为清晰、更为具体的要求;不仅是央地关系在财税体制改革中居于"牵一发而动全身"的核心地位的反映,也体现了党中央对中央和地方财政关系问题的高度重视和敢于啃硬骨头的坚定信心。

财政事权实际反映中央、地方政府职能,具有高阶属性,不是纯粹的

---

① 《中共中央关于全面深化改革若干重大问题的决定》,人民出版社 2013 年版,第 21 页。
② 习近平:《决胜全面建成小康社会　夺取新时代中国特色社会主义伟大胜利——在中国共产党第十九次全国代表大会上的报告》,人民出版社 2017 年版,第 34 页。

财政问题,包括复杂的政治问题。2016 年 8 月,发布《国务院关于推进中央与地方财政事权和支出责任划分改革的指导意见》,提出划分中央与地方事权和支出责任的原则和主要内容。2018 年,国务院发布《基本公共服务领域中央与地方共同财政事权和支出责任划分改革方案》,对基本公共服务领域中央与地方共同财政事权和支出责任划分改革进行了部署,中央财政事权由中央承担支出责任,地方财政事权由地方承担支出责任,中央与地方共同财政事权分情况划分支出责任。

这项改革是一项基础性、系统性工程,涉及各个部门、领域,有大量的具体事务需要协调处理,未来仍需要进一步攻坚克难,以实体化、法制化、高阶化为重点着力推进改革。

第三节　提升保障和改善民生的水平

改革开放以来,随着我国经济高速增长,民生也开始逐步改善和发展,人民的需求逐渐从对物质文化的需要转向对民主、法治、公平正义、安全等美好生活的需要。财政配合民生领域改革,致力于花钱买机制,在幼有所育、学有所教、劳有所得、病有所医、老有所养、住有所居、弱有所扶上不断取得新进展。

一、支持精准扶贫

自改革开放至党的十八大,我国减贫事业取得了重大成就,贫困人口大幅减少,但剩下的都是硬骨头。2013 年,习近平总书记在湖南调研时,针对扶贫工作,首次提出"精准扶贫"的重要思想。2015 年,在部分省(区、市)扶贫攻坚与"十三五"时期经济社会发展座谈会上,习近平总书记再次指出"我国扶贫开发工作已进入啃硬骨头、攻坚拔寨的冲刺期"[①],党的十九大报告也重申"要坚决打好防范化解重大风险、精准脱贫、污染

---

① 中共中央文献研究室编:《习近平关于协调推进"四个全面"战略布局论述摘编》,中央文献出版社 2015 年版,第 47 页。

防治的攻坚战"①。为了打赢精准脱贫攻坚战,在支持扶贫方面,财政不断加大投入力度。

扶贫资金方面,中央财政进一步增加对深度贫困地区专项扶贫资金、教育医疗保障等转移支付,加大重点生态功能区转移支付、农村危房改造补助资金、中央财政投资、车购税收入补助地方资金、县级基本财力保障机制奖补资金等对深度贫困地区的倾斜力度,增加安排深度贫困地区一般债券限额。2013—2016 年,中央财政累计安排补助地方财政专项扶贫资金 1925.93 亿元,年均增长 20.32%,2017 年中央财政安排补助地方财政专项扶贫资金 860.95 亿元,比 2016 年增加 200 亿元,增长 30.3%,2018 年进一步增加到 1060.95 亿元,并逐步构建了针对贫困地区和贫困人口的财政综合扶贫政策体系。

涉农资金方面,开展贫困县财政涉农资金整合试点。会同国务院扶贫办等有关部门,认真落实《关于支持贫困县开展统筹整合使用财政涉农资金试点的意见》,支持贫困县涉农资金整合试点,将项目资金审批权限完全下放到县,由贫困县根据本地脱贫攻坚规划,统筹整合使用涉农资金。支持贫困县整合财政涉农资金发展特色产业。鼓励地方从实际出发利用扶贫资金发展短期难见效、未来能够持续发挥效益的产业。规范和推动资产收益扶贫工作,确保贫困户获得稳定收益。将产业扶贫纳入贫困县扶贫成效考核和党政一把手离任审计,引导各地发展长期稳定的脱贫产业项目。

资产收益扶贫方面,创新机制探索资产收益扶贫。支持地方积极探索资产收益扶贫,将财政支持产业发展等方面的涉农投入所形成的资产,折股量化给贫困村、贫困户,在推动产业发展和帮助贫困群众增收方面取得了积极成效。完善制度建设和风险管控,规范、健康、有序推进资产收益扶贫工作。

易地扶贫搬迁方面,明确各省可调整用于支持易地扶贫搬迁的债务

---

① 习近平:《决胜全面建成小康社会 夺取新时代中国特色社会主义伟大胜利——在中国共产党第十九次全国代表大会上的报告》,人民出版社 2017 年版,第 27—28 页。

规模。对省级投融资主体承接的易地扶贫搬迁贷款,中央财政给予90%的贴息。此外,明确地方政府可统筹财力,用好用活城乡建设用地增减挂钩政策,通过政府购买服务的形式,支持省级投融资主体偿还易地扶贫搬迁的贷款本息。

2012—2017年,精准扶贫攻坚战取得重大成效,农村贫困人口从9899万人减少到3046万人,累计脱贫6853万人,每年农村贫困人口减少1000多万人;贫困发生率从2012年年底的10.2%下降到2017年年底的3.1%,年均下降1.42个百分点。① 2017年,贫困地区农村居民人均可支配收入9377元,是全国农村平均水平的69.8%,比2012年提高了7.7个百分点,年均实际增长10.4%,比全国农村平均增速快2.5个百分点。同时,贫困地区基础设施建设得到明显改善,截至2017年年末,贫困地区通电的自然村接近全覆盖;通电话的自然村比重达到98.5%,比2012年提高5.2个百分点;通有线电视信号的自然村比重为86.5%,比2012年提高17.5个百分点;通宽带的自然村比重为71.0%,比2012年提高32.7个百分点。2017年贫困地区村内主干道路面经过硬化处理的自然村比重为81.1%,比2013年提高21.2个百分点;通客运班车的自然村比重为51.2%,比2013年提高12.4个百分点。②

生活水平方面,2012—2017年,困难群众生活水平明显提高。2017年,贫困地区农村居民人均消费支出7998元,与2012年相比,年均实际增长9.3%。从住房质量改善看,2017年贫困地区农村居民户均住房面积比2012年增加21.4平方米;居住在钢筋混凝土房或砖混材料房的农户比重为58.1%,比2012年上升18.9个百分点。从饮水安全看,2017年贫困地区农村饮水无困难的农户比重为89.2%,比2013年提高8.2个百分点;使用管道供水的农户比重为70.1%,比2013年提高16.5个百分点;使用经过净化处理自来水的农户比重为43.7%,比2013年提高13.1

---

① 中华人民共和国国家统计局编:《中国统计年鉴(2018)》,中国统计出版社2018年版。
② 国家统计局:《扶贫开发成就举世瞩目 脱贫攻坚取得决定性进展——改革开放40年经济社会发展成就系列报告之五》,http://www.stats.gov.cn/ztjc/ztfx/ggkf40n/201809/t20180903_1620407.html。

个百分点。从居住条件看,2017 年贫困地区农村居民独用厕所的农户比重为 94.5%,比 2012 年提高 3.5 个百分点;使用卫生厕所的农户比重为 33.2%,比 2012 年提高 7.5 个百分点;使用清洁能源的农户比重为 35.3%,比 2012 年提高 17.6 个百分点。

二、初步实现全民医保

为支持国家医疗保障事业建设,2012—2017 年,城乡居民基本医保财政补贴标准从每人每年 240 元增加到 450 元,职工医保和城乡居民医保政策范围内报销比例分别达到 80%以上和 75%左右。① 城乡居民大病保险参保人员实现全覆盖。对城乡参保居民因患大病发生的经基本医疗保险补偿后需个人负担的合规高额医疗费用给予不低于 50%的进一步补偿,患者的医药费用实际报销比例在基本医保报销比例的基础上再提高 10—15 个百分点。至 2017 年年末,全国基本医疗保险已覆盖 13 亿多人,基本实现全民医保。②

医疗服务方面,推行公立医院综合改革,破除运行六十多年的"以药补医"机制。支持医联体建设和家庭医生签约服务,推动医疗卫生工作重心下移、医疗卫生资源下沉,支持基层医疗卫生机构和村卫生室实施基本药物制度,推动各地在加快基本药物采购配送、使用监管等方面进行改革。2018 年年末,每千人医疗卫生机构床位数达 6.03 张,比 2012 年增加 1.79 张。

公共卫生服务体系建设方面,基本公共卫生服务年人均财政补助标准从 2012 年的 25 元提高到 2018 年的 55 元,服务项目扩大到 12 类,均等化水平进一步提高。③

2012—2018 年,我国医疗保障、公共卫生、疾病预防控制、医疗卫生服务等方面逐步改善,生育服务管理和中医药等工作得到加强,监督水平

---

① 本书编写组编:《十八大以来新发展新成就》(上),人民出版社 2017 年版,第 172 页。

② 《人社部:基本医疗保险覆盖 13 亿多人　基本实现全民医保》,人民网,2018 年 2 月 26 日,http://finance.people.com.cn/n1/2018/0226/c1004-29835400.html。

③ 本书编写组编:《十八大以来新发展新成就》(上),人民出版社 2017 年版,第 173 页。

不断提高,城乡居民健康水平显著提高。2018 年,我国居民人均预期寿命由 2012 年的 74.83 岁提高到 77 岁,婴儿死亡率从 10.3‰ 下降到 6.1‰,孕产妇死亡率从 24.5/10 万下降到 18.3/10 万,居民主要健康指标总体上优于中高收入国家平均水平。

三、完善社会保障和就业

养老保障标准方面,企业退休人员月人均基本养老金从 2012 年的 1721 元增加到 2016 年的 2400 元左右。2019 年 3 月 13 日,人力资源和社会保障部、财政部发布的《关于 2019 年调整退休人员基本养老金的通知》,规定退休人员月人均基本养老金上调 5% 左右,再一次提高基本养老金;城乡居民基础养老金最低标准从 2012 年的每人每月 55 元提高到 2018 年 1 月 1 日的 88 元。

养老保障制度方面,推动新型农村社会养老保险和城镇居民社会养老保险两项制度合并,统一实施城乡居民基本养老保险制度。全面实施机关事业单位养老保险制度改革并同步建立职业年金制度,实现了与企业职工基本养老保险统一的制度模式。明确城镇职工养老保险与城乡居民养老保险之间、机关事业单位养老保险与企业职工养老保险之间的转移接续政策。全面建立经济困难高龄、失能老人补贴制度,探索推进长期护理保险试点。支持首批 26 个城市开展居家和社区养老服务改革试点,探索形成一批符合地方实际、可供复制推广的模式,弥补养老服务业发展短板。

促进就业创业方面,出台求职创业补贴、高校毕业生灵活就业社会保险补贴、就业创业服务补助等扶持政策,探索开展新型学徒制、一次性创业补贴等试点,允许有条件的地方通过财政出资引导社会资本投入设立高校毕业生就业创业基金。实施支持和促进重点群体就业创业的税收政策,企业安置残疾人员就业实际支付的工资,可按 100% 在税前加计扣除。出台失业保险稳定岗位补贴政策和失业保险职业技能提升补贴政策。

社会救助和优抚安置方面,构建起以最低生活保障、特困人员救助供养、受灾人员救助、医疗救助、教育救助、住房救助、就业救助和临时救助等制度为主体,社会力量参与为补充的"8+1"社会救助制度体系框架。完善救灾补助政策,提高中央财政补助标准。建立优抚对象等抚恤和生活补助标准正常调整机制,保障抚恤优待对象生活不低于当地平均生活水平。

2012—2018 年,我国城镇新增就业每年都超过 1000 万人,年末城镇登记失业率一直控制在 5% 左右,就业形势稳定;老年退休人群的基本养老金逐步提高;同时,困难人群的基本生活得到了有效保障。

四、支持教育事业

财政教育投入方面,2017 年全国教育经费总投入 42562.01 亿元,是 2012 年 27695.97 亿元的 1.54 倍,年均增长 9%。国家财政性教育经费占 GDP 的比重达到 4.14%,自 2012 年以来连续 5 年保持在 4% 以上,教育支出占一般公共预算支出比重达到 14.71%,为一般公共预算第一大支出。[1]

为促进学前教育发展,实施两期学前教育三年行动计划,支持各地坚持公办民办并举,多种形式扩大普惠性学前教育资源,建立完善幼儿资助制度,加强幼师队伍建设。2014 年全国学前三年毛入园率达到 70.5%,提前 6 年实现《国家中长期教育改革和发展规划纲要(2010—2020 年)》确定的 2020 年达到 70% 的普及目标,并在 2017 年提高到了 79.6%。[2]

为促进义务教育均衡发展,从 2016 年春季学期起统一城乡义务教育学校生均公用经费基准定额,达到中西部地区小学 600 元、初中 800 元、东部地区小学 650 元、初中 850 元的水平;从 2017 年春季学期起统一城乡义务教育学生"两免一补"政策,全国约 1400 万名进城务工人员随迁

---

① 教育部、国家统计局、财政部:《关于 2017 年全国教育经费执行情况统计公告》,2018 年 9 月 30 日,http://www.gov.cn/xinwen/2018-10/15/content_5330909.htm。

② 教育部:《2017 年全国教育事业发展统计公报》,http://www.moe.gov/jyb_sjzl/sjzl_fztjgb/201807/t20180719_343508.html。

子女实现相关教育经费可携带。实施农村义务教育阶段学校教师特设岗位计划、中小学教师国家级培训计划,以及边远地区、边疆民族地区和革命老区人才支持计划教师专项计划等重大项目,加强乡村教师队伍建设,努力改善中小学教师待遇。2017年我国义务教育巩固率达到93.8%,超过高收入国家平均水平,全国已有1800多个县(市、区)通过了义务教育发展基本均衡县评估认定。

为加快发展现代职业教育,加大财政投入,将财政用于职业教育的经费列入年度财政预算,支持职业院校更新实习设备,改善办学条件;支持实施现代职业教育质量提升计划,推动建立完善以促进改革和提高绩效为导向的高等职业院校生均拨款制度,引导高等职业院校深化办学机制和教育教学改革;通过奖励性补助等形式,对数控技术、汽车维修、电工电子、建筑等市场急需的实训基地进行支持;建立职业院校贫困家庭学生助学制度,将高职院校贫困学生资助纳入国家助学贷款政策范围,与普通高校贫困学生一视同仁。

高等教育改革发展方面,构建科学规范、公平公正、导向清晰、讲求绩效的中央高校预算拨款制度,促进中央高校提高质量、优化结构、办出特色。中央财政对中央和地方高校采取分级支持方式,统筹推进世界一流大学和一流学科建设。整合设立支持地方高校改革发展资金,推动改革完善地方高校预算拨款制度,逐步提高生均拨款水平,促进区域间高等教育协调发展。全国高等教育毛入学率显著提高,2017年达到45.7%,比2012年提高了15.7%。①

学生资助政策方面,我国已建立从学前教育到研究生教育各阶段全覆盖的家庭经济困难学生资助政策体系,资助方式包括奖、贷、助、补减等,每年惠及9100多万人次,从制度上保证了不让一个学生因家庭经济困难而失学。2015年第一学期起,将中等职业教育一二年级涉农专业学生和非涉农专业学生实现各级各类高等教育阶段学生无缝衔接,执行不

---

① 教育部:《2017年全国教育事业发展统计公报》,http://www.moe.gov/jyb_sjzl/sjzl_fztjgb/201807/t20180719_343508.html。

留死角,资助精准发力。

五、推进劳动力自由流动

为鼓励人口、劳动力自由流动,政府预算将中央财政的义务教育资源和农民进城流动相挂钩,以鼓励农民进城就业。[①]

城镇化建设方面,稳步推进城镇基本公共服务常住人口全覆盖,把进城落户农民纳入城镇住房和社会保障体系,在农村参加的养老保险和医疗保险规范接入城镇社保体系,建立财政转移支付同农业转移人口市民化挂钩机制。

支持农业转移人口市民化方面,将农业转移人口及其他常住人口随迁子女义务教育纳入公共财政保障范围,落实中等职业教育免学杂费和普惠性学前教育的政策;加快落实医疗保险关系转移接续办法和易地就医结算办法;加快实施统一规范的城乡社会保障制度;支持进城落户农业转移人口中的失业人员进行失业登记,并享受职业指导、介绍、培训及技能鉴定等公共就业服务和扶持政策;在根据户籍人口测算分配均衡性转移支付的基础上,向持有居住证人口提供基本公共服务的支出需求;县级基本财力保障机制考虑持有居住证人口因素;加大对农业转移人口市民化的财政支持力度并建立动态调整机制。

2012—2017 年,我国常住人口城镇化率从 52.6% 提高到 58.52%,8000 多万农业转移人口成为城镇居民,[②]2018 年又有近 1400 万农业转移人口在城镇落户,新型城镇化扎实推进。

六、加强基本住房保障

自住房市场化改革以来,我国居民住房条件得到了很大改善,但房价也开始节节攀升,出现"住房难"等问题。在保障人民基本住房需求方

---

① 楼继伟:《政府预算和农民进城流动相挂钩　鼓励就业》,2016 年 4 月 16 日,http://finance.ifeng.com/a/20160416/14326917_0.shtml。

② 《2018 年政府工作报告》,中华人民共和国中央人民政府网,http://www.gov.cn/premier/2018-03/22/content_5276608.htm。

面,建立市场配置和政府保障相结合的住房制度,加强保障性住房建设和管理。党的十九大进一步提出:"坚持房子是用来住的、不是用来炒的定位,加快建立多主体供给、多渠道保障、租购并举的住房制度,让全体人民住有所居。"①

推进城镇保障性安居工程建设方面,相应财政支出从 2012 年的 4319.49 亿元增加到 2017 年的 7841.88 亿元。② 将城市和国有工矿棚户区改造的税收优惠范围扩大到国有林区、垦区棚户区改造,将廉租住房统一纳入公共租赁住房管理,将 300 多万户城镇住房困难家庭纳入租赁补贴享受范围。

支持农村危房改造方面,中央财政单独安排国家确定的集中连片特殊困难地区县和国家扶贫开发工作重点县等贫困地区危房改造任务,对每户增加 1000 元补助。为贯彻精准扶贫要求,2017 年中央财政进一步调整支持方向,将补助资金全部用于低保户、农村分散供养特困人员、贫困残疾人家庭和建档立卡贫困户 4 类重点对象的危房改造,户均补助标准大幅提高至约 1.4 万元。支持地震设防地区结合危房改造统筹实施农房抗震改造,制定贷款贴息等支持政策。

2012—2017 年,中央财政支持完成农村危房改造任务 1278 万户,2017 年完成 4 类重点对象危房改造任务 190.6 万户,③6000 多万棚户区居民出棚进楼。同时,公租房保障能力显著提升,1900 多万户住房困难的群众住进了公租房,城镇中低收入家庭的住房条件明显改善,城镇低保、低收入家庭基本上实现了应保尽保。

七、支持生态环境建设

改革开放以来,我国经济增长取得举世瞩目的成就,但是粗放的经济

---

① 习近平:《决胜全面建成小康社会　夺取新时代中国特色社会主义伟大胜利——在中国共产党第十九次全国代表大会上的报告》,人民出版社 2017 年版,第 47 页。

② 审计署:《2017 年保障性安居工程跟踪审计结果》,http://www.audit.gov.cn/n9/n1580/n1583/c123563/content.html。

③ 本书编写组:《十八大以来新发展新成就》(上),人民出版社 2017 年版,第 174 页。

发展方式对生态环境造成很大破坏。党的十八届五中全会将绿色发展上升到"五大发展理念"的高度,生态文明建设成为关系中华民族永续发展的根本大计。财政为支持生态环境建设作出了积极努力,取得了显著成效。

生态保护与环境整治方面,持续加大国家重点生态功能区转移支付力度,逐步将限制开发区和禁止开发区全部纳入支持范围。设立安排大气、水、土壤污染防治专项资金,实施退耕还林还草、天然林保护全覆盖、草原生态保护补助奖励等政策。以产业低碳化、交通清洁化、建筑绿色化、现代服务业集约化、主要污染物减量化、可再生能源利用规模化"六化"为目标,分3批选择30个城市深入推进节能减排财政政策综合示范。启动实施中央财政支持北方地区冬季清洁取暖试点,开展建立国家公园体制试点、山水林田湖生态保护修复工程试点,以及蓝色海湾整治行动。在制度建设方面,推动建立流域横向生态补偿机制。扩大跨省流域上下游横向生态保护补偿试点范围。推动建立排污权有偿使用和交易机制。

倡导绿色生活方式方面,建立起覆盖新能源汽车消费、运营、基础设施建设研发等全方位的财政补贴体系。推动可再生能源发电政策改革,支持农村水电增效扩容改造,提高煤层气补助标准,以及落实页岩气、燃料乙醇补贴政策。制定发布节能、环保产品政府采购清单,对清单内产品实施优先采购和强制采购,节能环保产品政府采购规模占同类产品政府采购规模的比例达到70%以上。

2012—2017年,单位国内生产总值能耗、水耗均下降20%以上,2018年进一步下降3%,主要污染物排放量持续下降,重点城市重污染天数减少一半,森林面积增加1.63亿亩,沙化土地面积年均缩减近2000平方公里,绿色发展呈现可喜局面。

总体来看,自党的十八大以来,我国民生事业的各个方面都有了较大提升,人民生活逐渐改善,生活水平稳步提高,为进一步深化财税体制改革,建立现代财政制度、推进国家治理体系和治理能力现代化奠定了坚实的民生基础。

第四节　建立现代财政制度任重道远

为进一步深化财税体制改革,夯实国家治理的基础,党的十九大提出,"加快建立现代财政制度,建立权责清晰、财力协调、区域均衡的中央和地方财政关系。建立全面规范透明、标准科学、约束有力的预算制度,全面实施绩效管理。深化税收制度改革,健全地方税体系"①。加快建立现代财政制度,既要应对当前风云变幻的国际形势,又要妥善解决国内经济下行带来的现实难题,维护好改革、发展、稳定之间的良性循环关系。

一、防控重大财政风险

"放眼世界,我们面对的是百年未有之大变局。"②国际上,民粹主义抬头,逆全球化浪潮兴起,局部冲突和动荡频发,而经济复苏乏力,全球性问题加剧。从国内看,"我们现在所处的,是一个船到中流浪更急、人到半山路更陡的时候,是一个愈进愈难、愈进愈险而又不进则退、非进不可的时候"③。在财政领域,面临的重大风险主要是:政府职能过度,对市场的行政干预过多,对微观经济管得过多;大量产业补贴,导致价格扭曲,增加财政负担,造成补贴行业产能过剩,效率不高,浪费严重;基础设施建设过分超前,过去五年,中国基建投资保持了近20%的高增速,基建投资长期处于高增长、超前于消费增长,这带来了基础设施总体过剩以及债务率上升,中西部地区许多铁路、公路路线和机场客运量不足,将长期难以收回成本,造成债务率上升;社会保险体系呈现高度碎片化特征,效率低,没有精算,每年都要靠财政补贴,在老龄化加剧的情况之下,无论是社会养老保险还是社会医疗保险的压力都非常大,不可持续。

---

① 习近平:《决胜全面建成小康社会　夺取新时代中国特色社会主义伟大胜利——在中国共产党第十九次全国代表大会上的报告》,人民出版社2017年版,第34页。

② 《习近平接见2017年度驻外使节工作会议与会使节并发表重要讲话》,新华网,http://www.xinhuanet.com/politics/2017-12/28/c_1122181743.htm。

③ 习近平:《在庆祝改革开放40周年大会上的讲话》,人民出版社2018年版,第42页。

为防控重大财政风险，一是坚定不移地全面深化改革，以改革促进发展和化解风险；全面深化改革，才能有效化解各种新旧矛盾和潜在风险，为经济社会发展提供强大动力；有效防范风险，才能为全面深化改革营造和谐稳定的良好环境，确保经济社会发展行稳致远。二是通过减税降费、调整支出结构等政策措施，维持国内经济增速，稳住就业。三是支持民生改革，加大民生支出，运用再分配手段缩小收入差距，缓解社会矛盾。四是强化预算约束作用，防止和纠正地方政府脱离实际出台支出政策。五是推动社会保险基金精算平衡，解决社保基金压力，紧紧围绕公平和可持续两个方面做文章，在公平方面按照多缴多得、长缴多得的原则，提升制度公平性，防止结构性矛盾和社会不公，在此基础上逐步缩小城乡之间、群体之间社会保障政策和待遇水平差异。

二、夯实国家治理的基础

党的十八届三中全会以来，现代财政的基本理念得到确立，税收制度改革、预算制度改革和事权划分改革都在有序推进，但尚未取得根本性、彻底性的成功，税收法制化仍不健全，科学的政府预算管理体系尚未形成，事权与支出责任划分改革未取得全面成功，国家治理体系和治理能力的财税基础仍然需要加强和巩固。

为夯实国家治理的基础，一是总结事权与支出责任划分改革的经验与教训，尽快出台高阶法律法规文件，以实体化、法制化、高阶化为重点着力推进改革，理顺中央和地方收入划分，完善地方税体系和省以下财政体制，同时要配套相应的转移支付制度；现任财政部部长刘昆指出，"权责清晰，就是要形成中央领导、合理授权、依法规范、运转高效的财政事权和支出责任划分模式；财力协调，就是要形成中央与地方合理的财力格局，为各级政府履行财政事权和支出责任提供有力保障；区域均衡，就是要着力增强财政困难地区兜底能力，稳步提升区域间基本公共服务均等化水平"[①]。

---

① 刘昆：《全球视角下的中国财税体制改革——在中国发展高层论坛 2018 年会上的演讲》，《预算管理与会计》2018 年第 5 期。

二是推进公开,扩大公开范围;完善政府预算体系,将政府收支全部纳入预算管理;改进预算控制方式,实施跨年度预算平衡和中期财政规划管理;加强预算执行管理,硬化预算约束,对重点预算项目实施成本效益分析。

三是深化税收制度改革,进一步完善增值税,按照税收中性原则和简化税制的要求,可参照国际先进做法,将税率整合为覆盖行业广的标准税率和照顾性行业的低税率两档,尽快出台相关法律完成增值税立法,提升增值税的法律层次,以法律形式巩固前期改革的各项成果;加快资源税、消费税、房地产税等税种的立法进程,提高法制化水平;健全地方税体系方面,"积极稳妥推进健全地方税体系改革,调整税制结构,培育地方税源,加强地方税权,理顺税费关系,逐步建立稳定、可持续的地方税体系"①。

三、推动实现"四个全面"

党的十八大以来,我国改革进入攻坚期和深水区,扩展到经济以外的全部领域。"全面建成小康社会、全面深化改革、全面依法治国、全面从严治党"的战略布局就是在这一背景下提出的,财政与"四个全面"的各个领域都密切相关。"四个全面"战略布局已深入人心,但时间紧迫,任务繁重,财政责任重大。

一是积极财政政策加力提效,促进全面建成小康社会。2018年年底召开的中央经济工作会议指出,"积极的财政政策要加力提效,实施更大规模的减税降费,较大幅度增加地方政府专项债券规模",可以概括为"两加大""一提高"。"两加大",就是加大减税降费力度和支出力度;"一提高",就是提高财政资金配置效率和使用效益,聚焦重点领域和薄弱环节,进一步调整优化支出结构。通过积极财政,使经济增速保持在6.5%左右,提高经济发展质量,促进全面建成小康社会。

---

① 刘昆:《全球视角下的中国财税体制改革——在中国发展高层论坛2018年会上的演讲》,《预算管理与会计》2018年第5期。

二是夯实国家治理基础,推动全面深化改革。"财政制度体现政府与市场、政府与社会、中央与地方关系,涉及经济、政治、文化、社会和生态文明建设各个方面,是国家治理体系的重要组成部分。加快建立现代财政制度,是更好发挥财政在国家治理中的基础和重要支柱作用的客观需要,有利于加快国家治理体系和治理能力现代化进程。"①由于财税分配既涉及中央、地方各级的财政分配关系,又涉及国家、集体、个人的利益分配关系,还涉及其他各方面的利益分配关系,牵一发而动全身。因此,要以财税改革作为全面深化改革的突破口,为全面深化改革提供支柱和财力保障。

三是加快财税法治化进程,全面推进依法治国。财政作为国家治理的基础和重要支柱,强化财税法治是全面推进依法治国的突破口和重要支柱。全面推进依法治国,总目标是建设中国特色社会主义法治体系,建设社会主义法治国家。依法理财、依法治税是依法治国在财经领域的具体反映和重要内容。没有依法理财、依法治税,依法治国就失去了强大的经济支柱和财力保障,依法治国就成了空中楼阁,国家治理现代化就成了一句空话。因而必须从强化财税法治这个突破口入手,全面推进依法治国,促进国家治理现代化。

四是通过财税法制化、预算公开和透明化、加强预算审查和监督,促进反腐制度建设,把权力关进制度的笼子里,坚持破立并举,注重建章立制,加强对权力运行的制约和监督,形成不敢腐的惩戒机制、不能腐的防范机制、不易腐的保障机制,为全面从严治党筑牢财税制度屏障。

四、协调改革、发展和稳定之间的关系

改革开放以来,正确处理改革、发展和稳定之间的关系,一直是党和国家工作的主旋律。改革是发展的动力,是实现长期稳定的基础;发展是改革的目的,是稳定最可靠的保证;稳定则是改革、发展的前提条件,也是发展的必然要求,而财政则是巩固、稳定三者关系的黏合剂、联结剂,须臾

---

① 肖捷:《加快建立现代财政制度》,《人民日报》2017 年 12 月 20 日。

不可缺少。习近平总书记在庆祝改革开放40周年大会上的讲话中指出，"必须坚持辩证唯物主义和历史唯物主义世界观和方法论，正确处理改革发展稳定关系"①。党的十八大以来，国内改革剩下的都是难啃的硬骨头，社会不稳定因素增多，发展速度下降，质量有待提升，改革、发展、稳定三者之间的关系发生了新变化。

为适应新形势下协调改革、发展、稳定之间的关系，要正确处理发展中的矛盾问题，善于寻找改革、发展、稳定的最佳结合点和有效平衡点，把握稳增长、调结构、治污染、惠民生、防风险的平衡。

一是坚持深化改革，把顶层设计和基层探索紧密结合起来，注重改革的系统性、整体性、协同性，在改革的方式上，要循序渐进，从易到难、从小到大、从外围到核心、从增量到存量不断推进，使改革既能有力促进经济又好又快发展，又能得到社会普遍理解和支持。

二是加快建立现代财政制度，优化要素配置和调整产业结构提高供给体系质量和效率，激发市场活力，促进协调发展。

三是通过税收、转移支付等再分配政策工具，保障和改善民生，缩小贫富差距，维护社会稳定。

四是树立大国财政战略意识，积极塑造国际政治经济新秩序，推动建立人类命运共同体。

建立适合中国国情的现代财政制度，对于实现"两个一百年"奋斗目标及中华民族伟大复兴的中国梦具有重大的历史意义，它为国家治理体系的现代化提供有力保障、为建设法治化国家开辟道路、在全面深化改革中发挥基础性作用，并有效提升中国参与全球治理的能力。建立现代财政制度不是一朝一夕能够完成的任务，需要持之以恒地开展下去，要以先进的理论指导财政治理，以改革的手段完善财政体系，以制度的现代化保障财政绩效。为此，要坚决贯彻中央深化财税体制改革决策部署，扎实做好每一步的改革工作，建立完善的现代财政制度，为全面建成小康社会、实现中华民族伟大复兴的中国梦作出新的更大贡献。

---

① 习近平：《在庆祝改革开放40周年大会上的讲话》，人民出版社2018年版，第36页。

附录:新中国财税发展70年主要指标一览表

年份	国内生产总值（亿元）	国内生产总值增长速度（％）	人均国内生产总值（元）	年末总人口（万人）	财政收入（亿元）	财政支出（亿元）	城镇居民人均可支配收入（元）	农村居民人均可支配收入（元）	中央财政债务余额（亿元）
1949				54167					
1950				55196	62.17	68.05			
1951				56300	124.96	122.07			
1952	679.1		119	57482	173.94	172.07			
1953	824.4	15.6	142	58796	213.24	219.21			
1954	859.8	4.3	144	60266	245.17	244.11			
1955	911.6	6.9	150	61465	249.27	262.73			
1956	1030.7	15.0	166	62828	280.19	298.52			
1957	1071.4	5.1	168	64653	303.20	295.95			
1958	1312.3	21.3	201	65994	379.62	400.36			
1959	1447.5	9.0	217	67207	487.12	543.17			
1960	1470.1	0.0	220	66207	572.29	643.68			
1961	1232.3	−27.3	187	65859	356.06	356.09			
1962	1162.2	−5.6	175	67296	313.55	294.88			
1963	1248.3	10.3	183	69172	342.25	332.05			
1964	1469.9	18.2	210	70499	399.54	393.79			
1965	1734.0	17.0	242	72538	473.32	459.97			
1966	1888.7	10.7	257	74542	558.71	537.65			
1967	1794.2	−5.7	238	76368	419.36	439.84			

续表

年份	国内生产总值（亿元）	国内生产总值增长速度（%）	人均国内生产总值（元）	年末总人口（万人）	财政收入（亿元）	财政支出（亿元）	城镇居民人均可支配收入（元）	农村居民人均可支配收入（元）	中央财政债务余额（亿元）
1968	1744.1	-4.1	225	78534	361.25	357.84			
1969	1962.2	16.9	247	80671	526.76	525.86			
1970	2279.7	19.3	279	82992	662.90	649.41			
1971	2456.9	7.1	292	85229	744.73	732.17			
1972	2552.4	3.8	296	87177	766.56	765.86			
1973	2756.2	7.8	313	89211	809.67	808.78			
1974	2827.7	2.3	314	90859	783.14	790.25			
1975	3039.5	8.7	332	92420	815.61	820.88			
1976	2988.6	-1.6	321	93717	776.58	806.20			
1977	3250.0	7.6	344	94974	874.46	843.53			
1978	3678.7	11.7	385	96259	1132.26	1122.09	343.4	133.6	
1979	4100.5	7.6	423	97542	1146.38	1281.79	405.0	160.2	
1980	4587.6	7.8	468	98705	1159.93	1228.83	477.6	191.3	
1981	4935.8	5.1	497	100072	1175.79	1138.41	500.4	223.4	
1982	5373.4	9.0	533	101654	1212.33	1229.98	535.3	270.1	
1983	6020.9	10.8	588	103008	1366.95	1409.52	564.6	309.8	
1984	7278.5	15.2	702	104357	1642.86	1701.02	652.1	355.3	
1985	9098.9	13.4	866	105851	2004.82	2004.25	739.1	397.6	
1986	10376.2	8.9	973	107507	2122.01	2204.91	900.9	423.8	
1987	12174.6	11.7	1123	109300	2199.35	2262.18	1002.1	462.6	
1988	15180.4	11.2	1378	111026	2357.24	2491.21	1180.2	544.9	
1989	17179.7	4.2	1536	112704	2664.90	2823.78	1373.9	601.5	
1990	18872.9	3.9	1663	114333	2937.10	3083.59	1510.2	686.3	
1991	22005.6	9.3	1912	115823	3149.48	3386.62	1700.6	708.6	
1992	27194.5	14.2	2334	117171	3483.37	3742.20	2026.6	784.0	
1993	35673.2	13.9	3027	118517	4348.95	4642.30	2577.4	921.6	
1994	48637.5	13.0	4081	119850	5218.10	5792.62	3496.2	1221.0	
1995	61339.9	11.0	5091	121121	6242.20	6823.72	4283.0	1577.7	

续表

年份	国内生产总值（亿元）	国内生产总值增长速度（%）	人均国内生产总值（元）	年末总人口（万人）	财政收入（亿元）	财政支出（亿元）	城镇居民人均可支配收入（元）	农村居民人均可支配收入（元）	中央财政债务余额（亿元）
1996	71813.6	9.9	5898	122389	7407.99	7937.55	4838.9	1926.1	
1997	79715.0	9.2	6481	123626	8651.14	9233.56	5160.3	2090.1	
1998	85195.5	7.8	6860	124761	9875.95	10798.18	5425.1	2162.0	
1999	90564.4	7.7	7229	125786	11444.08	13187.67	5854.0	2210.3	
2000	100280.1	8.5	7942	126743	13395.23	15886.50	6255.7	2282.1	
2001	110863.1	8.3	8717	127627	16386.04	18902.58	6824.0	2406.9	
2002	121717.4	9.1	9506	128453	18903.64	22053.15	7652.4	2528.9	
2003	137422.0	10.0	10666	129227	21715.25	24649.95	8405.5	2690.3	
2004	161840.2	10.1	12487	129988	26396.47	28486.89	9334.8	3026.6	
2005	187318.9	11.4	14368	130756	31649.29	33930.28	10382.3	3370.2	32614.21
2006	219438.5	12.7	16738	131448	38760.20	40422.73	11619.7	3731.0	35015.28
2007	270092.3	14.2	20494	132129	51321.78	49781.35	13602.5	4327.0	52074.65
2008	319244.6	9.7	24100	132802	61330.35	62592.66	15549.4	4998.8	53271.54
2009	348517.7	9.4	26180	133450	68518.30	76299.93	16900.5	5435.1	60237.68
2010	412119.3	10.6	30808	134091	83101.51	89874.16	18779.1	6272.4	67548.11
2011	487940.2	9.6	36302	134735	103874.43	109247.79	21426.9	7393.9	72044.51
2012	538580.0	7.9	39874	135404	117253.52	125952.97	24126.7	8389.3	77565.70
2013	592963.2	7.8	43684	136072	129209.64	140212.10	26467.0	9429.6	86746.91
2014	641280.6	7.3	47005	136782	140370.03	151785.56	28843.9	10488.9	95655.45
2015	685992.9	6.9	50028	137462	152269.23	175877.77	31194.8	11421.7	106599.59
2016	740060.8	6.7	53680	138271	159604.97	187755.21	33616.3	12363.4	120066.75
2017	820754.3	6.8	59201	139008	172592.77	203085.49	36396.2	13432.4	134770.15
2018	900309.0	6.6	64644	139538	183352.00	220906.00	39251.0	14617.0	

资料来源:中华人民共和国国家统计局、中华人民共和国财政部。

主要参考文献

1.《毛泽东文集》第七卷,人民出版社 1999 年版。

2.《周恩来选集》下卷,人民出版社 1984 年版。

3.《陈云文选(一九四九——一九五六年)》,人民出版社 1984 年版。

4.《邓小平文选》第三卷,人民出版社 1993 年版。

5.《江泽民文选》第二卷,人民出版社 2006 年版。

6.《胡锦涛文选》第二卷,人民出版社 2016 年版。

7.《习近平谈治国理政》第一卷,外文出版社 2018 年版。

8.《习近平谈治国理政》第二卷,外文出版社 2017 年版。

9. 习近平:《在庆祝改革开放 40 周年大会上的讲话》,人民出版社 2018 年版。

10.《朱镕基讲话实录》编辑组编:《朱镕基讲话实录》,人民出版社 2011 年版。

11. 朱镕基:《政府工作报告——2003 年 3 月 5 日在第十届全国人民代表大会第一次会议上》,人民出版社 2003 年版。

12.《李岚清教育访谈录》,人民教育出版社 2003 年版。

13. 温家宝:《政府工作报告——2004 年 3 月 5 日在第十届全国人民代表大会第二次会议上》,人民出版社 2004 年版。

14. 李克强:《政府工作报告——2018 年 3 月 5 日在第十三届全国人民代表大会第一次会议上》,人民出版社 2018 年版。

15. 中共中央文献研究室编:《建国以来重要文献选编》第十四册,中央文献出版社 1997 年版。

16. 中共中央文献研究室编:《改革开放三十年重要文献选编》(下),中央文献出版社 2008 年版。

17. 中共中央文献研究室编:《十二大以来重要文献选编》,人民出版社 1986 年版。

18. 本书编写组编著:《〈中共中央关于全面深化改革若干重大问题的决定〉辅导读本》,人民出版社 2013 年版。

19. 本书编写组编:《十八大以来新发展新成就》,人民出版社 2017 年版。

20. 中国社会科学院、中央档案馆编:《中华人民共和国经济档案资料选编》,中国城市经济社会出版社 1990 年版。

21. 财政部办公厅、国家税务总局办公厅编:《建立稳固 平衡 强大的国家财政》,人民出版社 2000 年版。

22. 王丙乾:《中国财政 60 年回顾与思考》,中国财政经济出版社 2009 年版。

23. 项怀诚主编:《中国财政通史——当代卷》,中国财政经济出版社 2006 年版。

24. 项怀诚主编:《财政支出管理改革》,经济科学出版社 2000 年版。

25. 项怀诚主编:《中国财政 50 年》,中国财政经济出版社 1999 年版。

26. 项怀诚主编:《中国财政体制改革》,中国财政经济出版社 1994 年版。

27. 谢旭人主编:《中国财政 60 年》,经济科学出版社 2009 年版。

28. 谢旭人主编:《为国理财 为民服务——党的十六大以来财政发展改革成就(2002—2012)》,人民出版社 2012 年版。

29. 谢旭人主编:《中国财政改革三十年》,中国财政经济出版社 2008 年版。

30. 楼继伟:《在利改税的原则基础上实行税利分流的综合改革》,《税务研究》1991 年第 3 期。

31. 楼继伟:《中央地方财政关系与地区均衡发展》,《税务研究》2003 年第 6 期。

32. 楼继伟:《完善转移支付制度　推进基本公共服务均等化》,《中国财政》2006 年第 3 期。

33. 楼继伟:《中国政府间财政关系再思考》,中国财政经济出版社 2013 年版。

34. 楼继伟主编:《深化财税体制改革》,人民出版社 2015 年版。

35. 肖捷:《在全国财政工作会议上的讲话(节选)》,《中国财政》2017 年第 3 期。

36. 韩洁、刘红霞:《财政部部长刘昆回应经济热点问题:在研究更大规模的减税、减税更明显降费措施》,新浪财经。

37. 吴敬琏、樊纲、刘鹤等主编:《中国经济 50 人看三十年——回顾与分析》,中国经济出版社 2008 年版。

38. 李荣融:《党的十三届四中全会以来的十三年间国企改革和发展取得重大成就》,《企业科协》2002 年第 12 期。

39.《当代中国》丛书编辑部编辑:《当代中国财政》,中国社会科学出版社 1988 年版。

40. 宋新中主编:《当代中国财政史》,中国财政经济出版社 1997 年版。

41. 叶振鹏主编:《中国财政通史》,湖南人民出版社 2015 年版。

42. 苏星:《新中国经济史》,中共中央党校出版社 1999 年版。

43. 刘尚希:《试析承包制下的国家与企业分配关系》,《财政研究》1989 年第 12 期。

44. 刘尚希:《分税制的是与非》,《经济研究参考》2012 年第 7 期。

45. 刘尚希、傅志华等著:《中国改革开放的财政逻辑(1978—2018)》,人民出版社 2018 年版。

46. 财政部财税体制改革司:《税利分流:理顺国家与企业分配关系的正确方向》,《企业管理》1991 年第 2 期。

47. 刘克崮、贾康主编:《中国财税改革三十年:亲历与回顾》,经济科学出版社 2008 年版。

48. 邹东涛主编:《中国经济发展和体制改革报告 No.1:中国改革开

放 30 年(1978—2008)》,社会科学文献出版社 2008 年版。

49.董克用主编:《中国经济改革 30 年·社会保障卷》(1978—2008),重庆大学出版社 2008 年版。

统　　筹:李春生
策划编辑:郑海燕
责任编辑:郑海燕　张　燕　吴焰东　李甜甜
封面设计:吴燕妮
责任校对:苏小昭

图书在版编目(CIP)数据

新中国财税发展 70 年/楼继伟,刘尚希 著. —北京:人民出版社,2019.10
(新中国经济发展 70 年丛书)
ISBN 978 - 7 - 01 - 021263 - 0

Ⅰ.①新… Ⅱ.①楼…②刘… Ⅲ.①财政管理-研究-中国- 1949—2019
②税收管理-研究-中国- 1949—2019 Ⅳ.①F812

中国版本图书馆 CIP 数据核字(2019)第 193897 号

新中国财税发展 70 年
XINZHONGGUO CAISHUI FAZHAN 70 NIAN

楼继伟　刘尚希　著

人民出版社 出版发行
(100706 北京市东城区隆福寺街 99 号)

北京中科印刷有限公司印刷　新华书店经销

2019 年 10 月第 1 版　2019 年 10 月北京第 1 次印刷
开本:710 毫米×1000 毫米 1/16　印张:14.75
字数:215 千字

ISBN 978 - 7 - 01 - 021263 - 0　定价:62.00 元

邮购地址 100706　北京市东城区隆福寺街 99 号
人民东方图书销售中心　电话 (010)65250042　65289539

楼继伟 刘尚希 著

杨伟民 等 著

江小涓 著

韩俊 主编 宋洪远 副主编

宋晓梧 主编 邢伟 副主编

蔡昉 都阳 杨开忠 等 著